# GEC

ქართული

## Georgian–English
## English–Georgian
# Dictionary
# & Phrasebook

R E V I S E D   E D I T I O N

Nicholas Awde
&
Thea Khitarishvili

HIPPOCRENE BOOKS, INC.
New York

Typeset & designed by Desert♥Hearts

ISBN: 978-0-7818-1242-9

For information, address:
HIPPOCRENE BOOKS, INC.
171 Madison Avenue
New York, NY 10016
www.hippocrenebooks.com

Printed in the United States of America

# CONTENTS

- A Georgian person is a **Kartveli** ქართველი.
- The adjective for Georgian is **Kartuli** ქართული.
- Georgians call themselves **Kartvelebi** ქართველები.
- Georgia is **Sakartvelo** საქართველო.
- The Georgian language is **Kartuli ena** ქართული ენა.

## NOTE ON TRANSLITERATION

To help you work out their structure and to help with pronunciation, a few words are split up using hyphens, especially where pronouns within verbs and postpositions are used. Remember that these words are always written and pronounced in Georgian as a single unit, e.g. **Sakartvelo-shi** (საქართველოში) "in Georgia," **m-akvs** (მაქვს) "I have," **g-akvs** (გაქვს) "you have." Note that in Georgian **a/aa**, the short form of "is", is joined to the word it follows. Pronouns to watch out for are **v-** "I", **m-/mi-/me-** "I" or "me", **g-/gi-/ge-** "you".

For ease of reference, the Georgian in the Grammar section is intentionally presented in Roman transliteration only. The Dictionary and Phrase sections use both scripts throughout.

# INTRODUCTION

Most Georgians live in the country of Georgia, but historically they were more spread out. A large number of Georgians, for example, live in present-day Turkey, and there are small pockets in many parts of the Middle East. Naturally, too, there are Georgians spread all over the former Soviet Union, and now in Europe and the United States, who keep strong active ties with their homeland.

Georgia is a stunning mix of terrains and climates: from the subtropical Black Sea coast in the west to the snow-capped mountains along the north and south. There are lush forests, deep rivers, and valleys teeming with a dazzling variety of rare flora and fauna.

The culture of the Georgians is a similar mix. Their history stretches back unbroken for many thousands of years. Legend puts Georgia as being the Land of Colchis where Jason went with his Argonauts to seek the Golden Fleece. It is said that this refers back to Classical times when Georgia was known as a source of metal ores and people panned for gold by holding fleeces in the rivers to pick up small gold nuggets.

The Georgians were among the first peoples to convert as a nation to Christianity – in the fourth century – and the Georgian Orthodox Church has been the mainstay and focus for the Georgian peoples and nation throughout their turbulent history, and today still plays an important role in modern society.

Georgia's position as a crossroads between the continents of Europe and Asia – as well its place on the ancient Silk Route – has over the centuries created a unique culture. The Georgian tribes of old were gradually pulled together into small kingdoms, and as early as the sixth century BC they had become a significant political unit. After successive invasions – such as those of the Persian, Roman and Byzantine Empires as well as the Arab Caliphate – Georgia became truly united in the tenth to twelfth centuries, a period that saw the flourishing of a Golden Age under King David the Builder and Queen Tamar. This was particularly a time of great architectural and artistic activity, when the poet Shota Rustaveli wrote Georgia's national epic poem "The Knight In The Panther Skin." Georgia became one of the most powerful states in the Near East, but the arrival of the Mongols under Tamerlaine caused its disintegration by the end of the fifteenth century.

The late 1700s saw the Russian tsars beginning their expansion in the direction of the Caucasus. In 1783 Georgia was forced to become a Russian protectorate, and by 1801 had come under the complete control of the Russian Empire. Despite initial opposition, this move paradoxically saw a new flowering of Georgian language and culture. Tbilisi became its natural center – an opera house was built, a university was founded, and the country became a source of inspiration for the rest of the Russian Empire, prompted by Russian writers such as Leo Tolstoy, posted there on military service. The poet Vladimir Mayakovsky was born there, while writers such as Alexander Pushkin, Mikhail Lermontov and many more flocked south of the Caucasus range, inspired and seduced by Georgia's instinctive hospitality and Mediterranean climate.

By the time of the Russian Revolution, Georgia had become a truly cosmopolitan centre intellectually, politically, artistically and commercially, with a flourishing street culture. After a brief period of independence and upheaval that lasted three years, Georgia was invaded by the Bolsheviks and became a part of the new Soviet Union in 1921. The man who later took over the mantle of shaping and leading the Soviet Union after Lenin's death was a Georgian, Joseph Stalin. Born and raised in Gori, a market town northwest of Tbilisi, his real name was Ioseb Jughashvili – and he learnt Russian only as an adult.

Georgia as a "Union Republic" occupied a privileged position during the years of the Soviet Union. It was a prime producer of heavy industrial materials – like steel and glass – as well as tea, wine and citrus fruits. Additionally, it was one of the main centers of tourism, popular for mountaineering and skiing, while the summer resorts along the Black Sea coast attracted record numbers of elite vacationers from the Soviet other republics. Not only did Georgians boast an impressively high standard of living and culture but they also enjoyed one of the highest levels of education in the world.

With the inevitable collapse of the Soviet Union, Georgians were among the first to demand independence in 1991, through a series of uprisings. Subsequent civil war, however, led to the secession of Abkhazia and conflict in South Ossetia. Russia subsequently invaded and occupied South Osseita in 2008. The problems continue there to this day, caught as the country is geographically and politically between the superpower rivalries of Russia and the USA.

Undeterred, the Georgians have forged ahead, eyes fixed firmly on the future, and in the process successfully regenerated their economy to create a nation that is able once more to extend its traditional welcome to you, their visitor and guest.

There is a large body of work in English and other European languages written on most aspects of Georgia, its peoples, cultures and languages. Sadly most of it is currently out of print or simply difficult to find. The best – and most accessible – introductions currently available are *Georgia: A Short History* (Bennett & Bloom, 2011) and *The Georgians: A Handbook* (Bennett & Bloom, 2012).

# A VERY BASIC GRAMMAR

Georgian belongs to the South Caucasian family of languages, which forms part of the group of indigenous languages spoken in the Caucasus – unrelated to any other in the world. The other members of the family are Svan, Mingrelian (both spoken in Georgia) and Laz (spoken in Georgia, but mostly in Turkey).

Georgian has been written since the fifth century, and uses a specially created alphabet that is unique to the language. Amongst the world's many alphabets, Georgian is one of the most efficient and economical – with very few exceptions, every word is pronounced as it is written, and every word is written as it is pronounced.

## —Word order

Although word order can be quite free in Georgian, the verb tends to go at the end of the sentence, e.g.

**Mtskheta Sakartvelos p'irweli dedakalaki iqo.**
Mtskheta was Georgia's first capital.
(literally: 'Mtskheta Georgia's first capital was')

## —Nouns

Georgian has no words for 'the,' 'a' or 'an' – instead the meaning is understood from the context, e.g. **teat'ri** can mean 'the theater,' 'a theater,' or just 'theater.'

Nouns change their endings depending on how they are used in a sentence. The basic forms with their grammatical descriptions are as follows:

| Nominative | *various, but most commonly* **-i** |  |
|---|---|---|
| Dative | **-s** |  |
| Genitive |  | **-is; -s** |
| Ergative |  | **-m; -ma** |
| Instrumental | **-it** |  |

e.g.
| | |
|---|---|
| **saat-i** | the clock |
| **saat-s** | to the clock |
| **saat-is** | of the clock, the clock's |
| **saat-it** | with the clock |

There is no separate word for 'of' but the genitive **-(i)s** gives you 'of' in the same way that English **-'s** does, e.g. **Tamrik'o-s televizori** = 'Tamriko's television' (or 'the television of Tamriko'). Some nouns may change slightly according to the form they take, e.g. **dukan-i** 'shop,' **dukn-is** 'the shop's.'

Plurals simply add the case endings to the plural marker **-ebi**, e.g. **saat-i** 'clock' → **saat-ebi** 'clocks.' As noted above, this may sometimes create a change in form, e.g. **ts'el-i** 'year,' **ts'l-ebi** 'years.'

The vocative **-o** is used when addressing people – you'll hear this especially in the words **Bat'ono!** 'Sir!' and **Kalbat'ono!** 'Madam!'

## —Adjectives

Adjectives are like nouns in that they can take the same endings. They always come before the noun, e.g.

**akhali** 'new' – **akhali mankana** 'new car'
**dzweli** 'old' – **dzweli mankana** 'old car'

## —Adverbs

Most adverbs have a single form which never changes – most add **-ad** to the end of an adjective. Some examples:

| | | | |
|---|---|---|---|
| **k'argad** well | | **ik** there | |
| **tsudad** badly | | **akhla** now | |
| **ak** here | | **gushin** tomorrow | |
| **nela** slowly | | **-ad** -ly | |

## —Postpositions

Georgian has postpositions – where words like 'in,' 'at' and 'behind' come <u>after</u> the noun and not before it as in English (though remember that you can say 'who *with*?' as well as '*with* who?' – and there's no change in meaning). They generally take dative or genitive endings and most are joined to the word itself:

| | | | |
|---|---|---|---|
| **-shi** | in, to, into | **-ze** | on, onto, |
| **-tan** | near, at | **-vit** | like |
| **-twis** | for | **-gan** | from, by |
| **-dan** | from (a place) | **shua** | between |
| **-k'en** | towards | **-mdis; -mde** until | |

e.g. **Sakartvelo-shi** 'in Georgia,' **Inglisi-dan** 'from England.' The sense of English prepositions, however, is more often rendered by 'preverbs' (see below in Verbs).

## —Pronouns

Personal pronouns take endings like nouns. Basic forms are as follows:

| SINGULAR | | PLURAL | |
|---|---|---|---|
| I | **me** | we | **chwen** |
| you *singular* | **shen** | you *plural* | **tkwen** |
| he/she/it | **is; igi** | they | **isini** |

Possessive pronouns:

| SINGULAR | | PLURAL | |
|---|---|---|---|
| my | **chemi** | our | **chweni** |
| your *singular* | **sheni** | your *plural* | **tkweni** |
| his/her/its | **misi** | their | **mati** |

Demonstratives:

| | | | |
|---|---|---|---|
| **es** | this | **eseni** | these |
| **is; igi** | that | **isini** | those |

## —Verbs

The structure of Georgian verbs is very different from English. In theory it is very logical – in practice, especially because of many irregular forms, it can be difficult to follow what's going on and, more pertinently, who's doing what to whom.

It is worth spending a little time sorting out the concept, and then you will have little difficulty – Georgian is a complex language but it's not really complicated!

Every Georgian verb has a 'root' – a basic word that carries a basic meaning. To this are added, at both ends, smaller words or letters that add further information to tell you exactly who's doing what to whom or what and how and when, e.g.

| | |
|---|---|
| **ts'er** | write _(root)_ |
| **ts'er-en** | they write |
| **da-ts'er-en** | they will write |
| **da-gi-ts'er-en** | they will write to you |

As you can see, rather a lot of information can be packed into any one verb – but all the 'slots' are never used at one time. We saw the personal pronouns above, but these are only used for emphasis since, like French or Spanish, the verb already gives this information (note that the following endings cover more than one tense):

| SINGULAR | | PLURAL | |
|---|---|---|---|
| I | **v-** | we | **v – t** |
| you _singular_ | _(no ending)_ | you _plural_ | **-t** |
| he, she, it | **-s/-a/-o** | they | **-(i)an;** |
| | | | **-(n)en** |

e.g.

| | | | |
|---|---|---|---|
| **v-ts'er** | I write | **v-ts'er-t** | we write |
| **ts'er** | you write | **ts'er-t** | you write |
| **ts'er-s** | he/she/it writes | **ts'er-en** | they write |

These pronouns can go in different places in the verb, e.g. **v̱-ts'er** 'I write,' **da-v̱-ts'er** 'I will write.'

An intriguing aspect of Georgian is that indirect object pronouns like 'to her' and 'for him' are marked in the verb as well, e.g. **mo-m-ts'er-a** 'he wrote to me' – literally: 'here-to me (**-m-**)-wrote-he (**-a**)'; **mo-g-ts'er-a** 'he wrote to you (**-g-**).'

By changing endings, there are seven basic tenses as well as a variety of compound tenses. More meanings are created by adding the preverbs and other prefixes as well as suffixes.

Be prepared to spot variants in all of the above. Some verbs may change slightly according to the form they take (like English 'kn<u>o</u>w' and 'kn<u>e</u>w'), or completely, e.g. **khedav-s** 'she sees,' **nakhav-s** 'she will see.'

The negative is generally formed by putting **ar** 'not' immediately before the verb. **Nu** 'do not' is used with commands.

Many common verbs function like the old English form of 'methinks' = 'I think that . . .' (literally: 'it thinks to me,' 'it seems to me') where the structure reverses the usual expression in English. And in modern English 'he hurt my leg' and 'my leg hurts me' the use of 'hurt' is different without affecting meaning. In fact most other modern European languages do this: French *il me plaît,* Spanish *me gusta,* Italian *mi piace,* German *mir gefällt* – all mean 'I like it' (literally: 'it pleases me').

One verb you will encounter frequently in Georgian is 'to love' (e.g. **Tbilisi mi-qwars** 'I love Tbilisi' – approximately: 'Tbilisi is loving to me').

'I want' follows a similar pattern. The most

important parts you'll need to get by are **mi-nda** 'I want' and **gi-nda** 'you want.'

In English you can modify the basic meaning of a verb by adding prepositions. Often this is a simple physical modification, e.g. 'to come,' 'to come <u>up</u>,' 'to come <u>down</u>,' 'to come <u>across</u>.' This addition can create a new meaning that is far removed from the original verb, e.g. 'to put <u>off</u>' can mean 'to postpone,' 'to put <u>down</u>' can mean 'to humanely kill an animal,' 'to put <u>up with</u>' means 'to tolerate,' and so on. Georgian is exactly the same and uses 'preverbs' – prepositions that add to a verb's meaning:

| | |
|---|---|
| **a-** up | **mo-** (to) here |
| **ga-** away, out | **she-** in |
| **gada-** across | **cha-** down |
| **mi-** (to) there | **ts'a-** away |
| **da-** *no real meaning* | |

e.g. ***mo*-dis** 'he comes'; ***cha-mo*-dis** 'he comes down'; ***she-mo*-dis** 'he comes in'
***mi*-dis** 'he goes'; ***cha*-dis** 'he goes down'; ***she*-dis** 'he goes in'
***ga*-igebs** 'to understand'; ***mo*-igebs** 'to win'; ***ts'a*-agebs** 'to lose'

The verb 'to be' is expressed in a variety of forms. The most common form you will find is the (slightly irregular) present form:

| SINGULAR | PLURAL |
|---|---|
| **v-ar** I am | **v-ar-t** we are |
| **khar** you are | **khar-t** you are |
| **ar-is** he/she/it is | **ar-ian** they are |

'He/she/it is' also takes a short form **a** after vowels, **-aa** after consonants, e.g. 'Nia is a Georgian' can be either **Nia Kartveli aris** or **Nia Kartveli a**; 'The radio is here' = **Radio ak aris** or **Radio ak aa**.

Note that in English a similar contraction happens: 'Nia<u>'s</u> a Georgian,' 'The radio<u>'s</u> here.'

# —Essential verbs

The verb 'to have' is expressed using two separate verbs:

| SINGULAR | PLURAL |
|---|---|
| **m-akvs** I have | **gw-akvs** we have |
| **g-akvs** you have | **g-akv-t** you have |
| **akvs** he/she/it has | **akv-t** they have |

| SINGULAR | PLURAL |
|---|---|
| **m-qavs** I have | **gv-qavs** we have |
| **g-qavs** you have | **g-qav-t** you have |
| **h-qavs** he/she/it has | **h-qav-t** they have |

The first **-akvs** form is 'to have something,' e.g.

**puli g(a)-akvs?** 'have you any cash?'
**puli m-akvs** 'I have cash'

The second **-qavs** form is 'to have a person or an animal,' e.g.

**dzma m-qavs** 'I have a brother'
**da g-qavs** 'you have a sister'

Three more irregular but essential verbs are:

'To want/need'

| SINGULAR | PLURAL |
|---|---|
| **mi-nda** I want | **gvi-nda** we want |
| **gi-nda** you want | **gi-nda-t** you want |
| **u-nda** he/she/it wants | **u-nda-t** they want |

'To come'

| SINGULAR | PLURAL |
|---|---|
| **mo-vdivar** I come | **mo-vdivar-t** we come |
| **mo-dikhar** you come | **mo-dikhar-t** you come |
| **mo-dis** he/she/it comes | **mo-dian** they come |

'To go'

| SINGULAR | PLURAL |
|---|---|
| **mi-vdivar** I go | **mi-vdivar-t** we go |
| **mi-dikhar** you go | **mi-dikhar-t** you go |
| **mi-dis** he/she/it goes | **mi-dian** they go |

More irregular essential verbs are on page 314.

# PRONUNCIATION GUIDE

| Georgian letter | Georgian example | Approximate English equivalent |
|---|---|---|
| a | **akhali** 'new' | p*a*t *as in Southern British English* |
| b | **bazari** 'market' | *b*ox |
| ch | **chai** 'tea' | *ch*urch |
| ch' | **ch'adrak'i** 'chess' | — |
| d | **deda** 'mother' | *d*og |
| dz | **dzaghli** 'dog' | hea*ds* |
| e | **erti** 'one' | p*e*t *as in Southern British English* |
| g | **gazeti** 'newspaper' | *g*et |
| gh | **ghwino** 'wine' | — |
| h | **haeri** 'air' | *h*at |
| i | **ist'oria** 'history' | s*i*t |
| j | **jazi** 'jazz' | *j*et |
| k | **kalaki** 'city' | *k*ick |
| k' | **k'atsi** 'man' | — |
| kh | **kho** 'yes' | — |
| l | **lamazi** 'beautiful' | *l*et |
| m | **mepe** 'king' | *m*at |
| n | **nela** 'slowly' | *n*et |
| o | **okro** 'gold' | c*o*t *as in Southern British English* |
| p | **pekhburti** 'soccer' | *p*et |
| p' | **p'rezident'i** 'president' | — |
| q | **qawa** 'coffee' | — |
| r | **radio** 'radio' | *r*at, *'rolled' as in Scottish English* |
| s | **sadguri** 'station' | *s*it |
| sh | **shwili** 'child' | *sh*ut |
| t | **teat'ri** 'theater' | *t*en |
| t' | **t'qe** 'forest' | — |
| ts | **tsot'a** 'a little' | hi*ts* |
| ts' | **ts'eli** 'year' | — |
| u | **unda** 'must' | p*u*t *as in Southern British English* |
| v | **vin** 'who' | *v*an, *w*ell |
| z | **zeg** 'day after tomorrow' | *z*ebra |
| zh | **zhurnali** 'magazine' | era*s*ure |

Nothing beats listening to a native speaker, but the following notes should help give you some idea of how to pronounce the following letters.

## —Vowels

Note that vowels are always pronounced separately of each other, e,g, **p'o-ezi-a**, **ga-ak'etebs**, **ha-eri**, etc.

## —Consonants

**ts** — note that this, as in other Caucasian languages and Russian, represents a *single* consonant.

**ch', k', p', k', t'** and **ts'** — are all *glottalized* versions of **ch, k, p, k, t** and **ts** respectively. You may also hear them referred to as *ejective* consonants. These terms simply mean that each consonant's basic sound is modified in a similar way to produce a less breathy, 'harder' version. As an example, begin making the sound **k** as you normally would, but momentarily stop the breath going into your mouth by closing the fleshy bits (your glottis) at the very back. Hold your tongue and lips in the position they should be in to pronounce the **k** and then suddenly pronounce it. Rather than let out a stream of breath with the sound there should be instead an 'explosion' simultaneously accompanying the sound. At first you may find it easier to do this for consonants at the ends of words.

**q** — is also a glottalized consonant. It is pronounced like a **k'**, but back in your mouth. Imagine you have a marble in the back of your throat and that you're bouncing it using only your glottis, and make a **k'** sound at the same time. [= a glottalized version of Arabic *qâf* ‏ق‎]

**gh** — is pronounced like a sort of growl in the back of your throat, a bit like when you're softly gargling. The German or Parisian 'r' is the easy European equivalent. [= Arabic *ghain* غ]

**kh** — is the rasping 'ch' in Sottish 'loch' and German 'ach.' It is also pronounced like the Spanish/Castillian 'jota.' [= Arabic *khâ* خ]

## —Consonantal "clusters"

Many words in Georgian have several consonants in often unfamiliar combinations or 'clusters,' e.g. **t'qe** 'forest,' **mze** 'mountain,' **mghvdeli** 'priest' – as well as common place names like **Tbilisi** and **Mtskheta**.

After a while listening to a native speaker you'll realize that they're quite easy and logical to pronounce to an English speaker's ears (and tongue!). Simply put a short 'uh' sound where you think it should go in between consonants, and nine times out of ten you will have something presentable and perfectly understandable, e.g. pronounce **msoplio** 'world' as **muh-soplio**, **Mtskheta** as **Muhts-khe-ta**, etc.

Even record-breaking mouthfuls such as **gvprtskvnis** 'he is peeling us' and **gvbrdghvnis** 'he is plucking us' can be broken up easily and pronounced **'guhv-purts-kuhv-NIS'** and **'guhv-burd-ghuhv-NIS'** respectively ('uh' is pronounced here as in English).

# —A note on spelling

In many cases you will hear the sound **v** alternating with **w** or **f** without any change in meaning. These alternative pronunciations aare not represented in Georgian spelling (**v** is written for all these variant sounds), but for ease of pronunciation **w** has been used in this book in many cases where it tends to be pronounced as such, e.g. 'us' is written **chven** (ჩვენ) in Georgian but is usually pronounced as **chwen**, and 'tomorrow' is written **khval** (ხვალ) but mostly pronounced as **khwal**.

# The Georgian Alphabet

## ქართული ანბანი

| Georgian letter | Modern name of letter | Transcription in this book | Georgian letter | Modern name of letter | Transcription in this book |
|---|---|---|---|---|---|
| ა | [a] | **a** | ს | [suh] | **s** |
| ბ | [buh]* | **b** | ტ | [t'uh] | **t'** |
| გ | [guh] | **g** | უ | [u] | **u** |
| დ | [duh] | **d** | ფ | [puh] | **p** |
| ე | [e] | **e** | ქ | [kuh] | **k** |
| ვ | [vuh] | **v** | ღ | [ghuh] | **gh** |
| ზ | [zuh] | **z** | ყ | [quh] | **q** |
| თ | [tuh] | **t** | შ | [shuh] | **sh** |
| ი | [i] | **i** | ჩ | [chuh] | **ch** |
| კ | [k'uh] | **k'** | ც | [tsuh] | **ts** |
| ლ | [luh] | **l** | ძ | [dzuh] | **dz** |
| მ | [muh] | **m** | წ | [ts'uh] | **ts'** |
| ნ | [nuh] | **n** | ჭ | [ch'uh] | **ch'** |
| ო | [o] | **o** | ხ | [khuh] | **kh** |
| პ | [p'uh] | **p'** | ჯ | [juh] | **j** |
| ჟ | [zhuh] | **zh** | ჰ | [huh] | **h** |
| რ | [ruh] | **r** | | | |

* "uh" is pronounced throughout this section as it would be in English.

NOTE: There are no separate capital letter forms. Capitals are simply the letters above written larger and on the same level, e.g. ამერიკა **amerik'a** "America" (note it has no capital first "A" in Georgian) in full capitals would be ᲐᲛᲔᲠᲘᲙᲐ.

# GEORGIAN
## DICTIONARY

ქართული
ლექსიკონი

Note that for ease of reference, the Georgian entries in the Georgian-English section are listed according to English alphabetical order. Verbs are generally given in their "infinite" form, or a form that you would most commonly use.

# GEORGIAN—ENGLISH
## ქართული—ინგლისური

## A

**abano** აბანო Turkish baths

**abazana** აბაზანა bathroom

**abazanis ghrubeli** აბაზანის ღრუბელი sponge

**abi** აბი pill

**Ach'ara** აჭარა Ajara

**Ach'areli** აჭარელი Ajaran

**adamiani** ადამიანი human being; person; **adamianis uplebebi** ადამიანის უფლებები human rights

**adamianuri** ადამიანური *adjective* human

**adap't'eri** ადაპტერი adapter

**adgili** ადგილი place; seat

**adgilobrivi** ადგილობრივი local

**adgoma** ადგომა to stand up; to get up

**administ'rat'ori** ადმინისტრატორი administrator

**admirali** ადმირალი admiral

**adre** ადრე early

**adwili** ადვილი easy

**aerop'ort'i** აეროპორტი airport; **aerop'ort'is gadasakhadi** აეროპორტის გადასახადი airport tax

**agent'i** აგენტი agent

**agharaperi** აღარაფერი nothing more

**Aghdgoma** აღდგომა Easter

**agheba** აღება to take

**aghmochena** აღმოჩენა to discover

**aghmosavlet** აღმოსავლეთ eastern

**aghmosavleti** აღმოსავლეთი *noun* east

**aghts'era** აღწერა to describe

**aghzrda** აღზრდა to bring up; to raise

**agretwe** აგრეთვე also

**agronomi** აგრონომი agronomist

**aguri** აგური brick

**Agvist'o** აგვისტო August

**aisi** აისი dawn

**aivani** აივანი balcony

**ajanqeba** აჯანყება riot; to rebel

**ak** აქ here

**ak'ademia** აკადემია academy

**akhalgazrda** ახალგაზრდა young; young person

**akhali** ახალი new; fresh; **akhali mtware** ახალი მთვარე new moon; **akhali ambebi** ახალი ამბები news; **akhali ambebis saagent'o** ახალი ამბების სააგენტო news agency; **Akhali Ts'eli** ახალი წელი New Year

**Akhali Zelandia** ახალი ზელანდია New Zealand

**akhla** ახლა now

**akhlakhan** ახლახან recently

**akhlos** ახლოს near

**akhsna** ახსნა *noun* explanation; *verb* to explain

**akhsna-ganmart'eba** ახსნა-განმარტება explanation

**ak'rdzaluli** აკრძალული forbidden

**ak'dzalwa** აკრძალვა to forbid; to veto

**aktsent'i** აქცენტი accent

**ak'umulat'ori** აკუმულატორი battery; accumulator

**albat** ალბათ probably

**alergia** ალერგია allergy

**alioni** ალიონი dawn

**alk'oholi** ალკოჰოლი alcohol

**alk'oholik'i** ალკოჰოლიკი alcoholic

**alk'oholizmi** ალკოჰოლიზმი alcoholism

**alo!** ალო! hello!; yes?!

**am** ამ this

**amagham** ამაღამ tonight

**amanati** ამანათი parcel

**amaqi** ამაყი proud

**amas ts'inat** ამას წინათ recently

**ambari** ამბარი barn

**ambavi** ამბავი news; story

**amdeni** ამდენი so much/many

**Amerik'a** ამერიკა America

**Amerik'eli** ამერიკელი American

**Amerik'is Sheertebuli Sht'at'ebi** ამერიკის შეერთებული შტატები United States of America

**Amierk'avk'asia** ამიერკავკასია Transcaucasus

**amindi** ამინდი weather

**amit'om** ამიტომ however; therefore

**amkhanagi** ამხანაგი companion; friend; comrade

**amosvla** ამოსვლა rise

**amp'ut'atsia** ამპუტაცია amputation

**ampibia** ამფიბია amphibian

**amts'e-k'rani** ამწე-კრანი crane *machine*

**an** ან or

**analizi** ანალიზი analysis

**anazghaureba** ანაზღაურება compensation; reparation

**anbani** ანბანი alphabet

**andaza** ანდაზა proverb

**anemia** ანემია anemia

**anesteziologi** ანესთეზიოლოგი anesthesiologist

**anestezia** ანესთეზია anesthesia

**angarishi** ანგარიში bill

**ank'et'a** ანკეტა form

**ant'i-prizi** ანტი-ფრიზი anti-freeze

**ant'ibiot'ik'i** ანტიბიოტიკი antibiotic; **ant'ibiot'ik'ebi** ანტიბიოტიკები antibiotics

**ant'isep't'ik'i** ანტისეპტიკი antiseptic

**anu** ანუ or

**aokhreba** აოხრება to devastate; to overrun

**ap'enditsit'i** აპენდიციტი appendicitis

**apetkeba** აფეთქება to blow up/explode; explosion

**Apkhazeti** აფხაზეთი Abkhazia

**Apkhazi** აფხაზი Abkhaz

**Ap'rili** აპრილი April

**aptiaki** აფთიაქი pharmacy

**ar** არ not

**ara** არა no

**Arabi** არაბი Arab

**Arabuli** არაბული Arabic

**aramed** არამედ but

**araperi** არაფერი nothing; **araperi a!** არაფერია! no problem!

**araqi** არაყი vodka

**arasaimedo** არასაიმედო treacherous

**arasak'marisi** არასაკმარისი not enough

**arasodes** არასოდეს never

**aravin** არავინ nobody

**archeva** არჩევა to choose; to elect

**archevnebi** არჩევნები elections

**ardadegebi** არდადეგები vacation

**area** არეა area

arian არიან are; there are

aris არის is; there is

arkeologia არქეოლოგია archeology

arkeologiuri არქეოლოგიური archeological

arkhi არხი canal; channel

arkit'ekt'ori არქიტექტორი architect

arkit'ekt'ura არქიტექტურა architecture

armia არმია army

arsad არსად nowhere

art'akhi არტახი *medical* splint

art'eria არტერია artery

art'ileria არტილერია artillery

arts ... arts არც ... არც neither ... nor

arts'ivi არწივი eagle

asak'i ასაკი age

asamblea ასამბლეა assembly

asanti ასანთი matches

ase ასე so

aseti ასეთი such (a)

asi ასი hundred

asli ასლი copy; **aslis gadagheba** ასლის გადაღება to copy; **aslis gadamghebi mankana** ასლის გადამღები მანქანა photocopier

asp'irini ასპირინი aspirin

astma ასთმა asthma

asvla ასვლა to go up

at'ami ატამი peach

atasi ათასი thousand

ati ათი ten

at'lasi ატლასი atlas

ats'mqo *dro* აწმყო *დრო* present *time*

atsrili აცრილი vaccinated

at-ts'leuli ათწლეული decade

audio chanats'eri აუდიო ჩანაწერი tape

aupetkebeli bombi აუფეთქებელი ბომბი unexploded bomb

autsileblad აუცილებლად certainly

auzi აუზი tank

avadmqopi ავადმყოფი ill; medical patient

avadmqopoba ავადმყოფობა disease; illness

Avari ავარი Avar

Avst'ralia ავსტრალია Australia

Avst'ralieli ავსტრალიელი Australian

avt'obusi ავტობუსი bus; **avt'obusis gachereba** ავტობუსის გაჩერება bus stop; **avt'obusebis sadguri** ავტობუსების სადგური bus station

avt'omobilis martwis mots'moba ავტომობილის მართვის მოწმობა driving license

avt'onats'ilebis maghazia ავტონაწილების მაღაზია car parts store

avt'onomia ავტონომია autonomy

avt'onomiuri ავტონომიური autonomous

avt'ori ავტორი author

Azerbaijaneli აზერბაიჯანელი Azerbaijani *person*

Azerbaijani აზერბაიჯანი Azerbaijan

azri აზრი idea

# B

babua ბაბუა grandfather

bade ბადე net

badragi ბადრაგი convoy

baghi ბაღი garden; orchard; park

bakani ბაქანი platform; **bakanis nomeri** ბაქანის ნომერი platform number

bak'i ბაკი tank

**Bako** ბაქო Baku
**bakt'eria** ბაქტერია bacteria
**balakhi** ბალახი grass
**balet'i** ბალეტი ballet
**balishi** ბალიში pillow
**baloni** ბალონი: **gazis baloni** გაზის ბალონი gas bottle
**Balqari** ბალყარი Balkar
**bamba** ბამბა cotton; cotton wool
**bamp'eri** ბამპერი bumper
**banaoba** ბანაობა to bathe; to wash
**bandit'i** ბანდიტი bandit
**bank'et'i** ბანკეტი banquet
**bank'i** ბანკი bank
**bank'iri** ბანკირი banker
**baqaqi** ბაყაყი frog
**bargi** ბარგი baggage; **bargis misaghebi** ბარგის მისაღები baggage counter
**bari** ბარი bar; spade
**barva** ბარვა to dig
**basri** ბასრი sharp
**bat'area** ბატარეა battery
**bat'i** ბატი goose
**bat'k'ani** ბატკანი lamb
**Bat'oni** ბატონი Mr.; Sir
**bats'ari** ბაწარი string
**batsilebi** ბაცილები germs
**Batumi** ბათუმი Batumi
**bavshwi** ბავშვი child; **bavshwebi** ბავშვები children
**bazari** ბაზარი market
**bazhi** ბაჟი customs duty
**bazisi** ბაზისი basis
**bazroba** ბაზრობა market
**bebia** ბებია grandmother
**bech'dwa** ბეჭდვა to type
**bech'edi** ბეჭედი ring; official stamp
**bednieri** ბედნიერი happy; **bednieri mgzavroba!** ბედნიერი მგზავრობა! bon voyage!
**begheli** ბეღელი barn

**bejiti** ბეჯითი diligent
**benzini** ბენზინი gas/petrol
**Berdzeni** ბერძენი Greek *person*
**Berdznuli** ბერძნული Greek *thing*
**beri** ბერი monk
**be-t'e-eri** ბე-ტე-ერი armored car
**bevri** ბევრი a lot; many; much
**bgera** ბგერა sound
**Biblia** ბიბლია Bible
**bibliotek'a** ბიბლიოთეკა library
**bich'i** ბიჭი boy; son
**bidza** ბიძა uncle
**bileti** ბილეთი ticket; **bileti erti mimartulebit** ბილეთი ერთი მიმართულებით one-way ticket; **bileti orive mimartulebit** ბილეთი ორივე მიმართულებით return ticket; **biletebis salaro** ბილეთების სალარო ticket office
**bilik'i** ბილიკი path
**bina** ბინა apartment
**binok'li** ბინოკლი binoculars
**bint'i** ბინტი bandage
**biograpia** ბიოგრაფია biography
**biurok'rat'ia** ბიუროკრატია bureaucracy
**biznesi** ბიზნესი business; **biznes-k'lasis bileti** ბიზნეს-კლასის ბილეთი business class; **biznes-sats'armo** ბიზნეს-საწარმო business enterprise
**biznesmeni** ბიზნესმენი businessman/businesswoman
**blok'i** ბლოკი block
**bluzi** ბლუზი blues *music*
**bneli** ბნელი dark
**bodishi** ბოდიში apology; **bodishi(t)!** ბოდიში(თ)! sorry!; excuse me!

boiprendi ბოიფრენდი boy-friend

boklomi ბოქლომი padlock

boksi ბოქსი boxing

boli ბოლი smoke

bolo ბოლო last

bombi ბომბი bomb; bombis gauvnebleba ბომბის გაუვნებლება bomb disposal

borani ბორანი ferry

borbali ბორბალი wheel

Borjomi ბორჯომი Borjomi

bosi ბოსი boss

bost'neuli ბოსტნეული vegetables; bost'neulis maghazia ბოსტნეულის მაღაზია vegetable shop

botli ბოთლი bottle; botlis gasakhsneli ბოთლის გასახსნელი bottle-opener

botsweri ბოცვერი rabbit

brdzaneba ბრძანება order; to order

brdzola ბრძოლა battle; fight; struggle

brendi ბრენდი brandy

brinji ბრინჯი rice

Brit'aneli ბრიტანელი Briton

Brit'anuli ბრიტანული British thing

Brit'aneti ბრიტანეთი Britain

brma ბრმა blind

broshi ბროში brooch

brts'qinwa ბრწყინვა to shine

bu ბუ owl

Budist'i ბუდისტი Buddhist

Budizmi ბუდიზმი Buddhism

bughalt'eri ბუღალტერი accountant

buksiris chasabmeli tok'i ბუქსირის ჩასაბმელი თოკი tow rope

bulgaruli ts'its'aka ბულგარული წიწაკა capsicum; sweet pepper

bumberazi ბუმბერაზი giant

buneba ბუნება nature

bunebrivi ბუნებრივი natural; bunebrivi garemo ბუნებრივი გარემო natural environment

burghi ბურღი drill

burti ბურთი ball

burusi ბურუსი fog; mist

burusiani ბურუსიანი misty

but'erbrodi ბუტერბროდი sandwich

buzi ბუზი fly

bzik'i ბზიკი wasp

## CH/CH'

ch'a ჭა water well

ch'adrak'i ჭადრაკი chess

chai ჩაი tea; chai limonit ჩაი ლიმონით tea with lemon; chai rdzit ჩაი რძით tea with milk; chais k'ovzi ჩაის კოვზი teaspoon

chaidani ჩაიდანი kettle

ch'ak'i tskheni ჭაკი ცხენი mare

chakuchi ჩაქუჩი hammer

ch'ama ჭამა eat

chamok'ideba ჩამოკიდება to hang something

chamosvla ჩამოსვლა arrival; to arrive

chanats'eri ჩანაწერი record

chanchkeri ჩანჩქერი waterfall

changali ჩანგალი fork

chanta ჩანთა bag

ch'aobi ჭაობი marsh; swamp

chaprena ჩაფრენა to fly down

chpvla ჩაფვლა to bury

ch'arkhali ჭარხალი beetroot

charkhi ჩარხი tool; machine

chartwa ჩართვა to switch on

chasapreba ჩასაფრება ambush

chasartweli ჩასართველი plug

**chashweba** ჩაშვება to sink
**chats'era** ჩაწერა to record
**chatsma** ჩაცმა to get dressed; to put on
**Chechen** ჩეჩენი Chechen
**Chechneti** ჩეჩნეთი Chechnya
**chek'i** ჩეკი *financial* check; receipt
**chekhwa** ჩეხვა to chop
**chekma** ჩექმა boot; **chekmebi** ჩექმები boots
**chemi** ჩემი my; mine
**chemodani** ჩემოდანი suitcase
**ch'eshmarit'eba** ჭეშმარიტება truth
**Cherkezi** ჩერქეზი Circassian *person*
**ch'ia** ჭია; **ch'iaqela** ჭიაყელა worm
**ch'ianch'wela** ჭიანჭველა ant
**chibukhi** ჩიბუხი pipe
**ch'idaoba** ჭიდაობა wrestling
**ch'ika** ჭიქა cup; glass; **ch'ika ts'qali** ჭიქა წყალი glass of water
**ch'ishk'ari** ჭიშკარი gate
**chit'i** ჩიტი bird
**chivili** ჩივილი complaint
**chkara** ჩქარა quickly
**chkari** ჩქარი quick
**ch'ogrit'i** ჭოგრიტი binoculars
**chrdiloet** ჩრდილოეთ northern
**chrdiloeti** ჩრდილოეთი north
**Chrdiloet Irlandia** ჩრდილოეთ ირლანდია Northern Ireland
**ch'riloba** ჭრილობა wound
**ch'uch'qiani** ჭუჭყიანი dirty
**ch'uch'rut'ana** ჭუჭრუტანა hole
**chumi** ჩუმი silent
**ch'urch'lis k'arada** ჭურჭლის კარადა cupboard
**ch'urwi** ჭურვი missile; shell; **ch'urwis anaskhlet'i** ჭურვის ანასხლეტი shrapnel
**chweneba** ჩვენება show; exhibit
**chwen** ჩვენ we; **chen twiton** ჩვენ თვითონ ourselves
**chweni** ჩვენი our; ours
**chweuleba** ჩვეულება custom tradition
**chweulebriv** ჩვეულებრივ usually
**chweulebrivi** ჩვეულებრივი usual; ordinary
**chwidmet'i** ჩვიდმეტი seventeen

## D

**da** და and; sister; **da!** და! yes! *on telephone;* **da-dzmani** და-ძმანი sisters and brothers
**daakhloebit** დაახლოებით approximately
**daarseba** დაარსება to establish; to found
**dabadeba** დაბადება birth; **dabadebis adgili** დაბადების ადგილი place of birth; **dabadebis tarighi** დაბადების თარიღი date of birth
**dabali** დაბალი low; **dabali ts'neva** დაბალი წნევა low blood pressure
**dabana** დაბანა to wash
**dabech'dwa** დაბეჭდვა to print
**dabegvra** დაბეგვრა to tax
**dabla** დაბლა down; below
**dabneva** დაბნევა to confuse
**daboloeba** დაბოლოება end
**dabombwa** დაბომბვა bombardment
**dabruneba** დაბრუნება to return
**dach'era** დაჭერა to catch; to hold
**dachkareba** დაჩქარება to forward
**dachokeba** დაჩოქება to kneel
**dach'ra** დაჭრა to cut; to wound
**dadeba** დადება to lay; to put

**dadzineba** დაძინება to go to bed

**dadzwelebuli** დაძველებული stale; out-of-date

**Daghestani** დაღესტანი Daghestan

**Daghestneli** დაღესტნელი Daghestani *person*

**daghla** დაღლა to tire

**daghlili** დაღლილი tired

**daghvra** დაღვრა to spill

**dagleja** დაგლეჯა to tear

**dagrdzeleba** დაგრძელება to lengthen

**dagwianeba** დაგვიანება to be late

**dak'weta** დაკვეთა to order something

**dakaneba** დაქანება slope

**dak'argwa** დაკარგვა to lose

**dak'et'wa** დაკეტვა to close

**dakhasiateba** დახასიათება to characterize

**dakhmareba** დახმარება to help; to aid

**dakhrili** დახრილი oblique

**dakhuruli** დახურული shut/closed

**dakhurwa** დახურვა to shut/close

**dakiravebuli** დაქირავებული hired; mercenary

**dak'vra** დაკვრა to play a musical instrument

**dakvrivebuli** დაქვრივებული widowed

**daleva** დალევა to drink

**dalodeba** დალოდება to wait for

**damat'eba** დამატება to add to

**damalwa** დამალვა to hide

**damamt'k'itsebeli sabuti** დამამტკიცებელი საბუთი evidence

**damartskheba** დამარცხება defeat

**damat'ebiti** დამატებითი extra

**damekhmaret!** დამეხმარეთ! help!

**damkhmare musha** დამხმარე მუშა aid worker

**damk'wirvebeli** დამკვირვებელი observer

**damnashave** დამნაშავე criminal

**damouk'idebeli** დამოუკიდებელი independent; **damouk'idebeli sakhelmts'ipo** დამოუკიდებელი სახელმწიფო independent state

**damouk'idebloba** დამოუკიდებლობა independence

**damp'qrobeli jarebi** დამპყრობელი ჯარები occupying forces

**damsts're** დამსწრე *adjective* present

**damtavreba** დამთავრება to finish

**damts'erloba** დამწერლობა writing

**damzadeba** დამზადება to cook

**dana** დანა knife

**danaghmuli veli** დანაღმული ველი minefield

**danaghmwa** დანაღმვა to lay mines

**danarcheni** დანარჩენი rest

**danashauli** დანაშაული crime

**dangreva** დანგრევა to destroy

**Danieli** დანიელი Dane

**Daniuri** დანიური Danish

**danteba** დანთება to light

**dap'at'imreba** დაპატიმრება to arrest

**dap'qroba** დაპყრობა to conquer; occupation *of a country*

**dapinanseba** დაფინანსება finance

# dapkwa

**dapkwa** დაფქვა to grind

**dapudzneba** დაფუძნება to found

**daqopa** დაყოფა to share

**daqrdnoba** დაყრდნობა to lean

**darchena** დარჩენა to remain

**dargwa** დარგვა planting

**dart'qma** დარტყმა to hit

**darts'munebeli** დარწმუნებელი sure

**dasajdomi** დასაჯდომი seat

**dasaplaveba** დასაფლავება funeral

**dasasruli** დასასრული end

**dasats'qisi** დასაწყისი beginning

**dasavlet** დასავლეთ western

**dasavleti** დასავლეთი west

**dashaveba** დაშავება to injure

**dashavebuli** დაშავებული injured

**dasja** დასჯა to punish; **sik'vdilit dasja** სიკვდილით დასჯა to execute; execution

**daskhma** დასხმა pour

**dasuptaveba** დასუფთავება to clean

**dasveleba** დასველება to wet

**dasveneba** დასვენება to relax; to rest

**dat'eva** დატევა to contain

**dat'oveba** დატოვება to leave

**dateswa** დათესვა sowing

**datsda** დაცდა to wait

**datsema** დაცემა to fall

**datsla** დაცლა to empty

**dats'ola** დაწოლა to lie down; to go to bed

**dats'qeba** დაწყება to begin

**datswa** დაცვა to defend; to guard; to protect; protection

**dats'wa** დაწვა to burn

**datvla** დათვლა to count

**datwi** დათვი bear

**davits'qeba** დავიწყება to forget

**davnaqrdi!** დავნაყრდი! I'm full up!

**dazghweuli** დაზღვეული registered; **dazghweuli ts'erili/amanati** დაზღვეული წერილი/ამანათი registered letter/parcel

**dazogwa** დაზოგვა to save

**deda** დედა mother

**dedakalaki** დედაქალაქი capital city

**dedamits'a** დედამიწა earth

**dedopali** დედოფალი queen

**Dek'emberi** დეკემბერი December

**demok'rat'ia** დემოკრატია democracy

**demok'rat'iuli** დემოკრატიული democratic

**demonst'ratsia** დემონსტრაცია demonstration *political*

**dena** დენა to leak

**deni** დენი current; electricity

**dep'o** დეპო depot

**dep'ort'atsia** დეპორტაცია deportation

**dep'ort'ireba** დეპორტირება to deport

**desert'i** დესერტი dessert

**devna** დევნა to chase

**dezodori** დეზოდორი deodorant

**dghe** დღე day

**dghe-ghame** დღე-ღამე day *24 hours*

**dges** დღეს today

**dghesasts'auli** დღესასწაული holiday

**dghisit** დღისით daytime

**dgoma** დგომა to stand

**diabet'ik'i** დიაბეტიკი diabetic

**diagnozi** დიაგნოზი diagnosis

**diakh** დიახ yes

**dialekt'i** დიალექტი dialect

**dideda** დიდედა grandmother

**didi** დიდი big; great

**Didi Markhwa** დიდი მარხვა Lent

**didkhans** დიდხანს for a long time

**diet'a** დიეტა diet

**di-jei** დი-ჯეი disk-jockey

**dikt'at'ori** დიქტატორი dictator

**dikt'at'ura** დიქტატურა dictatorship

**dila** დილა morning; **dila mshwidobisa!** დილა მშვიდობისა! good morning!

**dilis** დილის a.m.

**dilit** დილით in the morning

**dinamo** დინამო dynamo

**dineba** დინება stream

**dip'lomat'i** დიპლომატი diplomat

**dip'lomat'iuri** დიპლომატიური diplomatic; **dip'lomat'iuri k'avshirebi** დიპლომატიური კავშირები diplomatic ties

**disk'-jok'ei** დისკ-ჯოკეი disk-jockey

**disk'o** დისკო disco

**disk'usia** დისკუსია discussion

**dizeli** დიზელი diesel

**dnoba** დნობა thaw

**dok'ument'i** დოკუმენტი document

**dok'ument'uri filmi** დოკუმენტური ფილმი documentary film

**dolari** დოლარი dollar

**dolbandi** დოლბანდი gauze

**doli** დოლი drum

**done** დონე level

**dro** დრო time

**droze** დროზე on time; quickly!

**dughili** დუღილი boiling

**durbindi** დურბინდი binoculars

**durgali** დურგალი carpenter

**dzaghli** ძაღლი dog

**dzala** ძალა strength

**dzaladoba** ძალადობა; **dzaldataneba** ძალდატანება violence

**dzalian** ძალიან very; too; **dzalian bevri** ძალიან ბევრი too much; **dzalian tskheli** ძალიან ცხელი very hot; **dzalian tsot'a** ძალიან ცოტა too little

**dzartswa-gleja** ძარცვა-გლეჯა robbery

**dzebna** ძებნა to look for; to search

**dzegli** ძეგლი monument; statue

**dzekhwi** ძეხვი sausage

**dzidza** ძიძა nurse

**dzili** ძილი sleep

**dzili nebisa!** ძილი ნებისა! good night!

**dzlieri** ძლიერი strong

**dzma** ძმა brother

**dzmari** ძმარი vinegar

**dzneli** ძნელი difficult; hard

**dzrava** ძრავა engine

**dzrokha** ძროხა cow

**dzrokhis khortsi** ძროხის ხორცი beef

**dzudzumts'owara** ძუძუმწოვარა mammal

**dzunts'i** ძუნწი stingy

**dzwali** ძვალი bone

**dzweleburi** ძველებური ancient

**dzweli** ძველი old; ancient; **dzweli kalaki** ძველი ქალაქი old city

**dzwiri** ძვირი expensive

**dzwirpasi** ძვირფასი dear

# E

**Ebraeli** ებრაელი Jew; Jewish *person*

**ebrauli** ებრაული Jewish *thing*

**ekhla** ეხლა now

**ekimi** ექიმი doctor

**ek'lesia** ეკლესია church
**ek'liani mavtuli** ეკლიანი მავთული barbed wire
**ek'onomik'a** ეკონომიკა economics
**ek'onomist'i** ეკონომისტი economist
**eksp'ort'i** ექსპორტი export
**eksp'ozimet'ri** ექსპოზიმეტრი; **eksp'onomet'ri** ექსპონომეტრი light meter
**eksp'resi** ექსპრესი express
**ektani** ექთანი nurse
**ekvsi** ექვსი six
**elavs** ელავს there is lightning
**elchi** ელჩი ambassador
**elekt'ro** ელექტრო electrical; **elekt'ro chasartweli** ელექტრო ჩასართველი plug; **elekt'ro khelsats'qoebi** ელექტრო ხელსაწყოები electrical appliances; **elekt'ro regulat'ori** ელექტრო რეგულატორი voltage regulator
**elekt'ronuli** ელექტრონული electronic; **elekt'ronuli post'a** ელექტრონული ფოსტა e-mail
**elekt'rooba** ელექტროობა electricity
**elekt'rosakoneli** ელექტროსაქონელი electrical goods store
**elva** ელვა lightning
**emali** ემალი enamel
**ena** ენა language; tongue
**enatmetsniereba** ენათმეცნიერება linguistics
**enatmetsnieri** ენათმეცნიერი linguist
**ep'idemia** ეპიდემია epidemic
**ep'ilepsia** ეპილეფსია epilepsy
**ep'ilept'ik'i** ეპილეფტიკი epileptic
**ep'isk'op'osi** ეპისკოპოსი bishop
**era** ერა era
**Erevani** ერევანი Yerevan
**eri** ერი nation; people
**erk'emali** ერკემალი ram
**erovneba** ეროვნება nationality
**ertad** ერთად together
**ertaderti** ერთადერთი only; sole
**ertadgiliani nomeri** ერთადგილიანი ნომერი single room
**erti** ერთი one
**ertkhel** ერთხელ once
**ertmaneti** ერთმანეთი each other
**es** ეს this
**ese igi...** ესე იგი... that is...
**eseni** ესენი these
**eshmak'i** ეშმაკი devil
**etik'eti** ეთიკეტი etiquette
**etnik'uri ts'menda** ეთნიკური წმენდა ethnic cleansing
**Evro-K'avshiri** ევრო-კავშირი European Union
**Evrop'a** ევროპა Europe
**Evrop'eli** ევროპელი European *person*
**Evrop'uli** ევროპული European *thing*

## G/GH

**gaacheret!** გააჩერეთ! stop!
**gabrazebuli** გაბრაზებული angry
**gach'ra** გაჭრა to cut
**gachena** გაჩენა to give birth to
**gachereba** გაჩერება to stop
**gadaadgileba** გადაადგილება to move
**gadabmis pedali/sat'erpuli** გადაბმის პედალი/სატერფული clutch *of car*
**gadadeba** გადადება to delay
**gadagdeba** გადაგდება to throw
**gadagzvna** გადაგზვნა to send
**gadak'eteba** გადაკეთება to alter

**gadakhda** გადახდა to pay
**gadakhweva** გადახვევა bandage
**gadamqwani** გადამყვანი transformer; adapter
**gadamtsemi** გადამცემი transmitter
**gadaqlap'wa** გადაყლაპვა swallow
**gadasakhadi** გადასახადი tax
**gadaskhma** გადასხმა transfusion; to pour out
**gadat'ekhwa** გადატეხვა to fracture
**gadats'qwet'a** გადაწყვეტა to decide
**gadats'qwet'ileba** გადაწყვეტილება decision
**gadatsema** გადაცემა to hand over; to transmit
**gadatsvla** გადაცვლა to exchange
**gadzartswa** გაძარცვა robbery
**Gaero** გაერო; **Gaertianebuli Erebis Organizatsia** გაერთიანებული ერების ორგანიზაცია United Nations
**Gaeros Lt'olvilta Umaghlesi K'omisariat'i** გაეროს ლტოლვილთა უმაღლესი კომისარიატი UNHCR
**gaertianeba** გაერთიანება to unite; union
**gaertianebuli** გაერთიანებული united
**gageba** გაგება to understand; to find out
**gagheba** გაღება to open
**gaghizianebuli** გაღიზიანებული irritated
**gaghwidzeba** გაღვიძება to wake up
**gagoneba** გაგონება to hear
**gagrdzeleba** გაგრძელება to continue; to last
**gagzvna** გაგზვნა to send
**gaiget?** გაიგეთ? do you understand?
**gaigiveba** გაიგივება identification
**gaisad** გაისად next year
**gakhdoma** გახდომა to become
**gakhsna** გახსნა to open
**gastseva** გაქცევა to escape; to run away
**gak'wetili** გაკვეთილი lesson
**galoni** გალონი gallon
**gamaquchebeli** გამაყუჩებელი painkiller
**gamarjobat!** გამარჯობათ! hello!
**gamarjweba** გამარჯვება to win
**gamatskhelebeli** გამაცხელებელი heating coil
**gameoreba** გამეორება to repeat
**gamgzavreba** გამგზავრება departure
**gamkurdes** გამქურდეს I have been robbed
**gamo** გამო because of
**gamokweqneba** გამოქვეყნება to publish
**gamochena** გამოჩენა to seem; to appear
**gamodzakheba** გამოძახება to call
**gamogdeba** გამოგდება to expel
**gamoghwidzeba** გამოღვიძება to wake up *someone*
**gamogoneba** გამოგონება invention
**gamogwa** გამოგვა to sweep
**gamok'itkhwa** გამოკითხვა enquiry
**gamok'lebit** გამოკლებით except for
**gamok'vleva** გამოკვლევა to investigate; to test *medically*

# gamokhat'wa

gamokhat'wa გამოხატვა to express

gamomgonebeli გამომგონებელი inventor

gamomtsemloba გამომცემლობა publishing house

gamomtvleli mankana გამომთვლელი მანქანა calculator

gamonabolkwi გამონაბოლქვი exhaust *of car*

gamonask'wa გამონასკვა to tie

gamopena გამოფენა exhibition

gamoqeneba გამოყენება to use

gamortwa გამორთვა to switch off

gamotkma გამოთქმა to pronounce

gamotsda გამოცდა exam; test; to test; gamotsdis chatareba გამოცდის ჩატარება to test

gamotskhoba გამოცხობა to bake

gamotsvla გამოცვლა to change

gamqidweli გამყიდველი salesperson

ganadgureba განადგურება to destroy

ganaghmwa განაღმვა mine disposal; to clear a mine

ganateba განათება to light

ganatleba განათლება education; Ganatlebis Saministro განათლების სამინისტრო Ministry of Education

gandevna განდევნა to exile

gangrena განგრენა gangrene

gankhilwa განხილვა to discuss; discussion

gankorts'inebuli განქორწინებული divorced

ganlageba განლაგება to locate

ganmart'eba განმარტება to explain

ganrigi განრიგი timetable

gansak'ut'rebit განსაკუთრე- ბით especially

gansak'ut'rebuli განსაკუთრე- ბული special

gantavisupleba განთავისუფ- ლება liberation

gantiadi განთიადი dawn

ganvitareba განვითარება development

ganzrakhwa განზრახვა to intend

gaormagebuli გაორმაგებული double

gapant'wa გაფანტვა to scatter

gapartoeba გაფართოება expansion

gapitswa გაფიცვა strike *from work*

gaprena გაფრენა to fly

gapuch'eba გაფუჭება to spoil

gaqidwa გაყიდვა to sell

gaqinuli გაყინული frozen; frostbitten

gaqinwa გაყინვა to freeze

gaqopa გაყოფა to divide; to split

garda... გარდა... except for; but; in addition to

gardakmna გარდაქმნა to transform

gardatswaleba გარდაცვალება to die

garet გარეთ out

gareshe გარეშე without

garetskhwa გარეცხვა to wash

gareuli გარეული wild

gareubani გარეუბანი suburb

garizhrazhi გარიჟრაჟი dawn

gark'weuli გარკვეული certain; clear

garnizoni გარნიზონი garrison

gasaghebi გასაღები key

gasaghwidzebeli zari გასაღვი- ძებელი ზარი wake-up call

gasakhleba გასახლება to deport; deportation

gasatkhovari გასათხოვარი single *not married, female*

gasasvleli გასასვლელი exit

gashla გაშლა to extend

gashroba გაშრობა to drain

gashweba გაშვება to release

gasieba გასიება to swell

gask'doma გასკდომა to burst

gasts'oreba გასწორება to correct

gasukeba გასუქება to get fat

gasuli გასული last; past

gasuptaveba გასუფთავება to clear

gasvla გასვლა to go out

gasweneba გასვენება funeral

gat'ana გატანა to export

gat'atseba გატაცება to kidnap

gat'ekhwa გატეხვა to break

gatboba გათბობა to heat

gateneba გათენება to dawn

gatkhovili გათხოვილი married *female*

gatoshwa გათოშვა to freeze

gatreva გათრევა; gats'eva გაწევა to pull

gatsieba გაციება cold

gatsineba გაცინება to laugh

gatsnoba გაცნობა to introduce; introduction

gaugebroba გაუგებრობა misunderstanding

gaukmeba გაუქმება to cancel

gaumarjos! გაუმარჯოს! cheers!

gaumjobeseba გაუმჯობესება to improve

gaut'k'ivareba გაუტკივარება anesthesia

gavige გავიგე I understand

gavrtseleba გავრცელება to spread

gazapkhuli გაზაფხული spring season

gazeti გაზეთი newspaper

gazi გაზი gas; gazis baloni გაზის ბალონი gas bottle; gazis mili გაზის მილი gas pipeline

gazomva გაზომვა to measure

gazrda გაზრდა to grow up

gelprendi გელფრენდი girlfriend

gemi გემი boat; ship

gemo გემო taste; gemos gasinjwa გემოს გასინჯვა to taste

gemrieli გემრიელი tasty

generali გენერალი general

genotsidi გენოციდი genocide

Germaneli გერმანელი German *person*

Germania გერმანია Germany

Germanuli გერმანული German *thing*

ghalat'i ღალატი to betray

ghame ღამე night

ghamis k'lubi ღამის კლუბი nightclub

gharibi ღარიბი poor

ghebwa ღებვა to paint

ghech'wa ღეჭვა to chew

ghia ღია open

ghirebuleba ღირებულება cost

ghirs ღირს it costs

ghmerti ღმერთი God

ghobe ღობე fence

ghori ღორი pig

ghrubeli ღრუბელი cloud

ghrubliani ღრუბლიანი cloudy

ghumeli ღუმელი stove

ghwari ღვარი stream

ghwidzli ღვიძლი liver

ghwino ღვინო wine

gidi გიდი guide

giganti გიგანტი giant

gineba გინება to swear

ginek'ologi გინეკოლოგი gynecologist

girvanka გირვანქა pound *weight*

**gisment!** გისმენთ! hello! *on telephone*
**gisurweb ts'armat'ebas!** გისურვებ წარმატებას! good luck!
**gizhi** გიჟი crazy
**glekhi** გლეხი farmer; peasant
**gmadlobt!** გმადლობთ! thank you!
**gmiri** გმირი hero
**gogo** გოგო; **gogona** გოგონა girl
**goli** გოლი goal
**gora** გორა; **gorak'i** გორაკი hill
**gramat'ik'a** გრამატიკა grammar
**grami** გრამი gram
**granat'a** გრანატა grenade
**grdzeli** გრძელი long
**grdznoba** გრძნობა to feel; feeling; sense
**grili** გრილი cool
**grip'i** გრიპი flu
**guladi** გულადი brave
**guli** გული heart; **gulis shet'eva** გულის შეტევა heart attack
**gulisatwis** გულისათვის because of
**gulsabnevi** გულსაბნევი brooch
**gundi** გუნდი team; choir
**gushin** გუშინ yesterday; **gushin saghamos** გუშინ საღამოს yesterday evening; **gushints'in** გუშინწინ the day before yesterday
**gutani** გუთანი plow
**gwalwa** გვალვა drought
**gwari** გვარი surname/family name; kind
**gweli** გველი snake; **gwelis nak'beni** გველის ნაკბენი snake bite
**gwerdit** გვერდით right next to
**gwian** გვიან late
**gza** გზა road; route; track; way
**gzajwaredini** გზაჯვარედინი crossroads

## H

**haeri** ჰაერი air
**halst'ukhi** ჰალსტუხი necktie
**hawa** ჰავა climate
**hep'at'it'i** ჰეპატიტი hepatitis
**higiena** ჰიგიენა hygiene
**Holandieli** ჰოლანდიელი Dutch *person*
**Holandiuri** ჰოლანდიური Dutch *thing*
**humanit'aruli** ჰუმანიტარული humanitarian; **humanit'aruli dakhmareba** ჰუმანიტარული დახმარება humanitarian aid; **humanit'aruli mushaki** ჰუმანიტარული მუშაკი aid worker

## I

**Ialbuzi** იალბუზი Mt. Elbrus
**Ianvari** იანვარი January
**Iap'oneli** იაპონელი Japanese *person*
**Iap'onia** იაპონია Japan
**Iap'onuri** იაპონური Japanese *thing*
**iapi** იაფი cheap
**iara** იარა ulcer
**iaraghi** იარაღი tool
**iardi** იარდი yard
**iat'ak'i** იატაკი floor
**idaqwi** იდაყვი elbow
**idea** იდეა idea
**ident'ipik'atsia** იდენტიფიკაცია identification
**idzulebit gadaadgilebeli p'iri** იძულებით გადაადგილებელი პირი internally displaced person (IDP)

janmrteloba

**ik** იქ there
**ikhwi** იხვი duck
**ikneba** იქნება perhaps
**im dros, rodesats** იმ დროს, როდესაც while
**imami** იმამი imam
**imdeni** იმდენი as much
**imigrant'i** იმიგრანტი immigrant
**imigratsia** იმიგრაცია immigration
**imiji** იმიჯი image
**imit'om** იმიტომ for that reason; **imit'om rom** იმიტომ რომ because of
**indauri** ინდაური turkey
**Indoeti** ინდოეთი India
**Induist'i** ინდუისტი Hindu
**Induizmi** ინდუიზმი Hinduism
**Ingliseli** ინგლისელი English *person*
**Inglisi** ინგლისი England
**Inglisuri** ინგლისური English *thing*
**Inglisuri kindzistavi** ინგლისური ქინძისთავი safety pin
**Ingushi** ინგუში Ingush *person*
**inpektsia** ინფექცია infection
**inpektsiuri** ინფექციური infectious; **inpektsiuri daavadeba** ინფექციური დაავადება infectious disease
**inpormatsia** ინფორმაცია information
**insekt'itsidi** ინსექტიციდი insecticide
**inst'it'ut'i** ინსტიტუტი institute
**int'eresi** ინტერესი interest
**int'ernet'i** ინტერნეტი internet
**inzhineri** ინჟინერი engineer
**iogurt'i** იოგურტი yogurt
**iremi** ირემი deer
**Irlandia** ირლანდია Ireland
**Irlandieli** ირლანდიელი Irish *person*
**Irlandiuri** ირლანდიური Irish *thing*
**is** ის he, she, it; that
**ise** ისე that
**iseve** ისევე just so/as
**isini** ისინი they; those; **isini twiton** ისინი თვითონ themselves
**Islami** ისლამი Islam
**Israeli** ისრაელი Israel
**ist'oria** ისტორია history
**ist'orikosi** ისტორიკოსი historian
**It'alia** იტალია Italy
**It'alieli** იტალიელი Italian *person*
**It'aliuri** იტალიური Italian *thing*
**itsit** იცით you know
**itsis** იცის he/she knows
**Iudaizmi** იუდაიზმი Judaism
**iumori** იუმორი humor
**iumorist'uli** იუმორისტული humorous
**Iunesk'o** იუნესკო UNESCO
**iurist'i** იურისტი lawyer
**iust'itsia** იუსტიცია justice
**Iust'itsiis Saminist'ro** იუსტიციის სამინისტრო Ministry of Justice
**Ivlisi** ივლისი July
**Ivnisi** ივნისი June

## J

**jach'wi** ჯაჭვი chain
**jagrisi** ჯაგრისი brush
**jandatswa** ჯანდაცვა healthcare
**Jandatswis Saminist'ro** ჯანდაცვის სამინისტრო Ministry of Health
**janmrteli** ჯანმრთელი healthy
**janmrteloba** ჯანმრთელობა health; **janmrtelobis datswa** ჯანმრთელობის დაცვა healthcare

janqi ჯანყი riot

jaqwa ჯაყვა penknife

jari ჯარი army; troops

jarima ჯარიმა fine *of money;* penalty

jarisk'atsi ჯარისკაცი soldier

jashushi ჯაშუში spy

jazi ჯაზი jazz

jdoma ჯდომა sit

jer k'idev ჯერ კიდევ still; yet

jibe ჯიბე pocket; **jibis puli** ჯიბის ფული pocket money

jikhuri ჯიხური kiosk

jildo ჯილდო prize

jinsi ჯინსი jeans

jiriti ჯირითი horse racing

jogi ჯოგი flock

jojokheti ჯოჯოხეთი hell

jokhi ჯოხი stick

jori ჯორი mule

jwari ჯვარი cross

## K/K'/KH

k'aba კაბა dress

kababi ქაბაბი kebab

k'abeli კაბელი cable

k'abinet'i კაბინეტი cabinet

kaghaldi ქაღალდი paper

kaghaldis tskhwirsakhotsi ქაღალდის ცხვირსახოცი tissues

k'ak'abi კაკაბი partridge

k'ak'ali კაკალი walnut

K'akheti კახეთი Kakheti

kalakgaret ქალაქგარეთ countryside

kalaki ქალაქი town; city; **kalakis ruk'a** ქალაქის რუკა city map; **kalakis tsent'ri** ქალაქის ცენტრი city center

k'alami კალამი pen; ballpoint

k'alatburti კალათბურთი basketball

k'alati კალათი basket

Kalbat'oni ქალბატონი Mrs.; Ms.; Miss

kali ქალი woman

kalishwili ქალიშვილი daughter

kalta saloni ქალთა სალონი hairdressers

kamari ქამარი belt

k'amati კამათი dispute

K'anada კანადა Canada

K'anadeli კანადელი Canadian *person*

K'anaduri კანადური Canadian *thing*

kanaoba ქანაობა swing

kanchis gasaghebi ქანჩის გასაღები spanner

kandak'eba ქანდაკება statue

k'ani კანი skin

k'anist'ra კანისტრა canister

kanobi ქანობი slope

k'anoni კანონი law

k'ap'it'ali კაპიტალი (financial) capital

k'ap'ot'i კაპოტი hood (of car)

karavani ქარავანი caravan

k'aravi კარავი tent

karbuki ქარბუქი blizzard

kardamtsavi mina ქარდამცავი მინა windshield

k'argad კარგად well; fine

k'argi კარგი good; fine; nice; well

kari ქარი wind

k'ari კარი door; gate; **k'aris sak'et'i** კარის საკეტი door lock

kariani ქარიანი windy

karkhana ქარხანა factory

Kartli ქართლი Kartli

k'art'op'ili კარტოფილი potato

Kartuli ქართული Georgian *thing;* **Kartuli ena** ქართული ენა Georgian *language*

Kartveli ქართველი Georgian *person*

k'arvis p'alo(ebi) კარვის

პალო(ები) tent peg(s)
**k'aset'a** კასეტა cassette
**k'ashkhali** კაშხალი dam
**K'asp'iis Zghwa** კასპიის ზღვა Caspian Sea
**k'asri** კასრი cask
**k'at'a** კატა cat
**k'atolik'osi** კათოლიკოსი catholicos
**katami** ქათამი chicken; hen
**k'atedra** კათედრა podium
**k'atsi** კაცი man
**K'avk'asia** კავკასია Caucasus
**K'avk'asioni** კავკასიონი Caucasus Mountains
**k'avshiri** კავშირი connection
**k'avi** კავი hook
**k'azino** კაზინო casino
**k'bena** კბენა to bite; to sting
**k'bili** კბილი tooth; **k'bilebi** კბილები teeth; **k'bilis ekimi** კბილის ექიმი dentist; **k'bilis p'ast'a** კბილის პასტა toothpaste; **k'bilis jagrisi** კბილის ჯაგრისი toothbrush
**keba** ქება to praise
**k'echup'i** კეჩუპი ketchup
**k'edeli** კედელი wall
**kedi** ქედი range
**k'emp'ingi** კემპინგი campsite
**k'eramik'a** კერამიკა ceramics
**k'erdzi** კერძი meal
**keri** ქერი barley
**k'erva** კერვა to sew
**k'eteba** კეთება to do; to make
**k'etili** კეთილი kind
**k'etilmots'qobili** კეთილმო-წყობილი comfortable
**k'evi** კევი chewing gum
**khalicha** ხალიჩა carpet
**khalkhi** ხალხი people
**khalkhuri** ხალხური folk; **khalkhuri musik'a** ხალხური მუსიკა folk music; **khalkhuri tsek'wa** ხალხური

ცეკვა folk dancing
**khana** ხანა period; time
**khandzari** ხანძარი fire
**khanjali** ხანჯალი dagger
**khari** ხარი bull
**kharjwa** ხარჯვა spend
**khat'i** ხატი icon
**khat'wa** ხატვა draw; paint
**khazi** ხაზი line
**khbo** ხბო calf
**khe** ხე tree; wood
**khedi** ხედი view
**khekhilis baghi** ხეხილის ბაღი orchard
**khelchanta** ხელჩანთა handbag
**kheli** ხელი hand; **khelis chavleba** ხელის ჩავლება to seize; **khelis mots'era** ხელის მოწ-ერა to sign; **khelis saati** ხელის საათი wristwatch
**khelisupleba** ხელისუფლება power
**khelmdzghwaneli** ხელმძღვა-ნელი leader
**khelmdzghwaneloba** ხელმძ-ღვანელობა guide; lead
**khelmots'era** ხელმოწერა signature
**kheloba** ხელობა craft; handicraft
**khelosani** ხელოსანი craftsman
**khelovneba** ხელოვნება art; **khelovnebis galerea/saloni** ხელოვნების გალერეა/სალონი art gallery
**khelovnuri** ხელოვნური artificial
**khelsakhotsi** ხელსახოცი napkin
**khelsats'qoebi** ხელსაწყოები tools
**khelshek'ruleba-ze khelis mots'era** ხელშეკრულებაზე ხელის მოწერა to sign an agreement
**kheltatmani** ხელთათმანი glove
**khendro** ხენდრო strawberry

kheoba ხეობა mountain valley; ravine

kherkhi ხერხი saw

kherkhwa ხერხვა to saw

khidi ხიდი bridge

khili ხილი fruit; khilis ts'weni ხილის წვენი fruit juice

khis masala ხის მასალა wood

khizilala ხიზილალა caviar

khma ხმა voice; sound; vote

khmamaghali ხმამაღალი loud

khmamaghla ხმამაღლა loudly

khmareba ხმარება to use; to wear

khmauri ხმაური noise

khmauriani ხმაურიანი noisy

khmebis gaqalbeba ხმების გაყალბება vote-rigging

khmis chamts'eri ap'arat'ura ხმის ჩამწერი აპარატურა sound equipment

khmis mitsema ხმის მიცემა to vote; voting

kho ხო yes

kholera ხოლერა cholera

kholo ხოლო; khom ხომ but; however

khomaldi ხომალდი ship; vessel

khorbali ხორბალი wheat

khortsi ხორცი meat; khortsis maghazia ხორცის მაღაზია butcher's

khrakhni ხრახნი screw

khreshi ხრეში gravel

khshirad ხშირად often

khshiri ხშირი frequent

khsovna ხსოვნა memory

kht'oma ხტომა to jump

khumroba ხუმრობა joke

khurda ხურდა coins/change

khuti ხუთი five

Khutshabati ხუთშაბათი Thursday

khvlik'i ხვლიკი lizard

khvna ხვნა to plow

khwal ხვალ tomorrow

khwalindeli ხვალინდელი tomorrow's

khwela ხველა cough

k'i კი yes

k'ibe კიბე ladder

k'ibo კიბო cancer

k'idev კიდევ yet; extra

k'idurebi კიდურები limb

k'ilo კილო dialect; kilogram

k'ilogrami კილოგრამი kilogram

k'ilomet'ri კილომეტრი kilometer

kimia ქიმია chemistry

kindzistavi ქინძისთავი pin

k'ino კინო cinema

k'inopilmi კინოფილმი movie

k'iosk'i კიოსკი kiosk

kirurgi ქირურგი surgeon

kirurgiuli op'eratsia ქირურგიული ოპერაცია surgery operation

k'iseri კისერი neck

k'it'ri კიტრი cucumber

k'itkhwa კითხვა question; reading; to ask; to read

k'lasi კლასი class

k'lasik'uri კლასიკური classical

klde კლდე rock

kliavi ქლიავი plum

k'linik'a კლინიკა clinic

k'lit'e კლიტე padlock

k'maqopili კმაყოფილი satisfied

kmari ქმარი husband

kolga ქოლგა umbrella

k'och'i კოჭი ankle

k'odi კოდი code

k'ogho კოღო mosquito

k'olega კოლეგა colleague

k'oleji კოლეჯი college

k'olopi კოლოფი box; packet

k'ombaini კომბაინი combine harvester

k'ombost'o კომბოსტო cabbage

**k'omisia** კომისია commission
**k'omp'akt' disk'i** კომპაქტ დისკი CD
**k'omp'akt' disk'is sak'ravi** კომპაქტ დისკის საკრავი CD player
**k'omp'asi** კომპასი compass
**k'omp'ensatsia** კომპენსაცია compensation
**k'omp'iut'eri** კომპიუტერი computer
**k'omport'uli** კომფორტული comfortable
**k'omp'ozit'ori** კომპოზიტორი composer
**k'omunist'i** კომუნისტი *noun* Communist
**k'omunist'uri** კომუნისტური *adjective* Communist
**k'omunizmi** კომუნიზმი Communism
**k'ondensatsia** კონდენსაცია condensation
**k'onditsioneri** კონდიციონერი airconditioner
**koni** ქონი *noun* fat
**koniani** ქონიანი *adjective* fat
**k'oniak'i** კონიაკი brandy; cognac
**k'onperentsia** კონფერენცია conference
**k'onservi** კონსერვი preserve *food*; **k'onservis gasakhsneli** კონსერვის გასახსნელი can opener
**k'onst'it'utsia** კონსტიტუცია constitution
**k'onsult'ant'i** კონსულტანტი consultant
**k'ont'akt'linzebi** კონტაქტლინზები contact lenses; **k'ont'akt'linzebis khsnari** კონტაქტლინზების ხსნარი contact lens solution
**k'ont'rabandist'i** კონტრაბანდისტი smuggler
**k'ontsert'i** კონცერტი concert
**k'onvert'i** კონვერტი envelope
**k'onvoi** კონვოი convoy
**k'orp'sadzrobi** კორპსაძრობი corkscrew
**korts'ili** ქორწილი marriage
**k'oruptsia** კორუფცია corruption
**k'oshk'i** კოშკი tower
**k'ost'umi** კოსტუმი suit
**k'otsna** კოცნა kiss
**k'ovzi** კოვზი spoon
**k'ozhri** კოჟრი callus
**k'ravi** კრავი lamb
**k'razana** კრაზანა wasp
**k'reba** კრება assembly; meeting
**k'redit'i** კრედიტი credit
**k'riali** კრიალი varnish
**k'rialosani** კრიალოსანი rosary
**k'rist'ali** კრისტალი crystal
**Krist'iani** ქრისტიანი Christian *person*
**Krist'ianoba** ქრისტიანობა Christianity
**Krist'ianuli** ქრისტიანული Christian *thing*
**k'rivi** კრივი boxing
**k'rizisi** კრიზისი crisis
**kseroksi** ქსეროქსი photocopier
**kucha** ქუჩა street
**k'uch'is ashliloba** კუჭის აშლილობა diarrhea
**k'uch'is mounelebloba** კუჭის მოუნელებლობა indigestion
**kudi** ქუდი hat
**kukhili** ქუხილი thunder
**kukhs** ქუხს it is thundering
**k'ult'ura** კულტურა culture
**k'up'at'i** კუპატი sausage
**k'up'ri** კუპრი pitch
**kura** ქურა cooker; stove
**kurdi** ქურდი thief
**kurdoba** ქურდობა robbery
**kurki** ქურქი overcoat

# Kurti

**Kurti** ქურთი Kurd
**k'utkhe** კუთხე angle; corner
**k'vart'et'i** კვარტეტი quartet
**k'vlav** კვლავ again
**kvrivi** ქვრივი widow; widower
**kwa** ქვა rock; stone
**k'walipitsiuri** კვალიფიციური skilled
**k'wamli** კვამლი smoke
**kwanakhshiri** ქვანახშირი coal; **kwanakhshiris sabado** ქვა-ნახშირის საბადო coal mine
**kwelmokmedeba** ქველმო-ქმედება charity
**kwemekhi** ქვემეხი gun
**kweqana** ქვეყანა country; **kweqnis shida reisebi** ქვეყ-ნის შიდა რეისები domestic flight
**k'wertskhi** კვერცხი egg
**kwesh** ქვეშ below; under
**kwevit** ქვევით below; under
**k'wira** კვირა week
**kwisha** ქვიშა sand

# L

**labada** ლაბადა overcoat
**laki** ლაქი varnish
**lamazi** ლამაზი beautiful
**lamp'a** ლამპა lamp
**lap'arak'i** ლაპარაკი to speak
**lashkroba** ლაშქრობა camping
**Lazi** ლაზი Laz
**legenda** ლეგენდა legend
**leibi** ლეიბი mattress
**leksi** ლექსი poem
**leksik'oni** ლექსიკონი dictionary
**lektsia** ლექცია lecture
**lghoba** ლღობა thaw
**liandagi** ლიანდაგი rail track
**lideri** ლიდერი leader
**limoni** ლიმონი lemon

**lingwist'ik'a** ლინგვისტიკა linguistics
**lingwist'uri** ლინგვისტური linguistic
**linza** ლინზა lens
**lipt'i** ლიფტი elevator
**lit'erat'ura** ლიტერატურა literature
**lit'ri** ლიტრი liter
**lodini** ლოდინი to wait for
**lobio** ლობიო beans
**lok'ok'ina** ლოკოკინა snail
**lok'omot'ivi** ლოკომოტივი locomotive
**loti** ლოთი alcoholic
**lotoba** ლოთობა alcoholism; to drink
**lt'olvili** ლტოლვილი refugee; **lt'olvilebi** ლტოლვილები refugees
**lt'olvilta banak'i** ლტოლვილთა ბანაკი refugee camp
**ludis bari** ლუდის ბარი; **ludkhana** ლუდხანა pub
**lurji** ლურჯი blue
**lursmani** ლურსმანი nail

# M

**madloba** მადლობა thank
**magaliti** მაგალითი example
**magari** მაგარი hard; strong
**maghali** მაღალი high; tall; **maghali sitskhe** მაღალი სიცხე fever; **maghali ts'neva** მაღალი წნევა high blood pressure
**magharo** მაღარო mine *in ground*; **magharoeli** მაღა-როელი miner
**maghazia** მაღაზია shop; store; **maghaziis mep'at'rone** მაღაზიის მეპატრონე shopkeeper
**maghla** მაღლა up

magida მაგიდა table; desk

magnit'oponi მაგნიტოფონი tape-recorder

magnit'uri მაგნიტური magnetic

magram მაგრამ but

Mahmadiani მაჰმადიანი Muslim

maik'a მაიკა t-shirt

maints მაინც however

maisi მაისი May

maisuri მაისური t-shirt

maja მაჯა wrist

mak'iazhi მაკიაჟი make-up

mak'rat'eli მაკრატელი scissors

male მალე soon

mama მამა father

mamak'atsi მამაკაცი male

mamali მამალი rooster

mamatsi მამაცი brave

mamrobiti მამრობითი male

mandzili მანძილი distance

maneti მანეთი ruble (old usage)

mankana მანქანა car; machine; mankanis asats'evi მანქანის ასაწევი jack; mankanis parekhi/sadgomi მანქანის ფარეხი/სადგომი car park; mankanis regist'ratsia მანქანის რეგისტრაცია car registration; mankanis sabutebi მანქანის საბუთები car papers; mankanis vent'ilat'oris tasma მანქანის ვენტილატორის თასმა fan belt

map'at'iet! მაპატიეთ! sorry!

mapia მაფია mafia

margalit'i მარგალიტი pearl

marili მარილი salt

mariliani მარილიანი salty

marjwe მარჯვე skillful

marjwena მარჯვენა right side

marjvniv მარჯვნივ right; on the right

mark'a მარკა; sapost'o mark'a საფოსტო მარკა (mail) stamp

mart'i მარტი March

mart'o მარტო only; alone

martali მართალი right correct; true

martla! მართლა! really!

Martlmadidebeli მართლმადიდებელი Orthodox

martlmsajuleba მართლმსაჯულება justice

martskhena მარცხენა left side

martskhniv მარცხნივ left; on the left

marts'qwi მარწყვი wild strawberry

marts'ukhi მარწუხი tourniquet

martsvleulis moqwana მარცვლეულის მოყვანა grow crops

martswali მარცვალი grain; seed

martwa მართვა to drive

mas მას he/she/it

masala მასალა material

mashin მაშინ then

maskhara მასხარა clown

masp'indzeli მასპინძელი host

masts'avlebeli მასწავლებელი teacher

mat'arebeli მატარებელი train; mat'areblebis sadguri მატარებლების სადგური train station

mat'chi მატჩი football match

matemat'ik'a მათემატიკა mathematics

mati მათი their; theirs

mats'oni მაწონი yogurt

matsivari მაცივარი fridge

mavtuli მავთული wire

mavzoleumi მავზოლეუმი mausoleum

-mde -მდე before

mdedrobiti მდედრობითი female

**mdgomareoba** მდგომარეობა condition; situation

**mdidari** მდიდარი rich

**mdinare** მდინარე river; **mdinaris nap'iri** მდინარის ნაპირი river bank

**mdivani** მდივანი secretary

**mdogvi** მდოგვი mustard

**mdzevali** მძევალი hostage

**mdzgholi** მძღოლი driver

**mdzime** მძიმე heavy

**me** მე I; me; **me twiton** მე თვითონ myself

**meani** მეანი midwife

**meate** მეათე tenth

**mebrdzoli** მებრძოლი fighter

**mecheti** მეჩეთი mosque

**medda** მედდა nurse

**media** მედია media

**meekvse** მეექვსე sixth

**megobari** მეგობარი friend; **megobrebi** მეგობრები friends

**Megreli** მეგრელი Mingrelian/ Megrelian *person*

**mekanik'osi** მექანიკოსი mechanic

**mekhsiereba** მეხსიერება memory

**mekhute** მეხუთე fifth

**melani** მელანი ink

**memarjwene** მემარჯვენე right-wing

**memartskhene** მემარცხენე left-wing

**menejeri** მენეჯერი manager

**meniu** მენიუ menu

**mentoli** მენთოლი menthol

**meore** მეორე *adjective* second; **meore k'lasi** მეორე კლასი second class

**meotkhe** მეოთხე fourth

**meotkhedi** მეოთხედი quarter

**meotse** მეოცე twentieth

**mep'ure** მეპურე baker

**mepe** მეფე king; monarch; tsar

**mepoba** მეფობა to reign; reign

**mesaate** მესაათე watchmaker's

**mesame** მესამე *adjective* third

**mesamedi** მესამედი a third

**mesazghvre** მესაზღვრე border guard

**met'ali** მეტალი metal

**metauri** მეთაური boss; chief; head; leader

**met'i** მეტი more

**met'ismet'ad** მეტისმეტად too

**metkhutmet'e** მეთხუთმეტე fifteenth

**met'nak'lebad** მეტნაკლებად more or less

**met'ri** მეტრი meter

**met'ro** მეტრო subway; underground

**mets'amuli** მეწამული purple

**metskhware** მეცხვარე shepherd

**metsniereba** მეცნიერება science

**metsnierebata ak'ademia** მეცნიერებათა აკადემია academy of sciences

**metsnieri** მეცნიერი scientist; academic

**metsnieruli** მეცნიერული scientific; academic

**mets'qeri** მეწყერი landslide

**meurne** მეურნე farmer

**meurneoba** მეურნეობა farm

**mezobeli** მეზობელი neighbor

**mgeli** მგელი wolf

**mghera** მღერა to sing

**mghvdeli** მღვდელი priest

**mghwime** მღვიმე cave

**mgzavri** მგზავრი passenger

**mgzavroba** მგზავრობა to ride; to travel

**mibruneba** მიბრუნება to return
**mier** მიერ by
**migheba** მიღება to receive
**mights'eva** მიღწევა to achieve; to reach
**mik'ak'uneba** მიკაკუნება to knock
**mik'robebi** მიკრობები germs
**mik'rosk'op'i** მიკროსკოპი microscope
**mik'vra** მიკვრა to stick
**mikhedwit** მიხედვით according to
**mili** მილი mile; pipe; tube
**milioni** მილიონი million
**militsia** მილიცია police
**mimartulebebi** მიმართულებები directions
**mina** მინა glass
**minda** მინდა I want
**minerali** მინერალი mineral
**mineraluri ts'qali** მინერალური წყალი mineral water
**minist'ri** მინისტრი minister
**miqwars** მიყვარს I love
**misamarti** მისამართი address
**mishwelet!** მიშველეთ! help!
**misi** მისი his/her/its
**mit'ingi** მიტინგი demonstration *political*
**mit'oveba** მიტოვება to desert
**mits'a** მიწა earth; **mits'is gasuptaveba** მიწის გასუფთავება to clear land
**mits'atmokmedeba** მიწათმოქმედება agriculture
**mitsema** მიცემა to give
**mits'isdzvra** მიწისძვრა earthquake
**mits'iskwesha gadasasvleli** მიწისქვეშა გადასასვლელი underpass
**mizani** მიზანი goal; aim
**mizezi** მიზეზი cause; reason
**mk'a** მკა crops; harvest; reaping

**mk'atsri** მკაცრი cruel; severe
**mk'benari** მკბენარი louse
**mk'eravi** მკერავი dressmaker
**mk'erdi** მკერდი chest; breast
**mkhari** მხარი shoulder
**mkhat'vroba** მხატვრობა painting
**mkhat'wari** მხატვარი artist; painter
**mkhedweloba** მხედველობა eyesight
**mkholod** მხოლოდ but; only
**mk'lavi** მკლავი arm
**mk'urnaloba** მკურნალობა medication
**mk'vdari** მკვდარი dead
**mk'vleli** მკვლელი killer; murderer; assassin
**mk'vloba** მკვლობა murder
**mmartweli** მმართველი ruler
**mnakhweli** მნახველი visitor
**mnishvneloba** მნიშვნელობა importance
**mnishvnelovani** მნიშვნელოვანი important
**mobiluri t'eleponi** მობილური ტელეფონი mobile phone
**moch'ra** მოჭრა to cut off
**modemi** მოდემი modem
**modzraoba** მოძრაობა to move
**moedani** მოედანი square
**mogeba** მოგება to win
**moghrubluli** მოღრუბლული cloudy
**moghwats'e** მოღვაწე activist
**mogoneba** მოგონება to remember
**mogzauri** მოგზაური traveler; tourist
**mogzauroba** მოგზაურობა to travel; travel; tourism; **mogzaurobis mizani** მოგზაურობის მიზანი reason for travel

mok'le მოკლე short

mok'vla მოკვლა to kill; to murder

mokalake მოქალაქე citizen

mokalakeoba მოქალაქეობა citizenship

mokhdoma მოხდომა to happen

mokhele მოხელე official

mokhmareba მოხმარება to consume

mokhra მოხრა to bend

mokhseneba მოხსენება paper; report

mokhutsi მოხუცი old

molare მოლარე cashier

molodini მოლოდინი to expect

momavali მომავალი future

momdevno მომდევნო following

mometsi მომეცი give me

momit'ingeebi მომიტინგეები political demonstrators

momkhsenebeli მომხსენებელი speaker

momlap'arak'ebeli მომლა-პარაკებელი negotiator

momsakhureba მომსახურება service

momvleli მომვლელი nurse

momzadebuli მომზადებული prepared

monast'eri მონასტერი monastery

monats'ileoba მონაწილეობა to participate

monazoni მონაზონი nun

monument'i მონუმენტი monument

mop'arva მოპარვა steal

mopikreba მოფიქრება to think

moqinuli მოყინული frostbitten

moqinva მოყინვა frostbite

moqwana მოყვანა to bring

mosakhleoba მოსახლეობა population

mosakhwevi მოსახვევი bend (of road)

mosalodneli მოსალოდნელი probable

mosamartle მოსამართლე judge

mosats'vevi barati მოსაწვევი ბარათი invitation

mosavlis asaghebi mankana მოსავლის ასაღები მანქანა combine harvester

mosavali მოსავალი crops; yield

mosheneba მოშენება to breed

moshusheba მოშუშება to heal

mosmena მოსმენა to hear; to listen

mosts'avle მოსწავლე pupil

mosvla მოსვლა to come

mot'ana მოტანა to bring

mot'ekhiloba მოტეხილობა fracture

mot'otsik'let'i მოტოციკლეტი motorbike

mot'queba მოტყუება to fool

mots'ape მოწაფე pupil

motsda მოცდა to wait

mots'eva მოწევა smoking; mots'eva ak'rdzalulia მოწე-ვა აკრძალულია no smoking

mots'me მოწმე witness

mots'qenili მოწყენილი sad

mots'qoba მოწყობა to arrange

mots'qobiloba მოწყობილობა equipment

mots'qureba მოწყურება to get thirsty

mots'weva მოწვევა to invite

moulodnelad მოულოდნელად suddenly

**moulodneli** მოულოდნელი unexpected
**movaleoba** მოვალეობა obligation
**mprinavi** მფრინავი pilot
**mravali** მრავალი many
**msakhiobi** მსახიობი actor/actress
**msgavsad** მსგავსად like; similar to; **msgavsad amisa/imisa** მსგავსად ამისა/იმისა like this/ that
**msgavseba** მსგავსება resemblance; similarity
**msgavsi** მსგავსი similar
**mshieri** მშიერი hungry
**mshoblebi** მშობლები parents
**mshwenieri** მშვენიერი *adjective* fine
**mshwidad** მშვიდად quietly
**mshwidi** მშვიდი *adjective* quiet
**mshwidoba** მშვიდობა peace
**mskhali** მსხალი pear
**mskhwerp'li** მსხვერპლი victim
**mskhwili** მსხვილი thick; wide
**msoplio** მსოფლიო world
**msubuki** მსუბუქი light *not heavy*
**msukani** მსუქანი *adjective* fat
**mta** მთა mountain
**mtargmneli** მთარგმნელი interpreter; translator
**mtavari** მთავარი main; **mtavari sammartvelo** მთავარი სამმართველო headquarters
**mtavroba** მთავრობა government
**mteli** მთელი entire; whole; full
**mt'eri** მტერი enemy
**Mtieli Ebraeli** მთიელი ებრაელი Mountain Jew
**mtists'ineti** მთისწინეთი foothills
**mt'k'itseba** მტკიცება to prove; to maintain
**mts'are** მწარე bitter; hot; spicy
**mtsenare** მცენარე plant
**mts'erali** მწერალი writer
**mts'eri** მწერი insect
**mts'qemsi** მწყემსი shepherd
**mts'qurvali** მწყურვალი thirsty
**mts'wadi** მწვადი grilled meat
**mts'wane** მწვანე green
**mts'wervali** მწვერვალი peak; summit; top
**mtsireodeni** მცირეოდენი a little bit
**mtvrali** მთვრალი drunk
**mtsweli** მცველი guard
**mtswelta razmi** მცველთა რაზმი convoy
**mtware** მთვარე moon
**mudam** მუდამ always
**mukha** მუხა oak
**mukhli** მუხლი knee; lap
**mukhlukha** მუხლუხა; **mukhlukhi** მუხლუხი caterpillar
**mukhruch'i** მუხრუჭი brake
**musha** მუშა worker
**mushaoba** მუშაობა to work
**musik'a** მუსიკა music
**Musulmani** მუსულმანი Muslim
**mutseli** მუცელი stomach
**muzeumi** მუზეუმი museum
**mza** მზა; **mzad** მზად ready
**mzadeba** მზადება to prepare; to cook
**mzareuli** მზარეული cook
**mze** მზე sun; *and see* **mzis**
**mzhave** მჟავე sour
**mziani** მზიანი sunny
**mzis: mzis amosvla** მზის ამოსვლა sunrise; **mzis chasvla** მზის ჩასვლა sunset; **mzis satwale** მზის სათვალე sunglasses; **mzis-gan damt-**

savi k'remi მზისგან დამცავი კრემი sunblock cream

mzrunveloba მზრუნველობა care

# N

nabakhusevi ნაბახუსევი hangover

nabuniaoba ნაბუნიაობა solstice

nadiroba ნადირობა to hunt

nagavi ნაგავი trash

naghmi ნაღმი explosive mine; naghm-ze apetkeba ნაღმზე აფეთქება to hit a mine

naghmsadzebni ნაღმსაძებნი mine detector

nak'adi ნაკადი stream

nak'aduli ნაკადული water spring

nak'eri ნაკერი surgical stitches

nakhevari ნახევარი half

nakhshiri ნახშირი coal

nakhvret'i ნახვრეტი hole

nakhwa ნახვა to find; to see; to visit

nakhwamdis! ნახვამდის! goodbye!

nak'lebi ნაკლები less

nak'leboba ნაკლებობა lack; shortage

namdwili ნამდვილი real; actual

nangrevebi ნანგრევები ruins

nap'iri ნაპირი coast; shore

naqini ნაყინი ice-cream

naqopieri ნაყოფიერი fertile

nargavi ნარგავი plant

narinjisperi ნარინჯისფერი orange color

nark'omani ნარკომანი drug addict

nark'ot'ik'i ნარკოტიკი narcotic drug

nark'wevi ნარკვევი essay

nashuadghevs ნაშუადღევს in the afternoon

naswami ნასვამი drunk

nateli ნათელი light not dark

natesaoba ნათესაობა relatives; (extended) family

natesavi ნათესავი relative; natesavebi ნათესავები relatives

nat'k'eni ნატკენი bruise

nats'armi ნაწარმი product

nats'ili ნაწილი part; portion; section

natsvlad ნაცვლად instead

natura ნათურა lamp; light bulb

navtobi ნავთობი oil; petroleum; navtobis gadamamushavebeli karkhana ნავთობის გადამამუშავებელი ქარხანა oil refinery

navtobsadeni ნავთობსადენი oil pipeline

navi ნავი boat

ndoma ნდომა to want; to wish; to desire

nebis dartwa ნების დართვა to allow

nedli ნედლი raw

nela ნელა slow; slowly; carefully

neli ნელი slow; careful

nemsi ნემსი needle; syringe

neprit'i ნეფრიტი jade

nervi ნერვი nerve

nerviuli ნერვიული nervous

nest'iani ნესტიანი wet

neswi ნესვი melon

niadagi ნიადაგი ground

niaghwari ნიაღვარი stream

nichabi ნიჩაბი spade

nik'ap'i ნიკაპი chin

nimushi ნიმუში model
nishani ნიშანი sign
nishvna ნიშვნა to mean
nisli ნისლი mist; fog
nisliani ნისლიანი foggy; misty
nivti ნივთი thing
nizhara ნიჟარა sea shell; *washing* sink
Noemberi ნოემბერი November
Noghaeli ნოღაელი Nogai
nokhi ნოხი carpet; rug
nomeri ნომერი number; room
normaluri ნორმალური normal
nu... ნუ... do not...; nu gaacherebt! ნუ გააჩერებთ! don't stop!
nuli ნული nought; zero

# O

oboba ობობა spider
oboli ობოლი orphan
ojakhi ოჯახი family
ojakhur sast'umro ოჯახურ სასტუმრო guesthouse
ojakhuri mdgomareoba ოჯახური მდგომარეობა marital status
okro ოქრო gold
Okt'omberi ოქტომბერი October
omi ომი war
onk'ani ონკანი faucet
op'era ოპერა opera; opera house
op'erat'ori ოპერატორი operator
opisi ოფისი office
opisis tanamshromeli ოფისის თანამშრომელი office worker
opitseri ოფიცერი officer
op'ozitsia ოპოზიცია opposition

oradgiliani nomeri ორადგილიანი ნომერი double room
oradgiliani sats'oli ორადგილიანი საწოლი double bed
ori ორი two; ori ts'lis shemdeg ორი წლის შემდეგ the year after next
ori k'wira ორი კვირა fortnight
orive ორივე both
orjer ორჯერ twice
orkhidiani mankana ორხიდიანი მანქანა four-wheel drive
ormagi ორმაგი double
ormotsdaati ორმოცდაათი fifty
ormotsi ორმოცი forty
Oseti ოსეთი Ossetia
Orshabati ორშაბათი Monday
Osi ოსი Ossete
orsuli ორსული pregnant
ost'at'i ოსტატი craftsman; master
otakhi ოთახი room; otakh-shi momsakhureba ოთახში მომსახურება room service; otakhis nomeri ოთახის ნომერი room number
otkhi ოთხი four
otkhmotsdaati ოთხმოცდაათი ninety
otkhmotsi ოთხმოცი eighty
Otkhshabati ოთხშაბათი Wednesday
otsdaati ოცდაათი thirty
otsi ოცი twenty
otsneba ოცნება dream

# P/P'

p'ak'et'i პაკეტი package
p'akhmelia პახმელია hangover
paksi ფაქსი fax

pakt'i

**pakt'i** ფაქტი fact
**p'alt'o** პალტო coat
**p'amidori** პამიდორი tomato
**panjara** ფანჯარა window
**pankari** ფანქარი pencil
**p'ap'a** პაპა grandfather
**p'ap'irosi** პაპიროსი cigarette
**para** ფარა herd
**parani** ფარანი flashlight
**p'arashut'i** პარაშუტი parachute
**p'arask'evi** პარასკევი Friday
**p'ark'i** პარკი park; bag; sack
**p'arlament'i** პარლამენტი parliament; **p'arlament'is shenoba** პარლამენტის შენობა parliament building
**p'art'izani** პარტიზანი guerrilla
**parto** ფართო wide
**p'arva** პარვა theft
**pasadi** ფასადი front; facade
**pasi** ფასი price
**pasobs** ფასობს it costs
**p'asp'ort'i** პასპორტი passport; **p'asp'ort'is nomeri** პასპორტის ნომერი passport number
**p'ast'a** პასტა pasta; ballpoint
**p'asukhi** პასუხი answer
**p'at'ara** პატარა little; small; a bit
**p'at'imari** პატიმარი prisoner
**p'at'riarki** პატრიარქი patriarch
**pederatsia** ფედერაცია federation
**pederatsiuli** ფედერაციული federal
**p'ediat'ri** პედიატრი pediatrician
**pekhburti** ფეხბურთი football; soccer; **pekhburtis mat'chi** ფეხბურთის მატჩი soccer match
**pekhi** ფეხი foot; leg; **pekhis dadgma** ფეხის დადგმა to tread; **pekhis titi** ფეხის თითი toe
**pekhmdzime** ფეხმძიმე pregnant
**pekhsatsmeli** ფეხსაცმელი shoes; **pekhsatsmlis maghazia** ფეხსაცმლის მაღაზია shoeshop
**peni** ფენი hairdryer
**p'enitsilini** პენიცილინი penicillin
**p'ep'ela** პეპელა butterfly
**peradi piri** ფერადი ფირი color film
**p'erangi** პერანგი shirt
**perdobi** ფერდობი slope
**peri** ფერი color
**p'eriodi** პერიოდი period
**perma** ფერმა farm
**permeri** ფერმერი farmer
**permk'rtali** ფერმკრთალი pale
**permts'eri** ფერმწერი painter
**perts'era** ფერწერა painting
**perumarili** ფერუმარილი powder
**petkebadi** ფეთქებადი explosive
**pet'wi** ფეტვი millet
**p'ianino** პიანინო piano
**p'iesa** პიესა theater play
**p'ijak'i** პიჯაკი jacket; suit
**p'ik'i** პიკი peak
**pikri** ფიქრი thought
**piksireba** ფიქსირება to fix
**p'ilgrimi** პილგრიმი pilgrim
**pilmi** ფილმი film
**p'ilp'ili** პილპილი pepper
**pilt'riani** ფილტრიანი filtered
**pilt'wi** ფილტვი lung
**pinali** ფინალი sports final
**pinansebi** ფინანსები finance
**p'iradi** პირადი personal; **p'iradi higienis sagnebi** პირადი ჰიგიენის საგნები toiletries
**p'irdap'ir** პირდაპირ straight on; opposite
**p'irdap'iri** პირდაპირი direct;

straight; live

**p'iri** პირი mouth; person; **(p'iris) savlebi** (პირის) სავლები mouthwash

**p'iroba** პირობა condition

**p'irovneba** პიროვნება person

**p'irovnuli** პიროვნული personal

**p'irsakhotsi** პირსახოცი towel

**p'irut'qwi** პირუტყვი cattle

**p'irveladi dakhmareba** პირველადი დახმარება first aid

**p'irveli** პირველი first; **p'irveli k'lasis bileti** პირველი კლასის ბილეთი first class ticket

**pisi** ფისი pitch

**p'ist'olet'i** პისტოლეტი pistol

**pitsari** ფიცარი plank; board

**pitsis migheba** ფიცის მიღება to take an oath

**pizik'a** ფიზიკა physics

**pizioterap'ia** ფიზიოთერაპია physiotherapy

**pkwa** ფქვა to grind

**pkwili** ფქვილი flour

**p'last'ik'uri** პლასტიკური plastic; **p'last'ik'uri naghmi** პლასტიკური ნაღმი plastic mine

**p'last'masi** პლასტმასი plastic

**ploba** ფლობა to own

**p'oema** პოემა poem

**p'oet'i** პოეტი poet

**poladi** ფოლადი steel

**p'olit'ek'onomia** პოლიტეკონომია political economy

**p'olit'ik'a** პოლიტიკა politics

**p'olit'ik'osi** პოლიტიკოსი politician

**p'olit'ik'uri** პოლიტიკური political; **p'olit'ik'uri metsnieri** პოლიტიკური მეცნიერი political scientist; **p'olit'ik'uri mk'vleloba** პოლიტიკური მკვლელობა assassination

**p'olitsia** პოლიცია police; **p'olitsiis ganqopileba** პოლიციის განყოფილება police station

**p'olitsieli** პოლიციელი policeman

**polk'lori** ფოლკლორი folklore

**p'omada** პომადა lipstick

**ponendosk'op'i** ფონენდოსკოპი stethoscope

**ponet'ik'a** ფონეტიკა phonetics

**p'oni** პონი pony

**porma** ფორმა form; **pormis shevseba** ფორმის შევსება to fill in a form

**p'ort'at'iuli** პორტატიული portable; **p'ort'at'iuli k'omp'iut'eri** პორტატიული კომპიუტერი laptop computer

**portokhali** ფორთოხალი orange *fruit*

**p'ort'ret'i** პორტრეტი portrait

**porumi** ფორუმი conference; forum

**post'a** ფოსტა mail; post office

**pot'o** ფოტო photo

**pot'oap'arat'i** ფოტოაპარატი camera; **pot'oap'arat'is mots'qobiloba** ფოტოაპარატის მოწყობილობა camera equipment

**pot'ograpia** ფოტოგრაფია photography

**potoli** ფოთოლი leaf

**pot'osurati** ფოტოსურათი photograph

**p'ovna** პოვნა to find

**Prangi** ფრანგი Frenchman/Frenchwoman

**Pranguli** ფრანგული French *thing*

**prchkhilebis klibi** ფრჩხილების ქლიბი nail-file

**prchkhili** ფრჩხილი finger nail; toe nail

**p'remier minist'ri** პრემიერ მინისტრი prime minister

**p'remieri** პრემიერი premier

**prena** ფრენა to fly

**p'rezervat'ivi** პრეზერვატივი condom

**p'rezident'i** პრეზიდენტი president

**p'riali** პრიალი varnish

**p'rint'eri** პრინტერი printer

**p'rintsip'i** პრინციპი principle

**prinveli** ფრინველი bird

**p'roblema** პრობლემა problem

**p'rodukt'i** პროდუქტი product

**p'roekt'ori** პროექტორი projector

**p'rograma** პროგრამა program

**pront'i** ფრონტი front

**p'ropesia** პროფესია profession

**p'ropesiuli** პროფესიული professional; **p'ropesiuli k'avshiri** პროფესიული კავშირი trade union

**p'ropesori** პროფესორი professor

**p'rot'est'i** პროტესტი protest; **p'rot'est'is gamotskhadeba** პროტესტის გამოცხადება to protest

**p'rotezi** პროთეზი prosthesis; artificial limb

**prta** ფრთა wing

**psk'eri** ფსკერი bottom

**prtkhili** ფრთხილი careful

**p'udri** პუდრი powder

**puli** ფული money; currency

**punji** ფუნჯი brush

**punt'i** ფუნტი pound *currency*

**p'uri** პური bread; **p'uris nach'eri** პურის ნაჭერი slice of bread; toast

**purtseli** ფურცელი piece of paper

**puta** ფუთა parcel

**put'i** ფუტი foot length

**put'k'ari** ფუტკარი bee

# Q

**Qabardoeli** ყაბარდოელი Kabardian

**qalioni** ყალიონი pipe

**Qalmukhi** ყალმუხი Kalmuk

**qana** ყანა field

**Qarachaeli** ყარაჩაელი Karachai

**qava** ყავა coffee; **qava rdzit** ყავა რძით coffee with milk

**qavisperi** ყავისფერი brown

**Qazbegi** ყაზბეგი Mt. Kazbek

**qba** ყბა jaw

**qeli** ყელი throat

**qelsabami** ყელსაბამი necklace

**qelsakhwevi** ყელსახვევი scarf

**qepa** ყეფა to bark

**qidwa** ყიდვა to buy

**qinuli** ყინული ice

**qinviani** ყინვიანი freezing

**qinva** ყინვა frost

**qochi** ყოჩი ram

**qopna** ყოფნა to be

**qovel-dghe** ყოველ-დღე every day

**qoveli** ყოველი each; every

**qoveltvis** ყოველთვის always

**qrola** ყროლა stink

**qru** ყრუ deaf

**qumbara** ყუმბარა missile

**Qumukhi** ყუმუხი Kumyk

**Qurani** ყურანი Quran

**qurdzeni** ყურძენი grape

**qureba** ყურება to watch

**quri** ყური ear

**quti** ყუთი box

**qwavili** ყვავილი flower; **qwavilebis maghazia** ყვავილების მაღაზია florist's

**qwavi** ყვავი crow

**qwela** ყველა all; everybody; **qwela ertad** ყველა ერთად all together
**qwelaperi** ყველაფერი everything
**qwelaze** ყველაზე most
**qweli** ყველი cheese
**qwirili** ყვირილი shout
**qwiteli** ყვითელი yellow

## R

**ra** რა what
**radari** რადარი radar
**radganats** რადგანაც because
**radiat'ori** რადიატორი radiator
**radio** რადიო radio; **radio-gadatsema** რადიო-გადაცემა radio broadcast/ program; **radio-sadguri** რადიო-სადგური radio station
**ragbi** რაგბი rugby
**raghatsa** რაღაცა something
**raioni** რაიონი region; district
**rak'et'a** რაკეტა missile
**Ramadani** რამადანი Ramadan
**ramdenad** რამდენად how
**ramdeni** რამდენი how much /many; **ramdeni ts'lis khart?** რამდენი წლის ხართ**?** how old are you?; **ramdeni a sak'omisio danaritskhi?** რამდენია საკომისიო დანარიცხი**?** what is the commission?
**ramdenime** რამდენიმე several
**rame** რამე something
**raodenoba** რაოდენობა amount
**rasak'wirvelia** რასაკვირველია of course
**rat'om** რატომ why
**ratsia** რაცია walkie-talkie
**ratsioni** რაციონი diet
**rbena** რბენა to run
**rbili** რბილი soft; mild
**rdze** რძე milk; **rdzis nats'armi** რძის ნაწარმი dairy
**reaktsioneri** რეაქციონერი reactionary *person*
**reaktsiuli** რეაქციული reactionary *thing*
**redakt'ori** რედაქტორი editor
**redaktsia** რედაქცია edition
**regioni** რეგიონი region
**regist'rat'ura** რეგისტრატურა check-in counter
**regist'ratsia** რეგისტრაცია check-in
**reisi** რეისი flight; journey; **reisis nomeri** რეისის ნომერი flight number
**rek'wa** რეკვა to ring
**religia** რელიგია religion
**remont'i** რემონტი repair
**rep'aratsia** რეპარაცია reparation
**resp'ublik'a** რესპუბლიკა republic
**rest'orani** რესტორანი restaurant
**retsenzia** რეცენზია review
**retskhwa** რეცხვა laundry
**revolutsia** რევოლუცია revolution
**rezhimi** რეჟიმი regime
**rezhisori** რეჟისორი filmmaker; film director
**rezini** რეზინი rubber
**rigi** რიგი row
**ristwis** რისთვის why
**ritskhwi** რიცხვი date
**rkiani sakoneli** რქიანი საქონელი cattle
**rk'ina** რკინა iron; **rk'inis kila** რკინის ქილა tin/can
**rk'ini-gza** რკინიგზა railway; **rk'ini-gzis sadguri** რკინიგზის სადგური railway station
**rodesats** როდესაც when
**rodis?** როდის? when?

**rodisme** როდისმე at some time
**rogor** როგორ how; **rogor khart?** როგორ ხართ? how are you?
**rogori?** როგორი? what kind?
**rogorme** როგორმე somehow
**rogorts** როგორც as
**rogorts chans** როგორც ჩანს apparently
**rok'-en-roli** როკენროლი rock 'n' roll
**rom** რომ that
**romani** რომანი novel
**romeli** რომელი who; what; which; **romeli saati a?** რომელი საათია? what time is it?
**romelsats** რომელსაც what
**rotsa** როცა when
**rqeva** რყევა to shake
**rts'qili** რწყილი flea
**rtwa** რთვა to spin
**rtwili** რთვილი frost
**ruk'a** რუკა map
**Ruseti** რუსეთი Russia
**Rusi** რუსი Russian *person*
**Rusuli** რუსული Russian *thing*
**rva** რვა eight
**rveuli** რვეული notebook

## S/SH

**saati** საათი clock; watch; hour; time; **saatebis khelosani** საათების ხელოსანი watchmaker's
**saavadmqopo** საავადმყოფო hospital
**saavario gasasvleli** საავარიო გასასვლელი emergency exit
**sabagiro** საბაგირო skilift
**sabani** საბანი blanket
**sabank'o nishani** საბანკო ნიშანი bank note
**sabarguli** საბარგული boot
**sabazho** საბაჟო border customs
**sabch'o** საბჭო council; board
**sabch'ota** საბჭოთა soviet
**Sabch'ota K'avshiri** საბჭოთა კავშირი Soviet Union
**saburavi** საბურავი tire; **saburavis shida k'amera** საბურავის შიდა კამერა inner tube
**sabuti** საბუთი document; **damamt'k'itsebeli sabuti** დამამტკიცებელი საბუთი proof
**sach'e** საჭე steering wheel
**sach'iroeba** საჭიროება to need
**sach'iroebani** საჭიროებანი needs
**sach'meli** საჭმელი food; meal
**sachukari** საჩუქარი gift
**sad** სად where
**sadalako** სადალაქო barbers
**sadazghwevo p'olisi** სადაზღვევო პოლისი insurance policy
**sadghats** სადღაც somewhere
**sadghegrdzelo** სადღეგრძელო toast *drink*
**sadguri** სადგური station
**sadili** სადილი dinner
**sadiloba** სადილობა to dine; dinnertime
**sadme** სადმე anywhere; somewhere
**sadzile sashualeba** საძილე საშუალება tranquilizer
**sadzile t'ablet'ebi** საძილე ტაბლეტები sleeping pills
**sadzile t'omara** საძილე ტომარა sleeping bag
**sadzile vagoni** საძილე ვაგონი sleeping car
**saelcho** საელჩო embassy
**saertashoriso** საერთაშორისო international; **saertashoriso**

k'odi საერთაშორისო კოდი international code; **saertashoriso op'erat'ori** საერთაშორისო ოპერატორი international operator; **saertashoriso reisi** საერთაშორისო რეისი international flight

**saerto satskhovrebeli** საერთო საცხოვრებელი student residence

**sagandzuri** საგანძური treasury

**sagani** საგანი thing

**Sagareo Sakmeta Saminist'ro** საგარეო საქმეთა სამინისტრო Ministry of Foreign Affairs

**saghamo** საღამო evening; **saghamo mshwidobisa!** საღამო მშვიდობისა! good evening!; **saghamos** საღამოს in the evening

**saghebavi** საღებავი paint

**sagzao p'olitsia** საგზაო პოლიცია traffic police

**sahaero gangashi** საჰაერო განგაში air raid

**sahaero post'a** საჰაერო ფოსტა air mail

**saidan?** საიდან? where from?

**saidumlo** საიდუმლო *adjective* secret; **saidumlo p'olitsia** საიდუმლო პოლიცია secret police

**saidumloeba** საიდუმლოება *noun* secret

**saint'ereso** საინტერესო interesting

**sajdomi** საჯდომი seat; bottom

**sak'antselario nivtebi** საკანცელარიო ნივთები stationery

**Sakartvelo** საქართველო Georgia

**sak'atse** საკაცე stretcher

**sakhazavi** სახაზავი *measure* ruler

**sakhe** სახე face; form

**sakheli** სახელი name; noun

**sakhelmts'ipo** სახელმწიფო nation; state; **sakhelmts'ipos metauri** სახელმწიფოს მეთაური head of state; **sakhelmts'ipo gadat'rialeba** სახელმწიფო გადატრიალება coup d'etat

**sakhelovani** სახელოვანი famous

**sakheluri** სახელური handle

**sakhli** სახლი house; **sakhl-shi** სახლში at home

**sakhrakhnisi** სახრახნისი screwdriver

**sakhuravi** სახურავი roof

**sak'itkhi** საკითხი subject; question

**sak'marisi** საკმარისი enough; satisfactory; sufficient; **sak'marisi a** საკმარისია that's enough

**sakme** საქმე affair; business; matter; file; work; job

**sakmiani adamiani** საქმიანი ადამიანი businessman

**sakmianoba** საქმიანობა business

**sak'omisio** საკომისიო commission

**sak'onperentsio darbazi** საკონფერენციო დარბაზი conference hall

**sak'onsulo** საკონსულო consulate

**sak'ontsert'o darbazi** საკონცერტო დარბაზი concert hall

**sak'redit'o barati** საკრედიტო ბარათი credit card

**sak'utari** საკუთარი own

**sakwelmokmedo organizatsia** საქველმოქმედო ორგანიზაცია charity organization

**salaro** სალარო cashier's booth; treasury

# salata

salata სალათა salad

salt'e სალტე hoop

samajuri სამაჯური bracelet

samarkhi სამარხი tomb

samartebeli სამართებელი razor

sameditsino dazghweva სამედიცინო დაზღვევა medical insurance

Samegrelo სამეგრელო Mingrelia/Megrelia

samepo სამეფო royal

sameurneo maghazia სამეურნეო მაღაზია hardware store

samgzavro chek'i/barati სამგზავრო ჩეკი/ბარათი travelers' checks

samgzavro t'elevizori სამგზავრო ტელევიზორი portable TV

sami სამი three

saminist'ro სამინისტრო ministry

samjer სამჯერ three times

samk'auli სამკაული jewelry

samkhari სამხარი supper

samkhedro სამხედრო *adjective* war; samkhedro danashauli სამხედრო დანაშაული war crime; samkhedro sahaero dzala სამხედრო საჰაერო ძალა air force; samkhedro sazghwao plot'i სამხედრო საზღვაო ფლოტი navy; samkhedro t'qwe სამხედრო ტყვე prisoner of war; samkhedro t'ribunali სამხედრო ტრიბუნალი war tribunal

Samkhret Oseti სამხრეთ ოსეთი South Ossetia

samkhret სამხრეთ southern

samkhreti სამხრეთი south

samokalako სამოქალაქო civil; samokalako omi სამოქალაქო ომი civil war;

samokalako uplebebi სამოქალაქო უფლებები civil rights

samotkhe სამოთხე paradise

samotsdaati სამოცდაათი seventy

samotsi სამოცი sixty

samovari სამოვარი samovar

samretskhao სამრეცხაო laundry service

samsakhuri სამსახური occupation; job; office

Samshabati სამშაბათი Tuesday

samshoblo სამშობლო homeland

samshwidobo jarebi სამშვიდობო ჯარები peace-keeping troops

samts'ukharo სამწუხარო unfortunate

samts'ukharod სამწუხაროდ unfortunately

samushao სამუშაო job; work

samzareulo სამზარეულო kitchen

sanam სანამ before; until

sanap'iro სანაპირო coast

santebela სანთებელა lighter; santebelis sitkhe სანთებელის სითხე lighter fluid

santeli სანთელი candle

saop'eratsio საოპერაციო operating theater

saotsari საოცარი surprising

sap'arik'makhero საპარიკმახერო hairdresser; barbers

sap'arsi k'remi საპარსი კრემი shaving cream

saperple საფერფლე ashtray

sap'irparesho საპირფარეშო toilet

saplavi საფლავი grave; tomb

sap'oni საპონი soap

sapost'o საფოსტო postal; sapost'o barati საფოსტო

ბარათი postcard; **sapost'o mark'a** საფოსტო მარკა mail stamp; **sapost'o quti** საფოსტო ყუთი mailbox

**sap'rezident'o datswa** საპრეზიდენტო დაცვა presidential guard

**sapudzweli** საფუძველი base; basis; foundation; reason

**sapule** საფულე wallet

**saqidlebi** საყიდლები shopping

**saqure** საყურე earrings

**sardapi** სარდაფი basement; cellar

**saretskhi** სარეცხი laundry

**sark'e** სარკე mirror

**sarts'munoeba** სარწმუნოება religion

**sartuli** სართული floor; story

**sasadilo** სასადილო dining room

**sasakhle** სასახლე palace

**sasamartlo** სასამართლო court; **sasamartlo p'rotsesi** სასამართლო პროცესი legal trial

**sasantle** სასანთლე candlestick

**sasaplao** სასაფლაო cemetery

**sasazghvro k'ont'roli/p'ost'i** სასაზღვრო კონტროლი/ პოსტი checkpoint

**sashineli** საშინელი terrible

**sashishi** საშიში danger; **sashishi a!** საშიშია! danger!

**sashleli** საშლელი eraser

**sashualo** საშუალო average; middle

**sashwilosno** საშვილოსნო womb

**saskeso organoebi** სასქესო ორგანოები genitals

**sasmeli** სასმელი drink; **sasmeli ts'qali** სასმელი წყალი drinking water

**sasrialo perdobi** სასრიალო ფერდობი ski slope

**sast'umro** სასტუმრო hotel

**sasts'auli** სასწაული miracle

**sasts'rapo dakhmarebis mankana** სასწრაფო დახმარების მანქანა ambulance

**sasuki** სასუქი fertilizer

**satadarigo saburavi** სათადარიგო საბურავი spare tire

**sat'elepono** სატელეფონო telephonic; **sat'elepono k'odi** სატელეფონო კოდი area code; **sat'elepono tsent'ri** სატელეფონო ცენტრი telephone center

**sat'elevizio** სატელევიზიო adjective television; **sat'elevizio sadguri** სატელევიზიო სადგური television station

**sat'elit'i** სატელიტი satellite

**sat'erpuli** სატერფული pedal

**satkhilamuro sp'ort'i** სათხილამურო სპორტი skiing

**satli** სათლი bucket

**sats'eri purtseli** საწერი ფურცელი writing paper

**satskhobi** საცხობი bakery

**satskhovrebeli** საცხოვრებელი accommodation; **satskhovrebeli sakhli** საცხოვრებელი სახლი apartment block

**satsobi** საცობი cork; stopper

**sats'oli** საწოლი bed

**sats'qali** საწყალი poor

**satsurao k'ost'umi** საცურაო კოსტუმი swimsuit

**satswali** საცვალი underwear

**sats'wavi** საწვავი fuel

**satwale** სათვალე eyeglasses

**saubari** საუბარი conversation; talk

**saubedurod** საუბედუროდ unfortunately

**sauk'une** საუკუნე century

**sauk'eteso** საუკეთესო best

**saunje** საუნჯე treasure

**sauzme** საუზმე lunch

**sauzmoba** საუზმობა to have lunch

**savarjisho** სავარჯიშო exercise

**savartskheli** სავარცხელი hairbrush; comb

**savse** სავსე full; **savse mtware** სავსე მთვარე full moon

**sazamtro** საზამთრო watermelon

**sazareli** საზარელი terrible

**sazghvris gadak'weta** საზღვრის გადაკვეთა border crossing

**sazghwari** საზღვარი border; frontier

**sazogado** საზოგადო *adjective* public; common

**sazogadoeba** საზოგადოება society

**sazogadoebrivi** საზოგადოებრივი social

**sazomebi** საზომები measures

**seipi** სეიფი safe

**Sekt'emberi** სექტემბერი September

**sendwichi** სენდვიჩი sandwich

**sep't'ik'uri** სეპტიკური septic

**seriozuli** სერიოზული serious

**sesia** სესია session

**seskheba** სესხება to borrow; to lend

**sezoni** სეზონი season

**shabat-k'wira** შაბათ-კვირა weekend

**Shabati** შაბათი Saturday

**shakari** შაქარი sugar

**shali** შალი wool

**shamp'uni** შამპუნი shampoo

**sharshan** შარშან last year; **sharshan-ts'in** შარშან-წინ the year before last

**sharvali** შარვალი trousers

**shashkhana** შაშხანა rifle

**shavi** შავი black; **shavi bazari** შავი ბაზარი black market

**Shavi Zghwa** შავი ზღვა Black Sea

**shedareba** შედარება to compare; **shedarebit iapi** შედარებით იაფი cheaper

**shedgena** შედგენა composition

**shedis** შედის included

**shedzleba** შეძლება to be able; can

**sheerteba** შეერთება unite

**sheertebuli** შეერთებული united

**she-gi-dzliat?** შეგიძლიათ? can/could you? **she-gvi-dzlia?** შეგვიძლია? can/could we?; **she-i-dzleba?** შეიძლება? is it possible to?; please

**shek'eteba** შეკეთება to repair

**shekhedwa** შეხედვა to look

**shekhwedra** შეხვედრა meeting; to meet

**shekmna** შექმნა to create

**shek'weta** შეკვეთა reservation

**shemdeg** შემდეგ after; afterwards; then

**shemdegi** შემდეგი following; next; **shemdegi k'wira** შემდეგი კვირა next week

**she-mi-dzlia?** შემიძლია? may I?

**shemodgoma** შემოდგომა autumn; fall

**shemodit!** შემოდით! come in!

**shemoseva** შემოსევა invasion

**shemot'ana** შემოტანა to import

**shemtkhweviti** შემთხვევითი casual

**shemtkhweva** შემთხვევა to happen; accident

**shemts'wari** შემწვარი fried; **shemts'wari k'art'opili** შემწვარი კარტოფილი french fries

**shen** შენ you *singular*

**shenakhwa** შენახვა to keep; to preserve

**sheneba** შენება to build

# sibnele

sheni შენი your; yours *singular*;
  shen twiton შენ თვითონ
  yourself
shenoba შენობა building
sheqwarebuli შეყვარებული
  boyfriend; girlfriend
shesadzlebeli შესაძლებელი
  possible
shesadzlebelia შესაძლებელია
  possibly
shesakheb შესახებ about
shesanishnavi შესანიშნავი
  excellent
shesasvleli შესასვლელი en-
  trance
shesha შეშა wood; firewood
sheshineba შეშინება to frighten
shesruleba შესრულება execu-
  tion; to carry out; to execute
shests'avla შესწავლა study
shests'oreba შესწორება to cor-
  rect
shesvla შესვლა to enter;
  shesvla ak'rdzalulia შესვლა
  აკრძალულია no entry; no
  admission
shetankhmeba შეთანხმება
  agreement; shetankhmeba-
  ze khelis mots'era შეთან-
  ხმებაზე ხელის მოწერა to
  sign an agreement
shet'eva შეტევა to attack
shetsdoma შეცდომა mistake;
  shetsdomis dashweba შეც-
  დომის დაშვება to make a
  mistake
shets'ukheba შეწუხება to trou-
  ble; to disturb
shetsvla შეცვლა to replace
sheudzlebeli შეუძლებელი
  impossible
sheudzlod var შეუძლოდ ვარ
  I am sick
shevseba შევსება to fill
-shi -ში in; into; on

shida შიდა interior
shidsi შიდსი AIDS
shin შინ at home
Shinagan Sakmeta Saminist'ro
  შინაგან საქმეთა სამინის-
  ტრო Ministry of Home Affairs
shishi შიში fear
shkhap'i შხაპი shower
shlangi შლანგი hose
shoba შობა to give birth;
  Christmas
shok'i შოკი medical shock
shoreuli შორეული distant
shoris შორის among; between
shors შორს far
Shot'landia შოტლანდია Scot-
  land
Shot'landieli შოტლანდიელი
  Scot
Shot'landiuri შოტლანდიელი
  Scottish
shp'ritsi შპრიცი syringe
sht'abi შტაბი headquarters
sht'amp'i შტამპი official stamp
sht'at'i შტატი *federal* state
sht'op'ori შტოპორი corkscrew
shua შუა among; between;
  shua-shi შუაში in the mid-
  dle
shuadghe შუადღე noon
shuaghame შუაღამე midnight
shualedi შუალედი interval
shuknishani შუქნიშანი traffic
  lights
shusha შუშა glass
shwela შველა to help
shwidi შვიდი seven
shwili შვილი child
shwilishwili შვილიშვილი grand-
  child
sia სია list
siamaqe სიამაყე pride
siamovneba სიამოვნება pleas-
  ure
sibnele სიბნელე darkness

**sibrdzne** სიბრძნე wisdom
**sichkare** სიჩქარე speed; gear;
 **sichkaris/gazis p'edali** სიჩ-
 ქარის/გაზის პედალი gas
 pedal
**sichume** სიჩუმე silence
**sigara** სიგარა cigar
**sigaret'i** სიგარეტი cigarettes;
 **sigaret'is kaghaldi** სიგა-
 რეტის ქაღალდი cigarette
 papers; **sigaret'is blok'i**
 სიგარეტის ბლოკი carton of
 cigarettes
**sik'vdili** სიკვდილი death
**silamaze** სილამაზე beauty
**simagre** სიმაგრე strength
**simartle** სიმართლე truth
**simghera** სიმღერა song
**simindi** სიმინდი corn; maize
**simponia** სიმფონია symphony
**sinagoga** სინაგოგა synagogue
**sinamdwile** სინამდვილე reality
**sinatle** სინათლე light
**sint'aksi** სინტაქსი syntax
**siqwaruli** სიყვარული love
**siskhli** სისხლი blood; **siskhlis
 dena** სისხლის დენა bleed-
 ing; to bleed; **siskhlis jgupi**
 სისხლის ჯგუფი blood
 group; **siskhlis gadaskhma**
 სისხლის გადასხმა blood
 transfusion
**siskhlnak'luloba** სისხლნაკლუ-
 ლობა anemia
**sist'ema** სისტემა system
**sitbo** სითბო; **sitskhe** სიცხე heat
**sit'qwa** სიტყვა word
**sitsive** სიცივე noun cold
**sitsotskhle** სიცოცხლე life
**sitsrue** სიცრუე noun lie
**sit'uatsia** სიტუაცია situation
**sizmari** სიზმარი dream
**sk'ami** სკამი chair; seat
**skeli** სქელი fat
**skesi** სქესი sex gender

**skhdoma** სხდომა meeting; ses-
 sion
**skheuli** სხეული body
**sk'ola** სკოლა school
**skhwa** სხვა another; other
**skhwadaskhwa** სხვადასხვა dif-
 ferent
**skhwisi** სხვისი someone else's
**sma** სმა to drink
**sneuleba** სნეულება illness
**Somekhi** სომეხი Armenian per-
 son
**Somkheti** სომხეთი Armenia
**sopeli** სოფელი village; **sopel-
 shi** სოფელში in the country
**soplis meurneoba** სოფლის
 მეურნეობა agriculture;
 farming; **soplis meurneobis
 saminist'ro** სოფლის მეურ-
 ნეობის სამინისტრო Minis-
 try of Agriculture
**sotsialist'i** სოციალისტი social-
 ist person
**sotsialist'uri** სოციალისტური
 socialist thing
**sotsializmi** სოციალიზმი social-
 ism
**sotsialuri** სოციალური social
**Sp'arsi** სპარსი Persian person
**Sp'arsuli** სპარსული Persian
 thing
**sp'etsialist'i** სპეციალისტი spe-
 cialist
**sp'ik'eri** სპიკერი speaker (of
 parliament)
**sp'ilendzi** სპილენძი copper
**sp'ort'is sakheobebi** სპორტის
 სახეობები sports
**sp'ort'smeni** სპორტსმენი sports-
 man/sportswoman
**srola** სროლა shoot
**st'adioni** სტადიონი stadium
**st'amba** სტამბა printer's
**st'at'ia** სტატია paper; article
**st'ikiuri ubedureba** სტიქიური

უბედურება natural disaster

**st'rukt'ura** სტრუქტურა structure

**sts'avla** სწავლა to learn; to study

**sts'avleba** სწავლება to teach

**stsena** სცენა stage

**sts'ored** სწორედ just so/as

**sts'ori** სწორი correct; level; precise

**sts'oria!** სწორია! right!

**sts'rapad** სწრაფად quickly

**sts'rapi** სწრაფი quick

**st'udent'i** სტუდენტი student

**st'umari** სტუმარი guest; visitor

**st'umrad misvla** სტუმრად მისვლა to visit

**suleli** სულელი fool

**suleluri** სულელური silly *thing*

**sul** სულ: **sul es aris?** სულ ეს არის? will that be all?; **sul es aris!** სულ ეს არის! that's all!; **sul tsot'a** სულ ცოტა at least

**suli** სული soul

**suni** სუნი smell

**sunamo** სუნამო perfume

**sup'ermark'et'i** სუპერმარკეტი supermarket

**supra** სუფრა banquet

**supta** სუფთა clean; fresh; **supta tetreuli** სუფთა თეთრეული clean sheets

**surati** სურათი picture; **poto-suratis gadagheba** ფოტო-სურათის გადაღება photography

**survili** სურვილი desire; wish

**suskhiani** სუსხიანი freezing

**sust'i** სუსტი mild; weak

**suvenirebis maghazia** სუვენირების მაღაზია souvenir shop

**svla** სვლა to go; to walk

**Swaneti** სვანეთი Svanetia

**Swani** სვანი Svan

**sweli** სველი wet

**swit'ri** სვიტრი sweater

# T/T'

**t'ablet'i** ტაბლეტი tablet

**t'adzari** ტაძარი cathedral; church; temple

**tagwi** თაგვი mouse

**t'akht'i** ტახტი throne

**t'aksi** ტაქსი taxi

**t'alakhi** ტალახი mud

**tamada** თამადა toastmaster

**tamashi** თამაში game

**tambako** თამბაქო tobacco; **tambakos mots'eva** თამბაქოს მოწევა to smoke

**t'amp'oni** ტამპონი tampon

**-tan** -თან by

**tanamedrove** თანამედროვე contemporary; modern

**tanamshromeli** თანამშრომელი colleague

**t'ani** ტანი body

**t'anisamosi** ტანისამოსი clothes

**t'ank'i** ტანკი tank

**t'ank'sats'inaaghmdego naghmi** ტანკსაწინააღმდეგო ნაღმი anti-vehicle mine

**t'anmovarjishe** ტანმოვარჯიშე athlete

**t'ansatsmeli** ტანსაცმელი clothes

**t'ansatsmlis maghazia** ტანსაცმლის მაღაზია clothes shop

**t'anvarjishi** ტანვარჯიში athletics

**t'arak'ani** ტარაკანი cockroach

**t'areba** ტარება to carry; to wear

**targmani** თარგმანი translation

**targmna** თარგმნა to translate

**tarighi** თარიღი date

**t'asht'i** ტაშტი basin

**Tati** თათი Tat

**tavdap'irveli** თავდაპირველი original; initial

# tavdaskhma

tavdaskhma თავდასხმა attack

tavdatswa თავდაცვა to defend;
Tavdatswis Saminist'ro თავ-
დაცვის სამინისტრო Mini-
stry of Defense

tavgadasavali თავგადასავალი
adventure

tavkhedi თავხედი rude

tavtavi თავთავი wheat

tavaziani თავაზიანი polite

tavi თავი head: top; chapter;
self; tavis danebeba თავის
დანებება to quit; tavis
daghts'eva თავის დაღწევა
to escape

tavianti თავიანთი their; theirs

tavisi თავისი his; hers; its

tavisupali თავისუფალი free;
liberated; tavisupali dro
თავისუფალი დრო free time

tavisupleba თავისუფლება free-
dom

t'ba ტბა lake

tbili თბილი warm

teat'ri თეატრი theater

Tebervali თებერვალი February

t'eknik'a ტექნიკა technique

t'ekst'i ტექსტი text

tekvsmet'i თექვსმეტი sixteen

t'elek'omunik'atsiebi ტელეკო-
მუნიკაციები telecommuni-
cations

t'eleponi ტელეფონი telephone;
t'eleponit darek'wa ტელე-
ფონით დარეკვა to tele-
phone

t'elesk'op'i ტელესკოპი tele-
scope

t'elevizori ტელევიზორი televi-
sion

t'emp'erat'ura ტემპერატურა
temperature

teoriuli თეორიული theoretical

tepshi თეფში plate

t'erit'oria ტერიტორია territory

t'ermit'i ტერმიტი termite

termomet'ri თერმომეტრი ther-
mometer

t'erpi ტერფი foot

tertmet'i თერთმეტი eleven

tesli თესლი seed

tesva თესვა to sow

tetreuli თეთრეული underwear;
linen

tetri თეთრი white

tevzaoba თევზაობა fishing

tevzi თევზი fish

tikhis nak'etobani თიხის
ნაკეთობანი pottery

t'ili ტილი louse

t'ip'i ტიპი type

t'irili ტირილი to cry; to weep

tirk'meli თირკმელი kidney

titi თითი finger

titkmis თითქმის almost; nearly

titoeuli თითოეული each

tiva თივა hay; tivis zwini თივის
ზვინი haystack

t'k'bileuli ტკბილეული candy

t'k'bili ტკბილი sweet

tkha თხა goat

tkheli თხელი thin

t'k'ena ტკენა to hurt

tkhilamurit sriali თხილამურით
სრიალი skiing

tkhili თხილი nut

tkhra თხრა to dig

tkhutmet'i თხუთმეტი fifteen

t'k'ip'a ტკიპა tick insect

t'k'ivilgamaquchebeli ტკივილ-
გამაყუჩებელი painkiller

t'k'ivili ტკივილი pain

tkma თქმა to say; to tell

tkwen თქვენ you plural; tkwen
twiton თქვენ თვითონ your-
selves

tkweni თქვენი your; yours plu-
ral

tma თმა hair; tmis shech'ra თმის

შეჭრა haircut; **tmis sashrobi** თმის საშრობი hairdryer

**tojina** თოჯინა doll

**tok'i** თოკი rope

**tokhna** თოხნა to hoe

**t'omara** ტომარა sack

**topi** თოფი gun

**tormet'i** თორმეტი twelve

**totkhmet'i** თოთხმეტი fourteen

**tovlch'qap'i** თოვლჭყაპი sleet; slush

**tovli** თოვლი snow; **tovlis grova** თოვლის გროვა snowdrift

**tovs** თოვს it's snowing.

**t'qavi** ტყავი leather

**t'qe** ტყე forest; wood

**t'qemali** ტყემალი sour plum; sour plum sauce

**t'quili** ტყუილი false; lie

**t'quilis tkma** ტყუილის თქმა to tell a lie

**t'qup'ebi** ტყუპები twins

**t'qwe** ტყვე prisoner; P.O.W.; **t'qweebis/t'qweta banak'i** ტყვეების/ტყვეთა ბანაკი P.O.W. camp

**t'qwia** ტყვია bullet

**t'qwiamprkwevi** ტყვიამფრქვევი gun

**t'raditsia** ტრადიცია tradition

**t'raditsiuli** ტრადიციული traditional

**t'rakt'ori** ტრაქტორი tractor

**t'ravma** ტრავმა trauma

**T'ransp'ort'is Saminist'ro** ტრანსპორტის სამინისტრო Ministry of Transport

**t'ranspormat'ori** ტრანსფორმატორი transformer

**t'roleibusi** ტროლეიბუსი trolley bus

**t'rombozi** ტრომბოზი thrombosis

**trtwili** თრთვილი frost

**-ts** -ც also; **-ts ... -ts** -ც ... -ც both ... and

**tsa** ცა sky; heaven

**ts'adi(t)!** წადი(თ)! go!

**ts'agheba** წაღება to carry

**ts'ak'itkhwa** წაკითხვა to read

**ts'akhemseba** წახემსება snack

**tsalmkhrivi modzraoba** ცალმხრივი მოძრაობა one-way street

**ts'amali** წამალი cure; drug; medication

**ts'ameba** წამება martyrdom; torment; torture

**tsamet'i** ცამეტი thirteen

**ts'ami** წამი *noun* second

**ts'amieri ganateba** წამიერი განათება to flash

**ts'amots'qeba** წამოწყება to undertake

**ts'amqwani** წამყვანი presenter; dee-jay

**ts'aqwana** წაყვანა to drive; to lead

**ts'arapi** წარაფი copse

**ts'ardgena** წარდგენა to present

**tsarieli** ცარიელი empty

**ts'armat'eba** წარმატება success

**ts'armodgena** წარმოდგენა performance; play *theater*; representation; to perform; to represent

**ts'armoeba** წარმოება production

**ts'armoebuli** წარმოებული derivative

**ts'armomadgeneli** წარმომადგენელი representative

**ts'armoshoba** წარმოშობა origin

**ts'arsuli** წარსული *noun* past

**ts'artmeva** წართმევა to take away

**ts'arts'era** წარწერა inscription

**ts'arumat'ebloba** წარუმატებლობა failure

**ts'asvla** წასვლა to go
**ts'avidet!** წავიდეთ! let's go!
**tsda** ცდა to try
**ts'ebo** წებო gum/glue
**tsek'wa** ცეკვა dance; dancing; to dance
**tseli** ცელი scythe
**ts'eli** წელი year
**ts'elits'adi** წელიწადი year; **ts'elits'adis droebi** წელიწადის დროები seasons
**ts'els** წელს this year
**tsema** ცემა to beat
**tsent'ri** ცენტრი center
**ts'era** წერა to write
**ts'erakwi** წერაქვი pickaxe
**ts'eraqini** წერაყინი ice axe
**tsera titi** ცერა თითი; **tseri** ცერი thumb; big toe
**ts'erili** წერილი letter
**ts'es-chweuleba** წეს-ჩვეულება custom; tradition
**tsetskhli** ცეცხლი fire
**tsetskhlis shets'qwet'a** ცეცხლის შეწყვეტა ceasefire
**ts'evri** წევრი member
**tsigaoba** ციგაობა; **tsiguraoba** ციგურაობა skating
**ts'igni** წიგნი book; **ts'igni-megzuri** წიგნი-მეგზური guidebook; **ts'ignis maghazia** წიგნის მაღაზია bookshop
**tsikhe** ციხე castle; fort; prison
**tsimtsimi** ციმციმი twinkle
**ts'in** წინ before; forwards; in front of
**ts'ina** წინა forward; previous
**ts'inaaghmdegoba** წინააღმდეგობა oppose
**ts'inamdzgholi** წინამძღოლი leader
**ts'inap'ari** წინაპარი ancestor
**ts'inashe** წინაშე before; in front of
**ts'inat** წინათ ago; previously
**ts'inda** წინდა sock
**ts'iskwili** წისქვილი mill
**tsisperi** ცისფერი blue
**tsist'erna** ცისტერნა tank
**ts'iteli** წითელი red; **Ts'iteli Jwari** წითელი ჯვარი Red Cross; **Ts'iteli P'arask'evi** წითელი პარასკევი Good Friday
**ts'its'ak'a** წიწაკა pepper
**tsit'rusi** ციტრუსი citrus
**tsiva** ცივა it's cold
**tsivi** ცივი cold
**tskhadi** ცხადი clear
**tskhela** ცხელა it's hot
**tskheli** ცხელი hot
**tskheni** ცხენი horse
**tskhenosnoba** ცხენოსნობა horse-riding
**tskhimi** ცხიმი fat
**tskhovelebis sak'webi** ცხოველების საკვები animal feed
**tskhoveli** ცხოველი animal
**tskhovreba** ცხოვრება life; to live; to dwell
**tskhra** ცხრა nine
**tskhramet'i** ცხრამეტი nineteen
**tskhwari** ცხვარი sheep
**tskhwiri** ცხვირი nose
**ts'menda** წმენდა to clean
**ts'minda** წმინდა saint; holy; **ts'minda salotsavi** წმინდა სალოცავი shrine; **ts'minda samarkhebi** წმინდა სამარხები saint's tomb
**ts'neva** წნევა pressure
**tsnoba** ცნობა information; to know
**tsnobata biuro** ცნობათა ბიურო information office
**tsnobili** ცნობილი famous; well-known

**tsodna** ცოდნა to know; knowledge

**tsoli** ცოლი wife

**tsoliani** ცოლიანი married *male*

**ts'ona** წონა weight

**tsonda** ცონდა knowledge

**tsopi** ცოფი rabies

**tsot'a** ცოტა a little; not much

**tsot'aodeni** ცოტაოდენი a little bit

**tsotskhali** ცოცხალი alive

**ts'qaldidoba** წყალდიდობა flood

**ts'qali** წყალი water

**ts'qalobit** წყალობით thanks to

**ts'qaro** წყარო source; water spring; spa

**ts'qlis matara** წყლის მათარა water bottle

**ts'qluli** წყლული ulcer; boil

**ts'qnari** წყნარი quiet

**ts're** წრე circle; club

**tsremli** ცრემლი tear (of eye)

**tsremlsadeni gazi** ცრემლსადენი გაზი tear gas

**tsudad** ცუდად badly; sick; **tsudad gageba** ცუდად გაგება to misunderstand

**tsudi** ცუდი bad

**ts'ukhili** წუხილი worry

**tsuli** ცული axe

**tsurva** ცურვა swimming; to swim

**ts'uti** წუთი minute of time; moment

**ts'vniani** წვნიანი soup

**ts'vrili** წვრილი *adjective* small

**ts'vrilmani** წვრილმანი *adjective* minute

**ts'wa** წვა to burn

**ts'weri** წვერი beard; **ts'weris sap'arsi** წვერის საპარსი razorblade

**ts'weuleba** წვეულება party

**ts'wima** წვიმა rain

**ts'wims** წვიმს it's raining

**tu** თუ if; or; **tu sheidzleba** თუ შეიძლება if possible; please

**t'ualet'i** ტუალეტი toilet; **t'ualet'is kaghaldi** ტუალეტის ქაღალდი toilet paper

**t'uchi** ტუჩი lip

**t'umbo** ტუმბო pump

**t'umboti amokachwa** ტუმბოთი ამოქაჩვა to pump

**tumtsa** თუმცა although; however

**t'urist'i** ტურისტი tourist

**t'urist'uli** ტურისტული *adjective* tourist; travel; **t'urist'uli saagent'o** ტურისტული სააგენტო travel agent

**t'urizmi** ტურიზმი tourism

**t'ushi** ტუში mascara

**Turketi** თურქეთი Turkey

**Turki** თურქი Turk

**Turkuli** თურქული Turkish

**turme** თურმე apparently

**tvramet'i** თვრამეტი eighteen

**twali** თვალი eye

**twe** თვე month

**t'winis sherqeva** ტვინის შერყევა *medical* concussion

**t'wirtva** ტვირთვა *verb* freight

**twit** თვით self

**twitmprinavi** თვითმფრინავი airplane

**twiton** თვითონ himself; herself; itself, etc.

## U

**u-** უ- without

**ubani** უბანი area; district

**ubedureba** უბედურება disaster

**ubeduri** უბედური unhappy; unfortunate

**udabno** უდაბნო desert

# udidesi

**udidesi** უდიდესი biggest; greatest

**uech'weli** უეჭველი doubtless

**Uelseli** უელსელი Welsh *person*

**Uelsi** უელსი Wales

**ugemuri** უგემური tasteless

**ughelt'ekhili** უღელტეხილი mountain pass

**ujra** უჯრა drawer

**uk'an** უკან *adverb* back; behind; backwards; **uk'an dakheva** უკან დახევა to withdraw

**uk'ana svla** უკანა სვლა reverse gear

**uk'anask'neli** უკანასკნელი final; last

**uk'atsravad!** უკაცრავად! excuse me!

**uk'etesi** უკეთესი better

**uk'iduresi autsilebloba** უკიდურესი აუცილებლობა emergency

**uk'maqopileba** უკმაყოფილება discontentment

**Uk'raina** უკრაინა Ukraine

**Uk'raineli** უკრაინელი Ukrainian *person*

**Uk'rainuli** უკრაინული Ukrainian *thing*

**uk'we** უკვე already

**ukheshi** უხეში rude

**ulaqi** ულაყი stallion

**ulmobeli** ულმობელი cruel

**ulvashi** ულვაში moustache

**umravlesoba** უმრავლესობა majority

**umtsiresoba** უმცირესობა minority

**umtsrosi** უმცროსი junior; younger

**unaqopo** უნაყოფო infertile

**unari** უნარი ability

**unda** უნდა must; have to

**unik'aluri** უნიკალური unique

**univermaghi** უნივერმაღი department store

**universit'et'i** უნივერსიტეტი university

**untsia** უნცია ounce

**up'irat'esobis mitsema** უპირატესობის მიცემა to prefer

**upaso** უფასო free of charge

**upero** უფერო colorless

**upilt'ro** უფილტრო filterless

**upro** უფრო more; most; -er/-est; too; **upro didi** უფრო დიდი larger; **upro met'i/bevri** უფრო მეტი/ბევრი too much/many; **upro p'at'ara** უფრო პატარა smaller

**uprosi** უფროსი elder; senior; boss

**urtiertdakhmareba** ურთიერთდახმარება mutual aid

**urtierttanamshromloba** ურთიერთთანამშრომლობა cooperation

**urtiertoba** ურთიერთობა communications; relationship

**usaprtkhoeba** უსაფრთხოება safety

**ushakrod** უშაქროდ without sugar

**ushishroeba** უშიშროება security

**u-tkhari** უთხარი tell him/her

**uto** უთო iron for clothes

**utseb** უცებ suddenly

**utskho** უცხო foreign

**utskhoeli** უცხოელი foreigner

**utskhouri** უცხოური foreign

**utsnauri** უცნაური strange

**utsnobi** უცნობი unknown

**utsodweli** უცოდველი innocent

**utsolo** უცოლო single male

**utuo** უთუო sure

## V

**vagoni rest'orani** ვაგონი რესტორანი dining car
**vak'e** ვაკე plain
**vakhshami** ვახშამი supper
**vali** ვალი debt
**valut'a** ვალუტა currency
**vardi** ვარდი rose
**vardisperi** ვარდისფერი pink
**varsk'vlavi** ვარსკვლავი star
**vashli** ვაშლი apple
**vaza** ვაზა vase
**vazhishwili** ვაჟიშვილი son
**vedro** ვედრო bucket
**veget'arianeli** ვეგეტარიანელი vegetarian *person*
**veget'arianuli** ვეგეტარიანული vegetarian *thing*
**veli** ველი valley
**velosip'edi** ველოსიპედი bicycle
**veluri** ველური wild
**vena** ვენა vein
**veneriuli daavadeba** ვენერიული დაავადება venereal disease
**vent'ilat'ori** ვენტილატორი fan
**ver** ვერ not
**verdzi** ვერძი ram
**vert'mpreni** ვერტმფრენი helicopter
**vertskhli** ვერცხლი silver
**vet'o** ვეტო veto
**vet'os dadeba** ვეტოს დადება to veto
**video magnit'oponi** ვიდეო მაგნიტოფონი video player
**video-k'aset'a** ვიდეო-კასეტა videotape
**vidre** ვიდრე than
**vighatsa** ვიღაცა someone
**vin** ვინ who
**vinaidan** ვინაიდან because
**vinme** ვინმე anyone; someone
**viri** ვირი donkey

**virtkha** ვირთხა; **virtagva** ვირთაგვა rat
**virusi** ვირუსი virus
**visk'i** ვისკი whisky
**v-itsi** ვიცი I know
**vits'ro** ვიწრო narrow
**vitse-p'rezident'i** ვიცე-პრეზიდენტი vice president
**viza** ვიზა visa
**vrtseli** ვრცელი extensive

## Z/ZH

**zamtari** ზამთარი winter
**zapkhuli** ზაფხული summer
**zarbazani** ზარბაზანი gun; cannon
**zari** ზარი bell
**zavi** ზავი truce
**-ze** -ზე on; onto
**zedmet'i ts'ona** ზედმეტი წონა excess weight
**zeg** ზეგ the day after tomorrow
**zeti** ზეთი oil; **zetis kila** ზეთის ქილა oil can
**zetsa** ზეცა sky; heavens
**zets'ari** ზეწარი sheet
**zghwa** ზღვა sea
**zghwari** ზღვარი limit
**zhak'et'i** ჟაკეტი jacket
**zhangbadi** ჟანგბადი oxygen
**zhangi** ჟანგი rust
**zhet'oni** ჟეტონი token
**zhruant'eli** ჟრუანტელი to shiver
**zhurnali** ჟურნალი magazine
**zhurnalist'i** ჟურნალისტი journalist
**ziani** ზიანი damage
**zmna** ზმნა verb
**zogi** ზოგი some
**zogierti** ზოგიერთი several
**zoma** ზომა size
**zonari** ზონარი string
**zoop'ark'i** ზოოპარკი zoo

**zrda** ზრდა to grow
**zrdilobiani** ზრდილობიანი polite
**zrunva** ზრუნვა care
**zurg-chanta** ზურგ-ჩანთა back-
pack
**zurgi** ზურგი back
**zust'i** ზუსტი exact
**zwavi** ზვავი avalanche

# ENGLISH—GEORGIAN
## ინგლისური—ქართული

**A**

**ability** unari უნარი

**Abkhaz** Apkhazi აფხაზი

**Abkhazia** apkhazeti აფხაზეთი

**able: to be able** shedzleba
შეძლება

**about** shesakheb შესახებ

**academic** *person* metsnieri მეც-
ნიერი; ak'ademik'osi აკადე-
მიკოსი

**academy** ak'ademia აკადემია;
**academy of sciences** met-
snierebata ak'ademia მეცნი-
ერებათა აკადემია

**accelerator** sichkaris/gazis p'e-
dali სიჩქარის/გაზის პედალი

**accent** aktsent'i აქცენტი

**accident** shemtkhweva შემთ-
ხვევა

**accommodation** satskhovrebeli
საცხოვრებელი

**according to** mikhedwit
მიხედვით

**accountant** bughalt'eri ბუღალ-
ტერი

**activist** moghwats'e მოღვაწე

**actor/actress** msakhiobi მსახ-
იობი

**actual** namdwili ნამდვილი

**adapter** adap't'eri ადაპტერი

**add to...** ...damat'eba ...დამატე-
ბა

**addition: in addition to** garda
გარდა

**address** misamarti მისამართი

**administrator** administ'rat'ori
ადმინისტრატორი

**admiral** admirali ადმირალი

**adventure** tavgadasavali თავ-
გადასავალი

**affair** sakme საქმე

**afraid: I am afraid (of)** me-
shinia მეშინია

**after** shemdeg შემდეგ; **the day
after** erti dghes shemdeg
ერთი დღეს შემდეგ

**afternoon** shuadghe შუადღე;
**good afternoon!** gamarjo-
bat! გამარჯობათ!

**afterwards** shemdeg შემდეგ

**again** k'vlav კვლავ

**age** asak'i ასაკი

**ago** ts'inat წინათ

**agreement** shetankhmeba
შეთანხმება; **to sign an
agreement** shetankhmeba-
ze khelis mots'era შეთან-
ხმებაზე ხელის მოწერა

**agriculture** mits'atmokmedeba
მიწათმოქმედება

**agronomist** agronomi აგრონომი

**aid** dakhmareba დახმარება;
**humanitarian aid** human-
it'aruli dakhmareba ჰუმანი-
ტარული დახმარება; **first
aid** p'irveladi dakhmareba
პირველადი დახმარება

**aid worker** humanit'aruli
mushak'i ჰუმანიტარული
მუშაკი

**AIDS** shidsi შიდსი

**ailment** sneuleba სნეულება

**ailments** avadmqopoba ავადმყ-
ოფობა

**air** haeri ჰაერი

**airconditioner** k'onditsioneri
კონდიციონერი

# air force

air force samkhedro-sahaero dzala სამხედრო-საჰაერო ძალა

air mail avia post'a ავია ფოსტა

airplane twitmprinavi თვითმფრინავი

airport aerop'ort'i აეროპორტი; airport tax aerop'ort'is gadasakhadi აეროპორტის გადასახადი

air raid sahaero gangashi საჰაერო განგაში

Ajara Ach'ara აჭარა

Ajaran Ach'areli აჭარელი

alcohol alk'oholi ალკოჰოლი

alcoholic alk'oholik'i ალკოჰოლიკი; loti ლოთი

alcoholism alk'oholizmi ალკოჰოლიზმი; lotoba ლოთობა

alive tsotskhali ცოცხალი

allow nebis dartwa ნების დართვა

almost titkmis თითქმის

alone mart'o მარტო

alphabet anbani ანბანი

already uk'we უკვე

also -ts -ც

alter gadak'eteba გადაკეთება

although tumtsa თუმცა

always qoveltwis ყოველთვის

all qwela ყველა; all together qwela ertad ყველა ერთად

allergic alergiuli ალერგიული; I'm allergic to... me ...-ze alergiuli var მე ...-ზე ალერგიული ვარ.

allergy alergia ალერგია

a.m. dilis დილის

ambassador elchi ელჩი

ambulance sasts'rapo dakhmarebis mankana სასწრაფო დახმარების მანქანა

ambush chasapreba ჩასაფრება; ajanqeba აჯანყება

America Amerik'a ამერიკა

American Amerik'eli ამერიკელი

among shoris შორის; ... shua ... შუა

amount raodenoba რაოდენობა

amphibian ampibia ამფიბია

amputation amp'ut'atsia ამპუტაცია

analysis analizi ანალიზი

ancestor ts'inap'ari წინაპარი

ancient dzweli ძველი

and da და; both ... and -ts ... -ts -ც ... -ც

anemia anemia ანემია; siskhlnak'luloba სისხლნაკლულობა

anesthesia anestezia ანესთეზია

anesthesiologist anesteziologi ანესთეზიოლოგი

angle k'utkhe კუთხე

angry gabrazebuli გაბრაზებული

animal tskhoveli ცხოველი

ankle k'och'i კოჭი

annoyed gaghizianebuli გაღიზიანებული; I am annoyed gaghizianebuli var გაღიზიანებული ვარ

another skhwa სხვა

answer p'asukhi პასუხი

ant ch'ianch'wela ჭიანჭველა

anti- ant'i- ანტი-; anti-freeze ant'i-prizi ანტი-ფრიზი; anti-personnel mine kweiti jaris sats'inaaghmdego naghmi ქვეითი ჯარის საწინააღმდეგო ნაღმი; anti-vehicle mine t'ank'sats'inaaghmdego naghmi ტანკსაწინააღმდეგო ნაღმი

antibiotic ant'ibiot'ik'i ანტიბიოტიკი

antibiotics ant'ibiot'ik'ebi ანტიბიოტიკები

antiseptic ant'isep't'ik'i ანტისეპტიკი

**anyone** vinme ვინმე
**anywhere** sadme სადმე
**apartment** bina ბინა; **apartment block** satskhovrebeli sakhli საცხოვრებელი სახლი
**apologize: I apologize!** bodishi(t)! ბოდიში(თ)!
**apology** bodishi ბოდიში
**apparently** turme თურმე
**appear** gamochena გამოჩენა
**appendicitis** ap'enditsit'i აპენდიციტი
**apple** vashli ვაშლი
**appliances: electrical appliances** elekt'ro khelsats'qoebi ელექტრო ხელსაწყოები
**approximately** daakhloebit დაახლოებით
**April** Ap'rili აპრილი
**Arab** Arabi არაბი
**Arabic** Arabuli არაბული
**archeological** arkeologiuri არქეოლოგიური
**archeology** arkeologia არქეოლოგია
**architect** arkit'ekt'ori არქიტექტორი
**architecture** arkit'ekt'ura არქიტექტურა
**area** ubani უბანი; **area code** sat'elepono k'odi სატელეფონო კოდი
**arm** mk'lavi მკლავი
**Armenia** Somkheti სომხეთი
**Armenian** Somekhi სომეხი
**armored car** be-t'e-eri (B.T.R) ბე-ტე-ერი (ბ.ტ.რ.); javshniani t'ransp'ort'i ჯავშნიანი ტრანსპორტი
**arms dump** iaraghis sats'qobi იარაღის საწყობი
**army** jari ჯარი; armia არმია
**arrange** mots'qoba მოწყობა
**arrest** dap'at'imreba დაპატიმრება
**arrival; arrive** chamosvla ჩამოსვლა
**art** khelovneba ხელოვნება; **art gallery** khelovnebis galerea/saloni ხელოვნების გალერეა/სალონი
**artery** art'eria არტერია
**article** st'at'ia სტატია
**artificial** khelovnuri ხელოვნური; **artificial limb** (k'iduris) p'rot'ezi (კიდურის) პროტეზი
**artillery** art'ileria არტილერია
**artist** mkhat'vari მხატვარი
**as** rogorts როგორც
**ashamed: I'm ashamed** mrtskhwenia მრცხვენია
**ashtray** saperple საფერფლე
**ask** k'itkhwa კითხვა
**aspirin** asp'irini ასპირინი
**assassin** mk'vleli მკვლელი
**assassination** p'olit'ik'uri mk'vleloba პოლიტიკური მკვლელობა
**assembly** k'reba კრება; asamblea ასამბლეა
**asthmatic** astma ასთმა
**at** -shi -ში; **at home** sakhl-shi სახლში; shin შინ; **at least** sul tsot'a სულ ცოტა
**athlete** t'anmovarjishe ტანმოვარჯიშე
**athletics** t'anvarjishi ტანვარჯიში
**atlas** at'lasi ატლასი
**ATM** bank'omat'i ბანკომატი
**attack** *noun* tavdaskhma თავდასხმა; *verb* shet'eva შეტევა
**August** Agvist'o აგვისტო
**Australia** Avst'ralia ავსტრალია
**Australian** Avst'ralieli ავსტრალიელი
**author** avt'ori ავტორი
**autonomous** avt'onomiuri ავტონომიური
**autonomy** avt'onomia ავტონომია

autumn

**autumn** shemodgoma შემოდგომა
**avalanche** zvavi ზვავი
**Avar** Avari ავარი
**average** sashualo საშუალო
**awake: to be awake** gaghwidzeba გაღვიძება
**ax** tsuli ცული
**Azerbaijan** Azerbaijani აზერბაიჯანი
**Azeri** Azerbaijaneli აზერბაიჯანელი

## B

**baby** bavshwi ბავშვი; chwili ჩვილი
**back** *adverb* uk'an უკან; *noun* zurgi ზურგი
**backache: I have a backache** ts'eli m-t'k'iva წელი მტკივა
**backpack** zurg-chanta ზურგჩანთა
**backwards** uk'an უკან
**bacteria** bakt'eria ბაქტერია
**bad** tsudi ცუდი
**badly** tsudad ცუდად
**bag** chanta ჩანთა
**baggage** chantebi ჩანთები; **excess baggage** zedmet'i ts'ona ზედმეტი წონა; **baggage counter** bargis misaghebi ბარგის მისაღები
**bake** gamotskhoba გამოცხობა
**baker** p'uris mtskhobeli პურის მცხობელი; khabazi ხაბაზი
**bakery** satskhobi საცხობი
**Baku** Bako ბაქო
**balcony** aivani აივანი
**Balkar** Balqari ბალყარი
**ball** burti ბურთი
**ballet** balet'i ბალეტი
**ballpoint** k'alami კალამი; p'ast'a პასტა
**band** *music* jgupi ჯგუფი
**Band-Aid** leik'o p'last'iri ლეიკო პლასტირი
**bandit** bandit'i ბანდიტი
**bank** bank'i ბანკი; **river bank** mdinaris nap'iri მდინარის ნაპირი
**banker** bank'iri ბანკირი
**banknote** sabank'o nishani საბანკო ნიშანი
**banquet** supra სუფრა; bank'et'i ბანკეტი
**bar** bari ბარი
**barbed wire** ek'liani mavtuli ეკლიანი მავთული
**barber** dalaki დალაქი
**bark** *verb* qepa ყეფა
**barley** keri ქერი
**barn** ambari ამბარი
**barren** unaqopo უნაყოფო
**base** sapudzveli საფუძველი
**based: to be based on** dapudznebulia დაფუძნებულია
**basement** sardapi სარდაფი
**basin** abazana აბაზანა
**basket** k'alati კალათი
**basketball** k'alatburti კალათბურთი
**bathe** banaoba ბანაობა
**bathroom** abazana აბაზანა
**battery** bat'area ბატარეა; ak'umulat'ori აკუმულატორი
**battle** brdzola ბრძოლა
**Batumi** Batumi ბათუმი
**be** qopna ყოფნა
**beans** lobio ლობიო
**bear** datwi დათვი
**beard** ts'weri წვერი
**beat** dart'qma დარტყმა; tsema ცემა
**beautiful** lamazi ლამაზი
**beauty** silamaze სილამაზე
**because** imit'om rom იმიტომ რომ; **because of** gulisatwis გულისათვის
**become** gakhdoma გახდომა

# bomb

bed sats'oli საწოლი; **to go to bed** dadzineba დაძინება

bedroom sats'oli otakhi საწოლი ოთახი

bee put'k'ari ფუტკარი

beef dzrokhis khortsi ძროხის ხორცი

beetroot ch'arkhali ჭარხალი

before -mde -მდე; ...ts'in ...წინ

begin dats'qeba დაწყება

beginning dasats'qisi დასაწყისი

behind uk'an უკან

bell zari ზარი

below ...kwesh ...ქვეშ

belt kamari ქამარი

bend *in road* mosakhwevi მოსახვევი; *verb* mokhra მოხრა; moghunva მოღუნვა

besides amas garda ამას გარდა

best sauk'eteso საუკეთესო

betray ghalat'i ღალატი

better uk'etesi უკეთესი; **I feel better** tavs uk'et v-grdznob თავს უკეთ ვგრძნობ

between shoris შორის; shua შუა

Bible Biblia ბიბლია

bicycle velosip'edi ველოსიპედი

big didi დიდი; **biggest** udidesi უდიდესი

bill angarishi ანგარიში

binoculars binok'li ბინოკლი; ch'ogrit'i ჭოგრიტი

biography biograpia ბიოგრაფია

bird prinveli ფრინველი

birth dabadeba დაბადება; **to give birth to** gachena გაჩენა; **birth certificate** dabadebis mots'moba დაბადების მოწმობა

bishop ep'isk'op'osi ეპისკოპოსი

bit: **a little bit** tsot'aodeni ცოტაოდენი

bite k'bena კბენა

bitter mts'are მწარე

black shavi შავი; **black market** shavi bazari შავი ბაზარი

Black Sea Shavi Zghwa შავი ზღვა

blanket sabani საბანი

bleed siskhlis dena სისხლის დენა

blind brma ბრმა

blizzard karbuki ქარბუქი

block blok'i ბლოკი

blocked: **Is the road blocked?** gza chakhergili a? გზა ჩახერგილია?; **the toilet is blocked** t'ualet'-shi milia gach'edili ტუალეტში მილია გაჭედილი

blood siskhli სისხლი; **blood group** siskhlis jgupi სისხლის ჯგუფი; **blood pressure: high blood pressure** maghali ts'neva მაღალი წნევა; **low blood pressure** dabali ts'neva დაბალი წნევა; **blood transfusion** siskhlis gadaskhma სისხლის გადასხმა

blow *verb* sheberwa შებერვა; **to blow up** apetkeba აფეთქება

blue lurji ლურჯი

blues *music* bluzi ბლუზი

board *of wood* pitsari ფიცარი; *council* sabch'o საბჭო; k'olegia კოლეგია

boarding pass twitmprinav-shi chaskhdomis barati თვითმფრინავში ჩასხდომის ბარათი

boat gemi გემი; navi ნავი

body t'ani ტანი; skheuli სხეული

boil *noun* purunk'uli ფურუნკული; *verb* adugheba ადუღება

boiling dughili დუღილი

bomb bombi ბომბი; **bomb**

disposal bombis gauvnebelqopa ბომბის გაუვნებელყოფა

**bombardment** dabombwa დაბომბვა

**bon voyage!** bednieri mgzavroba! ბედნიერი მგზავრობა!

**bone** dzwali ძვალი

**bonnet** of *car* k'ap'ot'i კაპოტი

**book** ts'igni წიგნი

**bookshop** ts'ignis maghazia წიგნის მაღაზია

**boot** chekma ჩექმა; *of car* sabarguli საბარგული

**booth: cashier's/ticket booth** salaro სალარო

**border** sazghwari საზღვარი; **border crossing** sazghvris gadak'veta საზღვრის გადაკვეთა; **border guard** mesazghvre მესაზღვრე

**Borjomi** Borjomi ბორჯომი

**born: I was born in...** me da-v-ibade ...-shi მე დავიბადე ...-ში

**borrow** seskheba სესხება

**boss** bosi ბოსი; uprosi უფროსი

**both** orive ორივე; **both ... and** -ts ... -ts -ც ... -ც

**bottle** botli ბოთლი; **bottle of beer** erti botli ludi ერთი ბოთლი ლუდი; **bottle of water** erti botli ts'qali ერთი ბოთლი წყალი; **bottle of wine** erti botli ghwino ერთი ბოთლი ღვინო; **bottle-opener** botlis gasakhsneli ბოთლის გასახსნელი

**bottom** psk'eri ფსკერი

**box** quti ყუთი

**boxing** boksi ბოქსი; k'rivi კრივი

**boy** bich'i ბიჭი

**boyfriend** boiprendi ბოიფრენდი; sheqwarebuli შეყვარებული

**bracelet** samajuri სამაჯური

**brake** mukhruch'i მუხრუჭი

**brandy** brendi ბრენდი; k'oniak'i კონიაკი

**brave** guladi გულადი

**bread** p'uri პური

**break** *verb* gat'ekhwa გატეხვა; *for refreshments* sheswenebа შესვენება; **our car has broken down** mankana gagwipuch'da მანქანა გაგვიფუჭდა.

**breakfast** sauzme საუზმე

**breast** *chest* mk'erdi მკერდი

**breath** suntkwa სუნთქვა

**breed** mosheneba მოშენება

**brick** aguri აგური

**bridge** khidi ხიდი

**bring** moqwana მოყვანა

**Britain** Brit'aneti ბრიტანეთი

**British** Brit'anuli ბრიტანული

**Briton** Brit'aneli ბრიტანელი

**brooch** gulsabnevi გულსაბნევი

**brother** dzma ძმა; **sisters and brothers** da-dzmani და-ძმანი

**brown** qavisperi ყავისფერი

**bruise** nat'k'eni ნატკენი

**brush** jagrisi ჯაგრისი

**bucket** satli სათლი

**Buddhism** Budizmi ბუდიზმი

**Buddhist** Budist'i ბუდისტი

**build** sheneba შენება

**building** shenoba შენობა

**bull** khari ხარი

**bullet** t'qwia ტყვია

**bumper** bamp'eri ბამპერი

**bureaucracy** biurok'rat'ia ბიუროკრატია

**burn** dats'wa დაწვა

**burst** gask'doma გასკდომა

**bury** damarkhwa დამარხვა

**bus** avt'obusi ავტობუსი; **bus station** avt'obusebis sadguri ავტობუსების სადგური; **bus**

**stop** avt'obusis gachereba ავტობუსის გაჩერება
**business** biznesi ბიზნესი; sakme საქმე; *enterprise* sats'armo საწარმო; **business class** biznes k'lasi ბიზნეს კლასი;
**businessman/businesswoman** biznesmeni ბიზნესმენი
**busy: the (phone) line is busy.** (khazi) dak'avebuli a (ხაზი) დაკავებულია
**but** magram მაგრამ
**butane canister** baloni ბალონი
**butcher's** khortsis maghazia ხორცის მაღაზია
**butterfly** p'ep'ela პეპელა
**buy** qidwa ყიდვა
**by** mier მიერ; -tan -თან

# C

**cabbage** k'ombost'o კომბოსტო
**cabinet** k'abinet'i კაბინეტი
**cable** k'abeli კაბელი
**calculator** gamomtvleli mankana გამომთვლელი მანქანა
**calf** khbo ხბო
**call** gamodzakheba გამოძახება; **call the police** darek'et p'olitsia-shi დარეკეთ პოლიციაში; **what are you called?** ra g-kwiat? რა გქვიათ? – **I am called Fred** me m-kwia Predi მე მქვია ფრედი
**callus** k'ozhri კოჟრი
**camera** pot'oap'arat'i ფოტოაპარატი; **camera equipment** pot'oap'arat'is mots'qobiloba ფოტოაპარატის მოწყობილობა
**camp:** banak'i ბანაკი; **can we camp here?** shegwidzlia ak davbanak'det? შეგვიძლია აქ დავბანაკდეთ?
**camping** lashkroba ლაშქრობა
**campsite** k'emp'ingi კემპინგი
**can** *noun* k'onservi კონსერვი; **can opener** k'onservis gasakhsneli კონსერვის გასახსნელი; *verb* shedzleba შეძლება; **I can** she-mi-dzlia შემიძლია
**Canada** K'anada კანადა
**Canadian** K'anadeli კანადელი
**canal** arkhi არხი
**cancel** gaukmeba გაუქმება; **the plane is canceled** twitmprinavis reisi gaukmda თვითმფრინავის რეისი გაუქმდა
**cancer** k'ibo კიბო
**candle** santeli სანთელი
**candlestick** sasantle სასანთლე
**candy** t'k'bileuli ტკბილეული
**canister** k'anist'ra კანისტრა
**cannon** zarbazani ზარბაზანი; t'qwiamprkwevi ტყვიამფრქვევი
**capital** *city* dedakalaki დედაქალაქი; *financial* k'ap'it'ali კაპიტალი
**capsicum** (bulgaruli) ts'its'ak'a (ბულგარული) წიწაკა
**car** mankana მანქანა; **car papers** mankanis sabutebi მანქანის საბუთები; **car park** mankanis parekhi/sadgomi მანქანის ფარეხი/სადგომი; **car registration** mankanis regist'ratsia მანქანის რეგისტრაცია; **car parts store** avt'onats'ilebis maghazia ავტონაწილების მაღაზია
**caravan** karavani ქარავანი
**care** mzrunveloba მზრუნველობა; zrunva ზრუნვა
**careful** prtkhili ფრთხილი
**cargo** t'wirti ტვირთი

carpenter

**carpenter** durgali დურგალი
**carpet** khalicha ხალიჩა
**carry** t'areba ტარება; ts'agheba წაღება; **carry out** shesruleba შესრულება
**carton** blok'i ბლოკი
**cashier** molare მოლარე; **cashier's booth** salaro სალარო
**cashpoint** bank'omat'i ბანკომატი
**casino** k'azino კაზინო
**cask** k'asri კასრი
**Caspian Sea** K'asp'iis Zghwa კასპიის ზღვა
**castle** tsikhe ციხე
**casual** ara pormaluri არა ფორმალური
**cat** k'at'a კატა
**catch** dach'era დაჭერა
**caterpillar** mukhlukhi მუხლუხი
**cathedral** t'adzari ტაძარი
**catholicos** k'atolik'osi კათოლიკოსი
**cattle** p'irut'qvi პირუტყვი
**Caucasus** K'avk'asia კავკასია; **Caucasus Mountains** K'avk'asioni კავკასიონი
**cause** mizezi მიზეზი
**cave** mghwime მღვიმე
**caviar** khizilala ხიზილალა
**CD** k'omp'akt' disk'i კომპაქტ დისკი; **CD player** k'omp'akt' disk'is sak'ravi კომპაქტ დისკის საკრავი
**ceasefire** tsetskhlis shets'qwet'a ცეცხლის შეწყვეტა
**cellar** sardapi სარდაფი
**cemetery** sasaplao სასაფლაო
**center** tsent'ri ცენტრი
**century** sauk'une საუკუნე
**ceramics** k'eramik'a კერამიკა
**cereal** *grain* martsvleuli მარცვლეული
**certain: a certain** gark'weuli გარკვეული
**certainly** autsileblad აუცილებლად
**chain** jach'wi ჯაჭვი
**chair** sk'ami სკამი
**change** *noun (money)* khurda ხურდა; *verb* gamotsvla გამოცვლა; **I want to change some dollars** me minda dolaris gadakhurdaveba მე მინდა დოლარის გადახურდავება
**channel** arkhi არხი
**chapter** tavi თავი
**characterize** dakhasiateba დახასიათება
**charge: what is the charge?** ra ghirs? რა ღირს?; **who is in charge?** vin aris p'asukhismgebeli? ვინ არის პასუხისმგებელი?
**charity** *act* kwelmokmedeba ქველმოქმედება; *organization* sakwelmokmedo organizatsia საქველმოქმედო ორგანიზაცია
**chase** devna დევნა
**cheap** iapi იაფი; **cheaper** shedarebit iapi შედარებით იაფი
**check** *money* chek'i ჩეკი; *receipt/bill* kwitari ქვითარი; *in restaurant* angarishi ანგარიში; *verb* shemots'meba შემოწმება; **could you please check that again?** she-gi-dzlia-t k'idev ertkhel she-amots'mo-t? შეგიძლიათ კიდევ ერთხელ შეამოწმოთ?; **please check the oil** she-amots'me-t zeti tu sheidzleba შეამოწმეთ ზეთი თუ შეიძლება; **check-in/check-in counter** regist'ratsia რეგისტრაცია
**checkpoint** sasazghvro k'ont'roli/p'ost'i სასაზღვრო კონ-

ტროლი/პოსტი
**Chechen** Checheni ჩეჩენი
**Chechnya** Chechneti ჩეჩნეთი
**cheers!** gaumarjos! გაუმარჯოს!
**cheese** qweli ყველი
**chemistry** kimia ქიმია
**chess** ch'adrak'i ჭადრაკი
**chest** mk'erdi მკერდი
**chew** ghech'wa ღეჭვა
**chewing gum** k'evi კევი
**chicken** katami ქათამი
**chief** metauri მეთაური
**child** bavshwi ბავშვი; shwili შვილი; **children** bavshwebi ბავშვები
**chin** nik'ap'i ნიკაპი
**choir** gundi გუნდი
**choke** khrchoba ხრჩობა; **he/she is choking** ikhrchoba იხრჩობა
**cholera** kholera ხოლერა
**choose** archeva არჩევა
**chop** chekhwa ჩეხვა; ch'ra ჭრა
**Christian** Krist'ianuli ქრისტიანული *thing*
**Christian** Krist'iani ქრისტიანი *person*
**Christianity** Krist'ianoba ქრისტიანობა
**Christmas** Shoba შობა
**church** ek'lesia ეკლესია
**cigar** sigara სიგარა
**cigarette** p'ap'irosi პაპიროსი; sigaret'i სიგარეტი; **cigarette papers** sigaret'is gasakhwevi kaghaldi სიგარეტის გასახვევი ქაღალდი
**cinema** k'ino კინო
**Circassian** Cherkezi ჩერქეზი
**circle** ts're წრე
**citizen** mokalake მოქალაქე
**citizenship** mokalakeoba მოქალაქეობა
**citrus** tsit'rusi ციტრუსი
**city** kalaki ქალაქი; **city center** kalakis tsent'ri ქალაქის ცენტრი; **city map** kalakis ruk'a ქალაქის რუკა
**civilian** rigiti mokalake რიგითი მოქალაქე
**civil** samokalako სამოქალაქო; **civil rights** samokalako uplebebi სამოქალაქო უფლებები; **civil war** samokalako omi სამოქალაქო ომი
**class** k'lasi კლასი
**classical** k'lasik'uri კლასიკური
**clean** *adjective* supta სუფთა; *verb* dasuptaveba დასუფთავება; წმინდა
**clear** *adjective* tskhadi ცხადი; nateli ნათელი; gark'weuli გარკვეული; *verb* gasuptaveba გასუფთავება; gats'menda გაწმენდა; **clear a mine** ganaghmva განაღმვა; **clear land** mits'is gasuptaveba მიწის გასუფთავება
**climate** hava ჰავა
**clinic** k'linik'a კლინიკა
**clock** saati საათი
**close** dak'et'wa დაკეტვა; **What time does it close?** ra dros ik'et'eba? რა დროს იკეტება?
**closed** dak'et'ilia დაკეტილია
**clothes** t'ansatsmeli ტანსაცმელი; **clothes shop** t'ansatsmlis maghazia ტანსაცმლის მაღაზია
**cloud** ghrubeli ღრუბელი
**cloudy** ghrubliani ღრუბლიანი
**clown** maskhara მასხარა
**club** ts're წრე
**clutch** *of car* gadabmis p'edali გადაბმის პედალი
**coal** kwanakhshiri ქვანახშირი; nakhshiri ნახშირი
**coal mine** kwanakhshiris sabado ქვანახშირის საბადო
**coast** nap'iri ნაპირი

# coat

**coat** p'alt'o პალტო
**cockroach** t'arak'ani ტარაკანი
**code** k'odi კოდი; **area code** sat'elepono k'odi სატელეფონო კოდი; **international code** saertashoriso k'odi საერთაშორისო კოდი
**coffee** qava ყავა; **coffee with milk** qava rdzit ყავა რძით
**cognac** k'oniak'i კონიაკი
**coins** khurda puli ხურდა ფული
**cold** *adjective* tsivi ცივი; *noun* gatsieba გაციება; sitsive სიცივე; **it is cold** tsiva ცივა; **I am cold** m-tsiva მცივა; **I have a cold** me gatsiebuli var მე გაციებული ვარ
**color** peri ფერი
**colorless** upero უფერო
**colleague** k'olega კოლეგა
**college** k'oleji კოლეჯი
**comb** savartskheli სავარცხელი
**combine harvester** k'ombaini კომბაინი
**come** mosvla მოსვლა; **come in!** shemodit! შემოდით!
**comedy** k'omedia კომედია
**comfortable** k'etilmots'qobili კეთილმოწყობილი; k'omport'uli კომფორტული
**commission** k'omisia კომისია; **what is the commission?** ramdeni a sak'omisio danaritskhi? რამდენია საკომისიო დანარიცხი?
**communications** urtiertoba ურთიერთობა
**communism** k'omunizmi კომუნიზმი
**communist** *adjective* k'omunist'uri კომუნისტური; *person* k'omunist'i კომუნისტი
**companion** amkhanagi ამხანაგი; **travel companion** tanamgzavri თანამგზავრი
**compare** shedareba შედარება
**compass** k'omp'asi კომპასი
**compensation** anazghaureba ანაზღაურება; k'omp'ensatsia კომპენსაცია
**complain** uk'maqopileba უკმაყოფილება
**complaint** sachivari საჩივარი; *medical* chivili ჩივილი
**composer** k'omp'ozit'ori კომპოზიტორი
**composition** shedgena შედგენა
**computer** k'omp'iut'eri კომპიუტერი
**comrade** amkhanagi ამხანაგი
**concert** k'ontsert'i კონცერტი; **concert hall** sak'ontsert'o darbazi საკონცერტო დარბაზი
**concussion** *medical* t'winis sherqeva ტვინის შერყევა
**condition** mdgomareoba მდგომარეობა
**condom** p'rezervat'ivi პრეზერვატივი
**conference** k'onperentsia კონფერენცია; **conference hall** sak'onperentsio darbazi საკონფერენციო დარბაზი
**confuse** dabneva დაბნევა
**connection** k'avshiri კავშირი; **in connection with** -stan k'avshir-shi -სთან კავშირში
**conquer** dap'qroba დაპყრობა
**constipation** k'uch'is shek'ruloba კუჭის შეკრულობა
**constitution** k'onst'it'utsia კონსტიტუცია
**consulate** sak'onsulo საკონსულო
**consultant** k'onsult'ant'i კონსულტანტი
**consume** mokhmareba მოხმარება
**contact: I want to contact my embassy** mi-nda davuk'avshirde chems saelchos

custom

მინდა დავუკავშირდე ჩემს საელჩოს
**contact lenses** k'ont'akt'linzebi კონტაქტლინზები; **contact lens solution** k'ont'akt'linzebis khsnari კონტაქტლინზების ხსნარი
**contain** dat'eva დატევა
**contemporary** tanamedrove თანამედროვე
**continue** gagrdzeleba გაგრძელება
**conversation** saubari საუბარი
**convoy** k'onvoi კონვოი
**cook** *noun* mzareuli მზარეული; *verb* damzadeba დამზადება; mzadeba მზადება
**cooker** kura ქურა
**cool** grili გრილი
**co-operation** urtiertdakhmareba ურთიერთდახმარება
**copper** sp'ilendzi სპილენძი
**copy** *noun* asli ასლი; *verb* aslis gadagheba ასლის გადაღება
**cork** *stopper* satsobi საცობი
**corkscrew** k'orp'sadzrobi კორპსაძრობი; sht'op'ori შტოპორი
**corn** martsvleuli მარცვლეული
**corner** k'utkhe კუთხე
**correct** *adjective* sts'ori სწორი; zust'i ზუსტი; *verb* gasts'oreba გასწორება; shests'oreba შესწორება
**corruption** k'oruptsia კორუფცია
**cost** ghirebuleba ღირებულება; **how much does this cost?** es ra ghirs? ეს რა ღირს?
**cotton; cotton wool** bamba ბამბა
**cough** khwela ხველა; **I have a cough** m-akhwelebs მახველებს
**council** sabch'o საბჭო
**count** *verb* datvla დათვლა
**country** kweqana ქვეყანა; **in the country** sopel-shi სოფელში
**countryside** kalakgaret ქალაქგარეთ
**coup d'etat** sakhelmts'ipo gadat'rialeba სახელმწიფო გადატრიალება
**course: of course** rasak'wirvelia რასაკვირველია
**court** *law* sasamartlo სასამართლო
**cow** dzrokha ძროხა
**craftsman** khelosani ხელოსანი
**crane** *machine* amts'e-k'rani ამწე-კრანი
**crazy** gizhi გიჟი
**create** shekmna შექმნა
**credit** k'redit'i კრედიტი; **credit card** sak'redit'o barati საკრედიტო ბარათი
**crime** danashauli დანაშაული
**criminal** damnashave დამნაშავე
**crisis** k'rizisi კრიზისი
**crops** mosavali მოსავალი
**cross** jwari ჯვარი
**crossroads** gza-jwaredini გზაჯვარედინი
**crow** *bird* qwavi ყვავი
**cruel** ulmobeli ულმობელი
**cry** t'irili ტირილი
**crystal** k'rist'ali კრისტალი
**cucumber** k'it'ri კიტრი
**culture** k'ult'ura კულტურა
**cup** ch'ika ჭიქა
**cupboard** ch'urch'lis k'arada ჭურჭლის კარადა
**cure** *noun* ts'amali წამალი; *verb: medical* mk'urnaloba მკურნალობა
**currency** puli ფული; valut'a ვალუტა
**current** deni დენი
**custom** *tradition* ts'es-chweuleba წეს-ჩვეულება; adati ადათი

# customs

customs *border* sabazho საბაჟო

cut *verb* dach'ra დაჭრა; **the phone line has been cut** khazi gats'qda ხაზი გაწყდა; **cut off** moch'ra მოჭრა; **the water has been cut off** ts'qali shets'qda წყალი შეწყდა

# D

dagger khanjali ხანჯალი

Daghestan daghest'ani დაღესტანი

Daghestani daghest'neli დაღესტნელი

dairy rdzis nats'armi რძის ნაწარმი

dam k'ashkhali კაშხალი

dance; dancing tsek'va ცეკვა

Dane Danieli დანიელი

danger sashishi საშიში; **danger!** sashishi a! საშიშია!

Danish Daniuri დანიური

dark *adjective* bneli ბნელი; *noun* sibnele სიბნელე

date *time* tarighi თარიღი; **what is the date today?** dghes ra ritskhwi a? დღეს რა რიცხვია?; **date of birth** dabadebis tarighi დაბადების თარიღი

daughter kalishwili ქალიშვილი

dawn *noun* alioni ალიონი; aisi აისი; *verb* gateneba გათენება

day dghe დღე; *24 hours* dgheghame დღე-ღამე; **the day after tomorrow** zeg ზეგ; **the day before yesterday** gushints'in გუშინ-წინ

daytime dghisit დღისით

dead mk'vdari მკვდარი

deaf qru ყრუ

dear dzwirpasi ძვირფასი

death sik'vdili სიკვდილი

debt vali ვალი

decade at-ts'leuli ათწლეული

December Dek'emberi დეკემბერი

decide gadats'qvet'a გადაწყვეტა

decision gadats'qvet'ileba გადაწყვეტილება

deep ghrma ღრმა; **how deep is it?** ramsighrme a? რამსიღრმეა?

deer iremi ირემი

defeat damartskheba დამარცხება

defend tav-datswa თავ-დაცვა

delay gadadeba გადადება; **the plane is delayed** twitmprinavi igwianebs თვითმფრინავი იგვიანებს

democracy demok'rat'ia დემოკრატია

democratic demok'rat'iuli დემოკრატიული

demonstration *political* demonst'ratsia დემონსტრაცია

demonstrators *political* momit'ingeebi მომიტინგეები

dental surgery st'omat'ologiuri k'linik'a სტომატოლოგიური კლინიკა

dentist k'bilis ekimi კბილის ექიმი

deodorant dezodori დეზოდორი

department store univermaghi უნივერმაღი

departures gamgzavreba გამგზავრება

deport dep'ort'ireba დეპორტირება; gasakhleba გასახლება

deportation dep'ort'atsia დეპორტაცია; gasakhleba გასახლება

depot dep'o დეპო

deprive ts'artmeva წართმევა

derivative ts'armoebuli წარმოებული

# documentary film

**describe** aghts'era აღწერა

**desert** *noun* udabno უდაბნო

**desert** *verb* dat'oveba დატოვება; mit'oveba მიტოვება

**desire** *noun* survili სურვილი; *verb* ndoma ნდომა

**desk** magida მაგიდა

**dessert** desert'i დესერტი

**destroy** dangreva დანგრევა; ganadgureba განადგურება

**development** ganvitavreba განვითავრება

**devil** eshmak'i ეშმაკი

**diabetic** diabet'ik'i დიაბეტიკი

**diagnosis** diagnozi დიაგნოზი

**dialect** dialekt'i დიალექტი

**dialing code** sat'elepono k'odi სატელეფონო კოდი

**diarrhea** k'uch'is ashliloba კუჭის აშლილობა

**dictator** dikt'at'ori დიქტატორი

**dictatorship** dikt'at'ura დიქტატურა

**dictionary** leksik'oni ლექსიკონი

**die** gardatsvaleba გარდაცვალება; **he has died** garda-itswala გარდაიცვალა

**diesel** dizeli დიზელი

**diet** diet'a დიეტა

**different** skhwadaskhwa სხვადასხვა

**difficult** dzneli ძნელი

**dig** tkhra თხრა

**diligent** bejiti ბეჯითი

**dine** sadiloba სადილობა

**dining room** sasadilo სასადილო

**dinner** sadili სადილი

**diplomat** dip'lomat'i დიპლომატი

**diplomatic** dip'lomt'iuri დიპლომტიური; **diplomatic ties** dip'lomt'iuri k'avshirebi დიპლომტიური კავშირები

**direct** p'irdap'iri პირდაპირი; **can I dial direct?** she-mi-dzlia p'irdap'ir a-v-k'ripo? შემიძლია პირდაპირ ავკრიფო?

**directions** mimartulebebi მიმართულებები

**dirty** ch'uch'qiani ჭუჭყიანი

**disabled (person)** unarshezghuduli (p'iri) უნარშეზღუდული (პირი)

**disaster** ubedureba უბედურება; **natural disaster** st'ikiuri ubedureba სტიქიური უბედურება

**disco** disk'o დისკო

**discover** aghmochena აღმოჩენა

**discuss** gankhilva განხილვა

**discussion** disk'usia დისკუსია

**disease** avadmqopoba ავადმყოფობა

**disk-jockey** disk'-zhok'ei დისკ-ჟოკეი; di-jei დი-ჯეი

**displaced person** gadaadgilebuli p'iri გადაადგილებული პირი

**dispute** k'amati კამათი

**dissect** gach'ra გაჭრა; gak'weta გაკვეთა

**dissolve** dnoba დნობა; gakhsna გახსნა

**distant** shoreuli შორეული

**district** raioni რაიონი; ubani უბანი

**divide** gaqopa გაყოფა

**divorced** gankorts'inebuli განქორწინებული

**dizzy: I feel dizzy** tavbru mekhweva თავბრუ მეხვევა

**do** k'eteba კეთება; **what do you do?** ra p'ropesiis khart? რა პროფესიის ხართ?

**do not/don't...** nu... ნუ...

**doctor** ekimi ექიმი

**document** sabuti საბუთი

**documentary film** dok'ument'uri pilmi დოკუმენტური ფილმი

# dog

dog dzaghli ძაღლი
doll tojina თოჯინა
dollar dolari დოლარი
domestic flight kweqnis shida reisi ქვეყნის შიდა რეისი
donkey viri ვირი
door k'ari კარი; door lock k'aris sak'et'i კარის საკეტი
double gaormagebuli გაორმაგებული; double bed oradgiliani sats'oli ორადგილიანი საწოლი; double room oradgiliani otakhi ორადგილიანი ოთახი
doubtless uech'weli უეჭველი
down dabla დაბლა
drag gatreva გათრევა
drain verb amoshroba ამოშრობა; datsla დაცლა
draw khat'wa ხატვა
drawer ujra უჯრა
dream noun sizmari სიზმარი; verb otsneba ოცნება
dress noun k'aba კაბა
dressed: to get dressed chatsma ჩაცმა
dressmaker mk'eravi მკერავი
drill burghi ბურღი
drink noun sasmeli სასმელი; verb daleva დალევა
drinking water sasmeli ts'qali სასმელი წყალი
drive martwa მართვა; t'areba ტარება
driver mdzgholi მძღოლი
driving license avt'omobilis martvis upleba ავტომობილის მართვის უფლება
drought gwalwa გვალვა
drug ts'amali წამალი; narcotic nark'ot'ik'i ნარკოტიკი; drug addict nark'omani ნარკომანი
drum doli დოლი
drunk inebriated mtvrali მთვრალი; naswami ნასვამი

dry adjective mshrali მშრალი; verb shroba შრობა; khmoba ხმობა
duck ikhwi იხვი
during ganmavloba-shi განმავლობაში; mandzil-ze მანძილზე
Dutch Holandiuri ჰოლანდიური
Dutchman/Dutchwoman Holandieli ჰოლანდიელი
duty: customs duty bazhi ბაჟი
dwell tskhovreba ცხოვრება
dynamo dinamo დინამო

# E

each qoveli ყოველი
each other ertmaneti ერთმანეთი
eagle arts'ivi არწივი
ear quri ყური
early adre ადრე
earrings saqure საყურე
earth mits'a მიწა; the Earth Dedamits'a დედამიწა
earthquake mits'isdzvra მიწისძვრა
east noun aghmosavleti აღმოსავლეთი
eastern aghmosavlet აღმოსავლეთ
Easter Aghdgoma აღდგომა
easy adwili ადვილი
eat ch'ama ჭამა
economics ek'onomik'a ეკონომიკა
economist ek'onomist'i ეკონომისტი
economy ek'onomia ეკონომია; political economy p'olit'ek'onomia პოლიტეკონომია
edition gamotsema გამოცემა
editor redakt'ori რედაქტორი
education ganatleba განათ-

evidence

ლება
**egg** k'wertskhi კვერცხი
**eight** rva რვა
**eighteen** tvramet'i თვრამეტი
**eighty** otkhmotsi ოთხმოცი
**elbow** idaqwi იდაყვი
**Elbrus** Ialbuzi იალბუზი
**elder** *adjective* uprosi უფროსი
**elect** archeva არჩევა
**election** archevnebi არჩევნები
**electrical** elekt'ro ელექტრო; **electrical appliances** elekt'ro khelsats'qoebi ელექტრო ხელსაწყოები; **electrical goods store** elekt'rosakoneli ელექტროსაქონელი
**electricity** elekt'rooba ელექტროობა; deni დენი
**elevator** lipt'i ლიფტი
**eleven** tertmet'i თერთმეტი
**e-mail** elekt'ronuli post'a ელექტრონული ფოსტა
**embassy** saelcho საელჩო
**emergency** uk'iduresi autsileblоba უკიდურესი აუცილებლობა; **emergency exit** saavario gasasvleli საავარიო გასასვლელი
**empty** *adjective* tsarieli ცარიელი; *verb* datsla დაცლა
**enamel** emali ემალი
**encounter** shekhwedra შეხვედრა
**end** *noun* bolo ბოლო; dasasruli დასასრული; *verb* damtavreba დამთავრება; daboloeba დაბოლოება
**enemy** mt'eri მტერი
**engine** dzrava ძრავა
**engineer** inzhineri ინჟინერი
**England** Inglisi ინგლისი
**English** ინგლისური
**Englishman/Englishwoman** Ingliseli ინგლისელი
**enough** sak'marisi საკმარისი; **that's enough, thanks** sak'marisi a, gmadlobt საკმარისია, გმადლობთ
**enquiry** gamok'itkhwa გამოკითხვა
**enter** shesvla შესვლა
**entire** mteli მთელი
**entrance** shesasvleli შესასვლელი
**envelope** k'onvert'i კონვერტი
**epidemic** ep'idemia ეპიდემია
**epilepsy** ep'ilepsia ეპილეფსია
**epileptic** ep'ilept'ik'i ეპილეფტიკი
**equipment** aghch'urviloba აღჭურვილობა
**-er** upro უფრო
**era** era ერა
**eraser** sashleli საშლელი
**escape** gaktseva გაქცევა; tavis daghts'eva თავის დაღწევა
**especially** gansak'utrebit განსაკუთრებით
**essay** nark'wevi ნარკვევი
**-est** upro უფრო
**establish** daarseba დაარსება
**ethnic cleansing** etnik'uri ts'menda ეთნიკური წმენდა
**etiquette** etik'et'i ეთიკეტი
**Europe** Evrop'a ევროპა
**European** *person* Evrop'eli ევროპელი; *thing* Evrop'uli ევროპული
**European Union** Evro-K'avshiri ევროკავშირი
**evening** saghamo საღამო; **good evening!** saghamo mshwidobisa! საღამო მშვიდობისა!
**every** qoveli ყოველი; **every day** qoveldghe ყოველდღე
**everybody; everyone** qwela ყველა
**everything** qwelaperi ყველაფერი
**evidence** damamt'k'itsebeli sabuti დამამტკიცებელი საბუთი

# exact

**exact** zust'i ზუსტი
**exam** gamotsda გამოცდა
**examine** gamotsda გამოცდა
**example** magaliti მაგალითი
**excellent** shesanishnavi შესა-
ნიშნავი
**except for** gamok'lebit
გამოკლებით; garda გარდა
**excess baggage** zedmet'i ts'ona
ზედმეტი წონა
**excuse** *noun* bodishi ბოდიში;
**excuse me!** bodishi(t)!
ბოდიში(თ)!
**exchange** gadatsvla გადაცვლა;
**exchange rate** gatsvlis k'ursi
გაცვლის კურსი; **what's the
exchange rate?** ra aris
gatsvlis k'ursi? რა არის
გაცვლის კურსი?
**execution** *punishment* sik'vdilit
dasja სიკვდილით დასჯა
**exercise** varjishi ვარჯიში;
ts'vrtna წვრთნა
**exhaust** *of car* gamonabolkwi
გამონაბოლქვი
**exhibit** chweneba ჩვენება
**exhibition** gamopena გამოფენა
**exile** gandevna განდევნა
**exit** gasasvleli გასასვლელი
**expect** lodini ლოდინი
**expel** gamogdeba გამოგდება
**expensive** dzwiri ძვირი
**explain** akhsna ახსნა; gan-
mart'eba განმარტება
**explanation** akhsna-ganmart'e-
ba ახსნა-განმარტება
**explode; explosion** apetkeba
აფეთქება
**explosives** petkebadi ფეთქე-
ბადი; asapetkebeli ასაფეთ-
ქებელი
**export** *noun* eksp'ort'i ექს-
პორტი; *verb* gat'ana
გატანა; **I export** me
gamakvs მე გამაქვს
**express** *fast* eksp'resi ექსპრესი;

*verb* gamokhat'wa გამოხა-
ტვა
**extend** gashla გაშლა
**extension** gagrdzeleba გაგრ-
ძელება
**extensive** vrtseli ვრცელი
**extra** damat'ebiti დამატებითი;
**an extra blanket** k'idev erti
sabani კიდევ ერთი საბანი
**eye** twali თვალი
**eyeglasses** satwale სათვალე
**eyesight** mkhedweloba მხედ-
ველობა

# F

**face** sakhe სახე
**fact** pakt'i ფაქტი
**factory** karkhana ქარხანა
**failure** ts'arumat'ebloba წარუ-
მატებლობა
**false** t'quili ტყუილი
**fall** *autumn* shemodgoma
შემოდგომა; *verb* datsema
დაცემა
**fallowland** daumushavebeli mits'a
დაუმუშავებელი მიწა
**family** ojakhi ოჯახი
**famous** tsnobili ცნობილი
**fan** vent'ilat'ori ვენტილატორი;
**fan belt** mankanis vent'i-
lat'oris tasma მანქანის ვენ-
ტილატორის თასმა
**far** shors შორს; **how far is the
next village?** ra mandzili a
momdevno sopl-amde? რა
მანძილია მომდევნო სოფლ-
ამდე?
**fare: what is the fare?** ra ghirs
bileti? რა ღირს ბილეთი?
**farm** perma ფერმა; meurneoba
მეურნეობა
**farmer** permeri ფერმერი
**farming** soplis meurneoba
სოფლის მეურნეობა
**fast** chkari ჩქარი

# flour

fat *noun* koni ქონი; tskhimi ცხიმი; *adjective* skeli სქელი

father mama მამა

faucet onk'ani ონკანი

fax paksi ფაქსი

fear: I fear me-shinia მეშინია

February Tebervali თებერვალი

federation pederatsia ფედერაცია

federal pederatsiuli ფედერაციული

feed: animal feed tskhovelebis sak'webi ცხოველების საკვები

feel grdznoba გრძნობა

female *noun* mdedrobiti მდედრობითი

fence ghobe ღობე

ferret krtswini ქრცვინი

ferry borani ბორანი

fertile naqopiani ნაყოფიანი

fertilizer sasuki სასუქი

festival pest'ivali ფესტივალი; music festival musik'aluri pest'ivali მუსიკალური ფესტივალი; theatre festival teat'raluri pest'ivali თეატრალური ფესტივალი

feud siskhlis agheba სისხლის აღება

fever maghali sitskhe მაღალი სიცხე

field qana ყანა

fifteen tkhutmet'i თხუთმეტი

fifteenth metkhutmet'e მეთხუთმეტე

fifth mekhute მეხუთე

fifty ormotsdaati ორმოცდაათი

fight brdzola ბრძოლა

fighter mebrdzoli მებრძოლი

file *document* dok'ument'i დოკუმენტი

film pilmi ფილმი

film-maker rezhisori რეჟისორი

filtered pilt'riani ფილტრიანი

filterless upilt'ro უფილტრო

fill shevseba შევსება; fill in forms pormis shevseba ფორმის შევსება

final *adjective* uk'anask'neli უკანასკნელი; *noun* pinali ფინალი

finance dapinanseba დაფინანსება; pinansebi ფინანსები

find nakhwa ნახვა; p'ovna პოვნა; to find out gageba გაგება

fine *adjective* mshwenieri მშვენიერი; *adverb* k'argi კარგი; k'argad კარგად; *noun: of money* jarima ჯარიმა

finger titi თითი

finish *verb* damtavreba დამთავრება

fire tsetskhli ცეცხლი

firewood shesha შეშა

first p'irveli პირველი; first class p'irveli k'lasi პირველი კლასი

fish tevzi თევზი

fishing tevzaoba თევზაობა

five khuti ხუთი

fix damagreba დამაგრება

flash ts'amieri ganateba წამიერი განათება

flashlight parani ფარანი

flea rts'qili რწყილი

flee gaktseva გაქცევა

flight reisi რეისი; domestic flight kweqnis shida reisi ქვეყნის შიდა რეისი; flight number reisis nomeri რეისის ნომერი

floating mine mot'ivt'ive naghmi მოტივტივე ნაღმი

flock jogi ჯოგი

flood ts'qaldidoba წყალდიდობა

floor *ground* iat'ak'i იატაკი; *storey* sartuli სართული

florists store qwavilebis maghazia ყვავილების მაღაზია

flour pkwili ფქვილი

flower

**flower** qwavili ყვავილი
**flu** grip'i გრიპი
**flush: the toilet won't flush** unit'azi/t'ualet'i ar iretskheba უნიტაზი/ტუალეტი არ ირეცხება
**fly** *noun* buzi ბუზი; *verb* prena ფრენა; **fly down** chaprena ჩაფრენა; **fly off** gaprena გაფრენა
**fog** nisli ნისლი
**foggy** nisliani ნისლიანი
**folk** *adjective* khalkhuri ხალხური; *noun* khalkhi ხალხი; **folk dancing** khalkhuri tsek'wa ხალხური ცეკვა; **folk music** khalkhuri musik'a ხალხური მუსიკა
**folklore** polk'lori ფოლკლორი
**following** shemdegi შემდეგი
**food** sach'meli საჭმელი
**fool** *noun* suleli სულელი; *verb* mot'queba მოტყუება
**foot** pekhi ფეხი; *measurement* put'i ფუტი
**football** pekhburti ფეხბურთი
**foothpath** bilik'i ბილიკი
**forbid** ak'rdzalva აკრძალვა
**forbidden** ak'rdzaluli აკრძალული
**foreign** utskhouri უცხოური
**foreigner** utskhoeli უცხოელი
**forest** t'qe ტყე
**forget** davits'qeba დავიწყება
**fork** changali ჩანგალი
**form** *shape* sakhe სახე; *official* blank'i ბლანკი; porma ფორმა
**fort** tsikhe-simagre ციხე-სიმაგრე
**fortnight** ori k'wira ორი კვირა
**forty** ormotsi ორმოცი
**forward** *adjective* ts'ina წინა; *verb* დაჩქარება
**forwards** ts'in წინ
**found** *verb* daarseba დაარსება
**foundation** sapudzveli საფუძველი
**four** otkhi ოთხი
**fourteen** totkhmet'i თოთხმეტი
**fourth** meotkhe მეოთხე
**four-wheel drive** orkhidiani mankana ორხიდიანი მანქანა
**fracture** *noun* mot'ekhiloba მოტეხილობა; *verb* gat'qdoma გატყდომა
**free** tavisupali თავისუფალი; **is this seat free?** es adgili tavisupali a? ეს ადგილი თავისუფალია?; **free of charge** upaso უფასო
**freedom** tavisupleba თავისუფლება
**freeze** gaqinva გაყინვა
**freezing** qinviani ყინვიანი
**freight** *noun* t'wirti ტვირთი; *verb* t'wirtva ტვირთვა
**French** Franguli ფრანგული
**Frenchman/Frenchwoman** Frangi ფრანგი
**french fries** shemts'wari k'art'opili შემწვარი კარტოფილი
**fresh** akhali ახალი; supta სუფთა
**Friday** P'arask'evi პარასკევი
**fridge** matsivari მაცივარი
**friend** megobari მეგობარი
**frighten** sheshineba შეშინება
**frog** baqaqi ბაყაყი
**front** *adverb* ts'in წინ; **in front of** ts'in წინ; *noun* pasadi ფასადი; pront'i ფრონტი
**frontier** sazghwari საზღვარი
**frost** qinva ყინვა
**frostbite** moqinva მოყინვა
**frostbitten hands/feet** moqinuli khelebi/pekhebi მოყინული ხელები/ფეხები
**fruit** khili ხილი; **fruit juice** khilis ts'weni ხილის წვენი

# grammar

**fuel** sats'wavi masala საწვავი მასალა; **fuel dump** benzinis sats'qobi ბენზინის საწყობი
**full** mteli მთელი; savse სავსე; **full moon** savse mtware სავსე მთვარე; **I am full!** da-v-naqrdi! დავნაყრდი!
**funeral** dasaplaveba დასაფლა-ვება; gasveneba გასვენება
**funny** iumorist'uli იუმორის-ტული
**future** momavali მომავალი

## G

**gallon** galoni გალონი
**game** tamashi თამაში
**gangrene** gangrena განგრენა
**gangster** gangst'eri განგსტერი
**garbage** nagavi ნაგავი
**garden** baghi ბაღი
**garrison** garnizoni გარნიზონი
**gas** gazi გაზი; petrol benzini ბენზინი; **gas bottle** gazis baloni გაზის ბალონი; **gas pipeline** gazis milsadeni გაზის მილსადენი; **gas pedal** sichkaris/gazis p'edali სიჩქარის/გაზის პედალი
**gate** k'ari კარი
**gear** sichkare სიჩქარე
**general** adjective sazogado საზოგადო; noun generali გენერალი
**genitals** saskeso organoebi სასქესო ორგანოები
**genocide** genotsidi გენოციდი
**Georgia** Sakartvelo საქარ-თველო
**Georgian** person Kartveli ქარ-თველი; thing Kartuli ქართული; language Kartuli ena ქართული ენა
**German** person Germaneli გერ-მანელი; thing Germanuli გერმანული

**Germany** Germania გერმანია
**germs** mik'robebi მიკრობები
**get** mights'eva მიღწევა; **get up** adgoma ადგომა; and see **wake**
**giant** gigant'i გიგანტი; bumber-azi ბუმბერაზი
**gift** sachukari საჩუქარი
**girl** gogo გოგო; gogona გოგო-ნა
**girlfriend** gelprendi გელფრენ-დი; sheqwarebuli შეყვარე-ბული
**give** mitsema მიცემა; **give me ...** mometsi ... მომეცი ...; **give birth** mshobiaroba მშობი-არობა
**glass** substance shusha შუშა; cup ch'ika ჭიქა; **glass of water** ch'ika ts'qali ჭიქა წყალი
**glasses** satwale სათვალე
**glove** kheltatmani ხელთათმანი
**go** ts'asvla წასვლა; **go!** ts'adit! წადით!; **let's go!** ts'avidet! წავიდეთ!; **go out** gasvla გასვლა; **go to bed** dats'ola დაწოლა
**goal** aim mizani მიზანი; foot-ball goli გოლი
**goat** tkha თხა
**God** Ghmerti ღმერთი
**gold** okro ოქრო
**good** k'argi კარგი; **good luck!** gisurveb ts'armat'ebas! გისურვებ წარმატებას!; **Good Friday** Ts'iteli P'arask'evi წითელი პარასკევი
**good bye!** nakhwamdis! ნახ-ვამდის!
**goose** bat'i ბატი
**government** mtavroba მთავ-რობა
**grain** martswali მარცვალი
**gram** grami გრამი
**grammar** gramat'ik'a გრამა-ტიკა

grandchild

**grandchild** shwilishwili შვილიშვილი
**grandfather** *Eastern Georgia* p'ap'a პაპა; *Western Georgia* babua ბაბუა
**grandmother** bebia ბებია
**grape** qurdzeni ყურძენი
**grass** balakhi ბალახი
**grateful** madlieri მადლიერი
**grave** *adjective* seriozuli სერიოზული; *noun* saplavi საფლავი
**gravel** khreshi ხრეში
**great** didi დიდი
**greatest** udidesi უდიდესი
**Greek** *person* Berdzeni ბერძენი; *thing* Berdznuli ბერძნული
**green** mts'wane მწვანე
**greengrocer** bost'neulis maghazia ბოსტნეულის მაღაზია
**grenade** granat'a გრანატა; ch'urvi ჭურვი
**grind** dapkwa დაფქვა
**ground** mits'a მიწა; niadagi ნიადაგი
**grow** zrda ზრდა; **grow up** gazrda გაზრდა; **grow crops** martsvleulis moqwana მარცვლეულის მოყვანა
**guard** *noun* mtsweli მცველი; **border guard** mesazghvre მესაზღვრე
**guard** *verb* datswa დაცვა
**guerrilla** p'art'izani პარტიზანი; boevik'i ბოევიკი
**guest** st'umari სტუმარი; **guest speaker** mots'weuli momkhsenebeli მოწვეული მომხსენებელი
**guesthouse** ojakhur sast'umro ოჯახურ სასტუმრო
**guide** *noun* gidi გიდი; *verb* khelmdzghwaneloba ხელმძღვანელობა
**guidebook** ts'igni-megzuri წიგნი-მეგზური
**gum** ts'ebo წებო; **chewing gum** saghech'i rezini საღეჭი რეზინი
**gun** topi თოფი
**gynecologist** ginek'ologi გინეკოლოგი

## H

**hair** tma თმა
**hairbrush** savartskheli სავარცხელი
**haircut: I want a haircut please** tmis shech'ra mi-nda, tu sheidzleba თმის შეჭრა მინდა, თუ შეიძლება
**hairdresser** sap'arik'makhero საპარიკმახერო; **hairdresser's salon** kalta saloni ქალთა სალონი
**hair dryer** tmis sashrobi თმის საშრობი
**half** nakhevari ნახევარი
**hammer** chakuchi ჩაქუჩი
**hand** kheli ხელი; **to hand over** gadatsema გადაცემა
**handbag** khelchanta ხელჩანთა
**handicraft** kheloba ხელობა
**handle** sakheluri სახელური
**hang** chamok'ideba ჩამოკიდება
**hangover** p'akhmelia პახმელია; nabakhusevi ნაბახუსევი
**happen** shemtkhweva შემთხვევა
**happy** bednieri ბედნიერი
**hard** magari მაგარი; *difficult* dzneli ძნელი
**hardware store** sameurneo maghazia სამეურნეო მაღაზია
**harvest** mk'a მკა; mosavali მოსავალი
**hat** kudi ქუდი
**hate: I hate** m-dzuls მძულს

**have: I have** *something* m-akvs მაქვს; **I have** *someone* m-qavs მყავს; **have to** u-nda უნდა

**hay** tiva თივა

**haystack** tivis zwini თივის ზვინი

**he** is ის

**head** tavi თავი; *person* metauri მეთაური; **head of state** sakhelmts'ipos metauri სახე-ლმწიფოს მეთაური

**headache: I have a headache** tavi mt'k'iva თავი მტკივა.

**headquarters** mtavari sammartwelo მთავარი სამმარ-თველო; sht'abi შტაბი

**heal** moshusheba მოშუშება

**health** janmrteloba ჯანმრ-თელობა

**healthcare** jandatswa ჯანდაც-ვა; janmrtelobis datswa ჯან-მრთელობის დაცვა

**healthy** janmrteli ჯანმრთელი

**hear** mosmena მოსმენა; gagoneba გაგონება

**heart** guli გული; **heart attack** gulis shet'eva გულის შეტევა; **I have a heart condition** guli mats'ukhebs გული მაწუხებს

**heat** *noun* sitskhe სიცხე; sitbo სითბო; *verb* gatboba გათბობა

**heating** gatboba გათბობა; **heating coil** gamatskhelebeli გამაცხელებელი

**heatwave** p'ap'anakeba პაპა-ნაქება

**heaven** tsa ცა; zetsa ზეცა

**heavy** mdzime მძიმე

**helicopter** vert'mpreni ვერტმ-ფრენი

**help** *verb* dakhmareba დახ-მარება; shwela შველა; **can you help me?** shegidzliat

damekhmarot? შეგიძლიათ დამეხმაროთ?; **help!** da-mekhmaret! დამეხმარეთ!; mishwelet! მიშველეთ!

**hell** jojokheti ჯოჯოხეთი

**hello!** gamarjobat! გამარ-ჯობათ!

**hen** katami ქათამი

**hepatitis** hep'at'it'i ჰეპატიტი

**her** is ის; mas მას; misi მისი; **hers** misi მისი; tavisi თავისი

**herd** para ფარა

**here** ak აქ; **here is/are** ak aris/ak arian აქ არის/აქ არიან

**hero** gmiri გმირი

**herself** twiton თვითონ

**hide** damalva დამალვა

**high** maghali მაღალი; **how high is it?** ramsimaghle a? რამსიმაღლეა?

**hill** gora გორა; gorak'i გორაკი

**himself** twiton თვითონ

**Hindu** Induist'i ინდუისტი

**Hinduism** Induizmi ინდუიზმი

**hire: where can I hire a car?** sad sheidzleba mankanis dakiraveba? სად შეიძლება მან-ქანის დაქირავება?

**his** misi მისი; tavisi თავისი

**historian** ist'orik'osi ისტორი-კოსი

**history** ist'oria ისტორია

**hit** dart'qma დარტყმა; **hit a mine** naghm-ze apetkeba ნაღმზე აფეთქება

**hold** dach'era დაჭერა

**hole** ch'uch'rut'ana ჭუჭრუ-ტანა; nakhvret'i ნახვრეტი

**holiday** dghesasts'auli დღესას-წაული

**homeland** samshoblo სამშო-ბლო

**hook** k'avi კავი

**horse** tskheni ცხენი; **horse racing** jiriti ჯირითი; **horse**

# hose

**riding** tskhenosnoba ცხე-
ნოსნობა
**hose** shlangi შლანგი
**hospital** saavadmqopo საავად-
მყოფო
**host** masp'indzeli მასპინძელი
**hostage** mdzevali მძევალი
**hostel** saerto satskhovrebeli
საერთო საცხოვრებელი
**hot** tskheli ცხელი; **very hot** dza-
lian tskheli ძალიან ცხელი;
*spicy* tskhare ცხარე; **I am
hot** me m-tskhela მე მცხ-
ელა; **it is hot** tskhela ცხელა;
**hot water** tskheli ts'qali
ცხელი წყალი
**hotel** sast'umro სასტუმრო
**hour** saati საათი
**house** sakhli სახლი
**how** rogor როგორ; ramdenad
რამდენად; **how are you?**
rogor khart? როგორ ხართ?;
**how many/much?** ramdeni?
რამდენი?
**however** tumtsa თუმცა;
amit'om ამიტომ
**human** *adjective* adamianuri
ადამიანური; **human being**
adamiani ადამიანი; **human
rights** adamianis uplebebi
ადამიანის უფლებები
**humanitarian** humanit'aruli
ჰუმანიტარული; **humanitar-
ian aid** humanit'aruli dakh-
mareba ჰუმანიტარული დახ-
მარება
**humor** iumori იუმორი
**humorous** iumorist'uli იუმო-
რისტული
**hundred** asi ასი
**hungry** mshieri მშიერი; **I am
hungry** me m-shia მე
მშია
**hunt** nadiroba ნადირობა
**hurry: I am in a hurry** me-chka-
reba! მეჩქარება!; v-chkarob!
ვჩქარობ
**hurt** *noun* ziani ზიანი; *verb*
t'k'ena ტკენა; **where does it
hurt?** ra g-ats'ukhebt? რა
გაწუხებთ?; **it hurts me here**
ak mt'k'iva აქ მტკივა; **this
person is hurt** es adamiani
dashavda ეს ადამიანი
დაშავდა
**husband** kmari ქმარი
**hygiene** higiena ჰიგიენა

# I

**I** me მე
**I.D.P.** *see* **internally displaced
person**
**ice** qinuli ყინული
**ice axe** ts'eraqini წერაყინი
**ice-cream** naqini ნაყინი
**icon** khat'i ხატი
**idea** idea იდეა
**identification** gaigiveba გაი-
გივება; ident'ipik'atsia
იდენტიფიკაცია
**if** tu თუ; **if possible** tu sheidzle-
ba თუ შეიძლება
**ill** avadmqopi ავადმყოფი; **I am
ill** me avad var მე ავად ვარ.
**illness** avadmqopoba ავადმყ-
ოფობა
**image** imiji იმიჯი
**imam** imami იმამი
**immigrant** imigrant'i იმი-
გრანტი
**immigration** imigratsia იმიგრა-
ცია
**import** *verb* shemot'ana
შემოტანა
**importance** mnishvneloba
მნიშვნელობა
**important** mnishvnelovani
მნიშვნელოვანი
**impossible** sheudzlebeli
შეუძლებელი
**improve** gaumjobeseba

გაუმჯობესება
**in** -shi -ში; **in front of** ts'inashe წინაშე
**included** shedis შედის
**independence** damouk'ideblo-ba დამოუკიდებლობა
**independent** damouk'idebeli დამოუკიდებელი; **independent state** damouk'idebeli sakhelmts'ipo დამოუკიდებელი სახელმწიფო
**India** Indoeti ინდოეთი
**indicator lights** machwenebeli naturebi მაჩვენებელი ნათურები
**indigestion** k'uch'is mouneleb-loba კუჭის მოუნელებლობა
**infection** inpektsia ინფექცია
**influenza** grip'i გრიპი
**information** inpormatsia ინფორმაცია; **information office** tsnobata biuro ცნობათა ბიურო
**Ingush** Ingushi ინგუში
**initial** tavdap'irveli თავდაპირველი
**injure** dashaveba დაშავება
**injured** dashavebuli დაშავებული
**ink** melani მელანი
**inner tube** (saburavis shida) k'amera (საბურავის შიდა) კამერა
**innocent** utsodweli უცოდველი
**insane** gizhi გიჟი
**inscription** ts'arts'era წარწერა
**insect** mts'eri მწერი
**insecticide** insekt'itsidi ინსექტიციდი
**instead** natsvlad ნაცვლად; **instead of...** ...natsvlad ...ნაცვლად
**institute** inst'it'ut'i ინსტიტუტი
**insurance** dazghweva დაზღვევა; **medical insurance** sameditsino dazghweva სამედიცინო დაზღვევა; **insurance policy** sadazghwevo p'olisi სადაზღვევო პოლისი
**insured** dazghweuli დაზღვეული; **my possessions are insured** chemi koneba dazghweuli a ჩემი ქონება დაზღვეულია
**intend** ganzrakhwa განზრახვა
**interest** int'eresi ინტერესი
**interesting** saint'ereso საინტერესო
**interior** shida შიდა
**internally displaced person** idzulebit gadaadgilebeli p'iri იძულებით გადაადგილებელი პირი
**international** საერთაშორისო; **international code** saertashoriso k'odi საერთაშორისო კოდი; **international flight** saertashoriso reisi საერთაშორისო რეისი
**internet** int'ernet'i ინტერნეტი
**interpreter** mtargmneli მთარგმნელი
**interval** shualedi შუალედი
**into** -shi -ში
**introduce** gatsnoba გაცნობა
**introduction** gatsnoba გაცნობა
**invasion** shemoseva შემოსევა; shemoch'ra შემოჭრა
**invention** gamogoneba გამოგონება
**inventor** gamomgonebeli გამომგონებელი
**investigate** gamok'vleva გამოკვლევა; gamodzieba გამოძიება
**invitation** mosats'wevi barati მოსაწვევი ბარათი
**invite** mots'weva მოწვევა
**Ireland** Irlandia ირლანდია
**Irish** Irlandiuri ირლანდიური
**Irishman/Irishwoman** Irlandieli ირლანდიელი

iron

**iron** rk'ina რკინა; *for clothes* უთო
**irritated** gaghizianebuli გაღიზიანებული; **I am irritated** me gaghizianebuli var მე გაღიზიანებული ვარ
**Islam** Islami ისლამი
**Israel** Israeli ისრაელი
**Israeli** *person* Israeleli ისრაელელი; *thing* Israeluri ისრაელური
**it** is ის
**Italian** *person* It'alieli იტალიელი; *thing* It'aliuri იტალიური
**Italy** It'alia იტალია
**itch: I have an itch** me-kaveba მექავება
**its** misi მისი; tavisi თავისი
**itself** twiton თვითონ

## J

**jack** mankanis asats'evi მანქანის ასაწევი; domk'rat'i დომკრატი
**jacket** p'ijak'i პიჯაკი; ჟაკეტი zhak'et'i
**jade** neprit'i ნეფრიტი
**January** Ianvari იანვარი
**Japan** Iap'onia იაპონია
**Japanese** *person* Iap'oneli იაპონელი; *thing* Iap'onuri იაპონური
**jaw** qba ყბა
**jazz** jazi ჯაზი
**jeans** jinsi ჯინსი
**jewelry** samk'auli სამკაული
**Jewish** *person* Ebraeli ებრაელი; *thing* Ebrauli ებრაული
**job** sakme საქმე; samushao სამუშაო
**joke** khumroba ხუმრობა
**journalist** zhurnalist'i ჟურნალისტი
**Judaism** Iudaizmi იუდაიზმი
**judge** mosamartle მოსამართლე
**July** Ivlisi ივლისი
**jump** kht'oma ხტომა; kht'unva ხტუნვა; **can you jump start the car?** shegidzliat moats'wet mankanas? შეგიძლიათ მოაწვეთ მანქანას?
**June** Ivnisi ივნისი
**junior** umtsrosi უმცროსი
**just as** iseve ისევე
**justice** iust'itsia იუსტიცია; martlmsajuleba მართლმსაჯულება

## K

**Kabardian** Qabardoeli ყაბარდოელი
**Kakheti** K'akheti კახეთი
**Kalmuk** Qalmukhi ყალმუხი
**Karachai** Qarachaeli ყარაჩაელი
**Kartli** Kartli ქართლი
**Kazbek** Qazbegi ყაზბეგი
**kebab** mts'wadi მწვადი; kababi ქაბაბი
**keep** shenakhwa შენახვა
**ketchup** k'echup'i კეჩუპი; t'qemali ტყემალი
**kettle** chaidani ჩაიდანი
**key** gasaghebi გასაღები
**kidnap** gat'atseba გატაცება
**kidney** tirk'meli თირკმელი
**kilim** khalicha ხალიჩა
**kilogram** k'ilogrami კილოგრამი; k'ilo კილო
**kilometer** k'ilomet'ri კილომეტრი
**kill** mok'vla მოკვლა
**killer** mk'vleli მკვლელი
**kind** *adjective* k'etili კეთილი; *noun* gwari გვარი; **what kind?** rogori? როგორი?
**king** mepe მეფე
**kiosk** jikhuri ჯიხური; k'iosk'i კიოსკი

**kiss** k'otsna კოცნა
**kitchen** samzareulo სამზარეულო
**knee** mukhli მუხლი
**kneel** dachokeba დაჩოქება
**knife** dana დანა
**knock** k'ak'uni კაკუნი
**know** tsnoba ცნობა; tsodna ცოდნა; **I don't know** me ar vitsi მე არ ვიცი; **I know** me vitsi მე ვიცი; **do you know him/her?** itsnob? იცნობ?
**knowledge** tsodna ცოდნა
**known: well-known** tsnobili ცნობილი
**Kumyk** Qumukhi ყუმუხი
**Kurd** Kurti ქურთი

## L

**lack** nak'leboba ნაკლებობა
**ladder** k'ibe კიბე
**lake** t'ba ტბა
**lamb** bat'k'ani ბატკანი
**lamp** lamp'a ლამპა; natura ნათურა
**landslide** mets'qeri მეწყერი
**language** ena ენა
**lap** mukhli მუხლი
**laptop computer** p'ort'at'iuli k'omp'iut'eri პორტატიული კომპიუტერი
**large** didi დიდი; **larger** upro didi უფრო დიდი
**last** *adjective* bolo ბოლო; gasuli გასული; uk'anask'neli უკანასკნელი
**late** gwian გვიან; **to be late** dagwianeba დაგვიანება
**laugh** gatsineba გაცინება
**laundry** retskhwa რეცხვა; saretskhi სარეცხი; **laundry service** samretskhao სამრეცხაო
**law** k'anoni კანონი; **law court** dabali inst'antsiis sasamartlo დაბალი ინსტანციის სასამართლო
**lawyer** iurist'i იურისტი
**lay** dadeba დადება
**Laz** Lazi ლაზი
**lead** *verb* ts'aqwana წაყვანა
**leader** lideri ლიდერი; khelmdzghwaneli ხელმძღვანელი
**leaf** potoli ფოთოლი
**leak** (ga)zhonva (გა)ჟონვა
**lean** *verb* daqrdnoba დაყრდნობა
**leap** kht'oma ხტომა
**learn** sts'avla სწავლა
**leather** t'qavi ტყავი
**leave** dat'oveba დატოვება
**lecture** lektsia ლექცია
**left** martskhena მარცხენა; martskhniv მარცხნივ; **left-wing** memartskhene მემარცხენე
**leg** pekhi ფეხი
**legend** legenda ლეგენდა
**lemon** limoni ლიმონი
**lend** seskheba სესხება
**lengthen** dagrdzeleba დაგრძელება
**lens** linza ლინზა; **contact lenses** k'ont'akt'linzebi კონტაქტლინზები
**Lent** Didmarkhwa დიდმარხვა
**less** nak'lebi ნაკლები
**lesson** gak'vetili გაკვეთილი
**letter** ts'erili წერილი
**level** *adjective* sts'ori სწორი; *noun* done დონე
**lever** sadave სადავე
**Lezgi** Lezgi(ni) ლეზგი(ნი)
**liberation** gantavisupleba განთავისუფლება
**library** bibliotek'a ბიბლიოთეკა
**lie** *noun* t'quili ტყუილი; *verb* t'quilis tkma ტყუილის თქმა; **lie (down)** dats'ola დაწოლა
**life** sitsotskhle სიცოცხლე; tskhovreba ცხოვრება
**lift** *elevator* lipt'i ლიფტი; *verb* asvla ასვლა
**light** *not dark* nateli ნათელი;

# lighter

*not heavy* msubuki მსუბუქი;
*noun* sinatle სინათლე; *verb*
ganateba განათება; **light a
fire** tsetskhlis danteba
ცეცხლის დანთება; **do you
have a light?** asanti khom ar
g-akvt? ასანთი ხომ არ
გაქვთ?; **light bulb** natura
ნათურა; **light meter**
eksp'ozimet'ri ექსპოზი-
მეტრი
**lighter** santebela სანთებელა
**lighting** ganateba განათება
**lightning** elva ელვა; **lightning
bolt** mekhi მეხი; **there is
lightning** elavs ელავს
**like** msgavsad მსგავსად; **like
that** msgavsad imisa
მსგავსად იმისა; **like this**
msgavsad amisa მსგავსად
ამისა; *verb* **I like** me
momts'ons მე მომწონს; **I
don't like** me ar momts'ons
მე არ მომწონს; **I'd like...**
me mi-nda... მე მინდა...
**likely: it is likely** shesadzlebelia
შესაძლებელია
**limb** k'idurebi კიდურები
**limit** zghwari ზღვარი
**linguist** enatmetsnieri ენათმეც-
ნიერი
**linguistics** enatmetsniereba
ენათმეცნიერება
**lip** t'uchi ტუჩი
**lipstick** p'omada პომადა
**list** sia სია
**listen (to)** mosmena მოსმენა
**liter** lit'ri ლიტრი
**literature** lit'erat'ura ლიტერ-
ატურა
**little** p'at'ara პატარა; **a little bit**
tsot'a ცოტა
**live** *adjective* p'irdap'iri პირ-
დაპირი
**live** *verb* tskhovreba ცხოვრება
**liver** ghwidzli ღვიძლი

**lizard** khvlik'i ხვლიკი
**local** adgilobrivi ადგილობრივი
**locate** ganlageba განლაგება
**locomotive** lok'omot'ivi ლოკო-
მოტივი
**long** grdzeli გრძელი
**look** shekhedwa შეხედვა; **look
for** dzebna ძებნა
**loose change** khurda (puli)
ხურდა (ფული)
**lose** dak'argwa დაკარგვა; **I
have lost my key** gasaghebi
da-v-k'arge გასაღები და-
ვკარგე
**lost: I am lost** gza amebna გზა
ამებნა
**lot; a lot** bevri ბევრი
**loud** khmamaghali ხმამაღალი
**loudly** khmamaghla ხმამაღლა
**louse** t'ili ტილი; mk'benari
მკბენარი
**love** *noun* siqwaruli სიყ-
ვარული; **I love** mi-qwars
მიყვარს
**low** dabali დაბალი
**low blood pressure** dabali ts'ne-
va დაბალი წნევა
**LP** pirpit'a ფირფიტა
**lunch** *noun* sauzme საუზმე;
*verb* sauzmoba საუზმობა
**lung** pilt'wi ფილტვი

# M

**machine** charkhi ჩარხი; მან-
ქანა mankana
**machine gun** t'qwiamprkwevi
ტყვიამფრქვევი
**mafia** mapia მაფია
**magazine** zhurnali ჟურნალი
**magnetic** magnit'uri მაგნიტური
**mail** post'a ფოსტა
**mailbox** sapost'o quti საფოსტო
ყუთი
**main** mtavari მთავარი; dzirita-
di ძირითადი; **main square**

mtavari moedani მთავარი მოედანი
**maize** simindi სიმინდი
**majority** umravlesoba უმრავლესობა
**make** k'eteba კეთება
**make-up** mak'iazhi მაკიაჟი
**male** *noun* mamrobiti მამრობითი
**mammal** dzudzumts'ovara ძუძუმწოვარა
**man** k'atsi კაცი
**manager** menejeri მენეჯერი
**manual worker** musha მუშა
**many** bevri ბევრი; **how many?** ramdeni? რამდენი?
**map** ruk'a რუკა
**March** Mart'i მარტი
**mare** ch'ak'i tskheni ჭაკი ცხენი
**marital status** ojakhuri mdgomareoba ოჯახური მდგომარეობა
**market** bazari ბაზარი; bazroba ბაზრობა
**marriage** korts'ili ქორწილი
**married** *female* gatkhovili გათხოვილი; *male* tsoliani ცოლიანი
**marsh** ch'aobi ჭაობი
**martyrdom** ts'ameba წამება
**mascara** t'ushi ტუში
**master** ost'at'i ოსტატი; khelosani ხელოსანი;
**match** *football* mat'chi მატჩი
**matches** asanti ასანთი
**material** masala მასალა
**mathematics** matemat'ik'a მათემატიკა
**matter** sakme საქმე; **it doesn't matter** araperi a არაფერია; ara ushavs არა უშავს; nu ghelavt ნუ ღელავთ
**mattress** leibi ლეიბი
**mausoleum** mavzoleumi მავზოლეუმი
**May** Maisi მაისი
**may I?** shemidzlia? შემიძლია?
**maybe** ikneba იქნება; shesadzloa შესაძლოა
**me** me მე
**meal** sach'meli საჭმელი
**mean** *verb* nishnavs ნიშნავს
**measure** *verb* gazomva გაზომვა; **measures** sazomebi საზომები
**meat** khortsi ხორცი
**mechanic** mekanik'osi მექანიკოსი
**media** media მედია
**medical** sameditsino სამედიცინო; **medical insurance** sameditsino dazghweva სამედიცინო დაზღვევა
**medication** mk'urnaloba მკურნალობა; ts'amali წამალი
**meet** shekhwedra შეხვედრა
**meeting** k'reba კრება; skhdoma სხდომა
**Megrelia** samegrelo სამეგრელო
**Megrelian** *person* Megreli მეგრელი; *thing* Megruli მეგრული
**melon** nesvi ნესვი
**member** ts'evri წევრი
**memory** khsovna ხსოვნა; mekhsiereba მეხსიერება
**menthol** mentoli მენთოლი
**menu** meniu მენიუ
**mercenary** dakiravebuli დაქირავებული
**message** tsnoba ცნობა
**metal** met'ali მეტალი
**meter** met'ri მეტრი
**microscope** mik'rosk'op'i მიკროსკოპი
**middle** sashualo საშუალო; **in the middle** shua-shi შუაში
**midnight** shuaghame შუაღამე
**midsummer** zapkhulis nabuniaoba ზაფხულის ნაბუნიაობა
**midwife** meani მეანი

# midwinter

**midwinter** zamtris nabuniaoba ზამთრის ნაბუნიაობა

**mild** sust'i სუსტი; **mild winter** rbili zamtari რბილი ზამთარი

**mile** mili მილი

**milk** rdze რძე

**mill** pkwa ფქვა; ts'iskwili წისქვილი

**millet** pet'wi ფეტვი

**million** milioni მილიონი

**mine** *adjective* chemi ჩემი; *noun* sabado საბადო; *explosive* naghmi ნაღმი

**miner** meshakht'e მეშახტე

**mineral** minerali მინერალი; **mineral water** mineraluri ts'qali მინერალური წყალი

**Mingrelia** Samegrelo სამეგრელო

**Mingrelian** *person* Megreli მეგრელი; *thing* Megruli მეგრული

**minister** minist'ri მინისტრი

**ministry** saminist'ro სამინისტრო; **Ministry of Agriculture** Soplis Meurneobis Saminist'ro სოფლის მეურნეობის სამინისტრო; **Ministry of Defense** Tavdatswis Saminist'ro თავდაცვის სამინისტრო; **Ministry of Education** Ganatlebis Saminist'ro განათლების სამინისტრო; **Ministry of Foreign Affairs** Sagareo Sakmeta Saminist'ro საგარეო საქმეთა სამინისტრო; **Ministry of Health** Jandatswis Saminist'ro ჯანდაცვის სამინისტრო; **Ministry of Home Affairs** Shinagan Sakmeta Saminist'ro შინაგან საქმეთა სამინისტრო; **Ministry of Justice** Iust'itsiis Sami-

nist'ro იუსტიციის სამინისტრო; **Ministry of Transport** T'ransp'ort'is Saminist'ro ტრანსპორტის სამინისტრო

**minority** umtsiresoba უმცირესობა

**minute** *adjective* mtsire მცირე

**minute** *noun* ts'uti წუთი

**miracle** sasts'auli სასწაული

**mirror** sark'e სარკე

**Miss** Kalbat'oni ქალბატონი

**missile** rak'et'a რაკეტა

**mist** burusi ბურუსი

**mistake** shetsdoma შეცდომა; **to make a mistake** shetsdomis dashweba შეცდომის დაშვება

**misty** burusiani ბურუსიანი

**misunderstand** tsudad gageba ცუდად გაგება

**mobile phone** mobiluri t'eleponi მობილური ტელეფონი

**model** nimushi ნიმუში

**modem** modemi მოდემი

**modern** tanamedrove თანამედროვე

**moment** ts'uti წუთი

**monarch** mepe მეფე

**monastery** monast'eri მონასტერი

**Monday** Orshabati ორშაბათი

**money** puli ფული

**monk** beri ბერი

**month** twe თვე

**monument** dzegli ძეგლი

**moon** mtware მთვარე; **full moon** savse mtware სავსე მთვარე; **new moon** akhali mtware ახალი მთვარე

**more** upro უფრო; met'i მეტი; **more or less** met'nak'lebad მეტ-ნაკლებად

**morning** dila დილა; **in the morning** dilit დილით; **good**

**morning!** dila mshwidobisa! დილა მშვიდობისა!
**mosque** mecheti მეჩეთი
**mosquito** k'ogho კოღო
**most** qwelaze ყველაზე; upro უფრო
**mother** deda დედა
**motorbike** mot'otsik'let'i მოტოციკლეტი
**mountain** mta მთა
**Mountain Jew** Mtieli Ebraeli მთიელი ებრაელი
**mountain pass** ughelt'ekhili უღელტეხილი
**mouse** tagwi თაგვი
**moustache** ulvashi ულვაში
**mouth** p'iri პირი
**mouthwash** (p'iris) savlebi (პირის) სავლები
**move** modzraoba მოძრაობა
**movie** k'inopilmi კინოფილმი
**Mr.** Bat'oni ბატონი
**Mrs.; Ms.** Kalbat'oni ქალბატონი
**much** bevri ბევრი; **not much** tsot'a ცოტა; **too much** dzalian bevri ძალიან ბევრი; **how much?** ramdeni? რამდენი?; **how much is it?** ra ghirs? რა ღირს?
**mud** t'alakhi ტალახი
**mule** jori ჯორი
**murder** *noun* mk'vleloba მკვლელობა; *verb* mok'vla მოკვლა
**murderer** mk'vleli მკვლელი
**murky** moghrubluli მოღრუბლული
**museum** muzeumi მუზეუმი
**music** musik'a მუსიკა
**Muslim** Musulmani მუსულმანი; Mahmadiani მაჰმადიანი
**must** unda უნდა
**mustard** mdogwi მდოგვი
**my** chemi ჩემი
**myself** me twiton მე თვითონ

## N

**nail** lursmani ლურსმანი; *finger* prchkhili ფრჩხილი; **nail-clippers** prchkhilebis sach'reli ფრჩხილების საჭრელი; **nail-file** prchkhilebis klibi ფრჩხილების ქლიბი
**name** sakheli სახელი; **my name is ...** me m-kwia ... მე მქვია ...; **what's your name?** ra g-kwiat? რა გქვიათ?; **my name is Fred** me m-kwia Predi მე მქვია ფრედი
**napkin** khelsakhotsi ხელსახოცი
**narrow** vits'ro ვიწრო
**nation** eri ერი
**nationality** erovneba ეროვნება
**natural** bunebrivi ბუნებრივი; **natural disaster** st'ikiuri ubedureba სტიქიური უბედურება
**nature** buneba ბუნება
**navy** samkhedro sazghwao plot'i სამხედრო საზღვაო ფლოტი
**near** akhlos ახლოს
**nearly** titkmis თითქმის
**necessary** sach'iro საჭირო; autsilebeli აუცილებელი; **it's necessary** es sach'iro a ეს საჭიროა
**neck** k'iseri კისერი
**necklace** qelsabami ყელსაბამი
**necktie** halst'ukhi ჰალსტუხი
**need** sach'iroeba საჭიროება; **I need** me mi-nda მე მინდა; **needs** sach'iroebani საჭიროებანი
**needle** nemsi ნემსი
**negotiator** momlap'arak'ebeli მომლაპარაკებელი
**neighbor** mezobeli მეზობელი
**neither ... nor** arts ... arts არც ... არც

# nerve

nerve nervi ნერვი

net bade ბადე

neutral gear tavisupali/neitraluri sichkare თავისუფალი/ნეიტრალური სიჩქარე

never arasodes არასოდეს

new akhali ახალი; **new moon** akhali mtware ახალი მთვარე; **New Year** Akhali ts'el ახალი წელი

**New Zealand** Akhali Zelandia ახალი ზელანდია

news ambavi ამბავი; akhali ambebi ახალი ამბები; **news agency** akhali ambebis saagent'o ახალი ამბების სააგენტო

**newsdealer** zhurnal-gazetebis gamqidweli ჟურნალ-გაზეთების გამყიდველი

newspaper gazeti გაზეთი

next shemdegi შემდეგი; **next week** shemdegi k'wira შემდეგი კვირა; **next to** gwerdit გვერდით

**NGO (non-governmental organization)** ara-samtavrobo organizatsia არა-სამთავრობო ორგანიზაცია

nice k'argi კარგი

night ghame ღამე; **good night!** dzili nebisa! ძილი ნებისა!; **yesterday night** gushin ghame გუშინ ღამე

nightclub ghamis k'lubi ღამის კლუბი

nine tskhra ცხრა

nineteen tskhramet'i ცხრამეტი

ninety otkhmotsdaati ოთხმოცდაათი

no ara არა; **no sugar, please** ushakrod, tu sheidzleba უშაქროდ, თუ შეიძლება; **no entry** shesvla ak'rdzalulia შესვლა აკრძალულია; **no smoking** mots'eva ak'rdzalu-

lia მოწევა აკრძალულია

**no one; nobody** aravin არავინ

**Nogai** Noghaeli ნოღაელი

noise khmauri ხმაური

noisy khmauriani ხმაურიანი

noon shuadghe შუადღე

nor: neither ... nor arts ... arts არც ... არც

normal normaluri ნორმალური

north *noun* chrdiloeti ჩრდილოეთი

northern chrdiloet ჩრდილოეთ

**Northern Ireland** Chrdiloet Irlandia ჩრდილოეთ ირლანდია

nose tskhwiri ცხვირი

not ar არ; **do not/don't...** nu... ნუ...; **not enough** arasak'marisi არასაკმარისი

notebook rveuli რვეული

nothing araperi არაფერი

nought nuli ნული

noun sakheli სახელი

novel romani რომანი

November Noemberi ნოემბერი

now akhla ახლა

nowhere arsad არსად

number nomeri ნომერი

nun monazoni მონაზონი

nurse ektani ექთანი

nut k'ak'ali კაკალი; tkhili თხილი

# O

oak mukha მუხა

obligation movaleoba მოვალეობა

oblique dakhrili დახრილი

observer damk'wirvebeli დამკვირვებელი

occasion shemtkhweva შემთხვევა

occupation *job* samsakhuri სამსახური; *of a country*

dap'qroba დაპყრობა
**occupying forces** damp'qrobeli jarebi დამპყრობელი ჯარები
**occur** shemtkhveva შემთხვევა
**October** Okt'omberi ოქტომბერი
**office** opisi ოფისი; samsakhuri სამსახური; **office worker** opisis tanamshromeli ოფისის თანამშრომელი; opisis mushak'i ოფისის მუშაკი
**officer** opitseri ოფიცერი
**often** khshirad ხშირად
**oil** zeti ზეთი; navtobi ნავთობი; **oil can** zetis kila ზეთის ქილა; **oil pipeline** navtobsadeni ნავთობსადენი; **oil refinery** navtobis gadamamushavebeli karkhana ნავთობის გადამამუშავებელი ქარხანა
**old** dzweli ძველი; **how old are you?** ramdeni ts'lis khart? რამდენი წლის ხართ?; **I am ... years old** me var ... ts'lis მე ვარ ... წლის; **old city** dzweli kalaki ძველი ქალაქი
**on** -shi -ში; -ze -ზე; **on time** droze დროზე
**once** ertkhel ერთხელ
**one** erti ერთი
**one-way: one-way street** tsalmkhrivi modzraoba ცალმხრივი მოძრაობა; **one-way ticket** bileti erti mimartulebit ბილეთი ერთი მიმართულებით
**only** mkholod მხოლოდ
**onto** -ze -ზე
**open** *adjective* ghia ღია; *verb* gagheba გაღება
**opera; opera house** op'era ოპერა
**operating theater** saop'eratsio საოპერაციო
**operation** *surgical* kirurgiuli op'eratsia ქირურგიული ოპერაცია
**operator** op'erat'ori ოპერატორი
**opposite** *noun* ts'inaaghmdegoba წინააღმდეგობა; *preposition* ...p'irdap'ir ...პირდაპირ; ...ts'inashe ...წინაშე
**opposition** op'ozitsia ოპოზიცია
**or** anu ანუ; tu თუ
**orange** *fruit* portokhali ფორთოხალი; *color* narinjisperi ნარინჯისფერი
**orchard** khekhilis baghi ხეხილის ბაღი
**order** *noun* brdzaneba ბრძანება; *verb* dak'weta დაკვეთა; *to give an order* brdzaneba ბრძანება; *ordering a meal* **may I order now?** sheidzleba she-v-uk'weto? შეიძლება შევუკვეთო?
**ordinary** chweulebrivi ჩვეულებრივი
**origin** ts'armoshoba წარმოშობა
**original** tavdap'irveli თავდაპირველი
**orphan** oboli ობოლი
**Orthodox** Martlmadidebeli მართლმადიდებელი
**Ossete** Osi ოსი
**Ossetia** Oseti ოსეთი; **South Ossetia** Samkhret Oseti სამხრეთ ოსეთი
**other** skhwa სხვა
**ounce** untsia უნცია
**our; ours** chweni ჩვენი
**ourselves** chwen twiton ჩვენ თვითონ
**out** garet გარეთ
**outside** *adverb* garet გარეთ
**overcoat** kurki ქურქი
**overturn** gadat'rialeba გადატრიალება

**owl** bu ბუ

**own** *adjective* sak'utari საკუთარი; *verb* ploba ფლობა

**oxygen** zhangbadi ჟანგბადი

# P

**package** p'ak'et'i პაკეტი; **a packet of cigarettes** k'olopi sigaret'i კოლოფი სიგარეტი

**padlock** k'lit'e კლიტე

**pain** t'k'ivili ტკივილი; **I have a pain** me mt'k'iva მე მტკივა

**painkiller** t'k'ivilgamaquchebeli ტკივილგამაყუჩებელი

**paint** *noun* saghebavi საღებავი; *verb: walls* ghebwa ღებვა; *paintings* khat'wa ხატვა

**painter** *artist* mkhat'wari მხატვარი; *craftsman* mghebavi მღებავი

**painting** mkhat'vroba მხატვრობა; perts'era ფერწერა

**palace** sasakhle სასახლე

**pale** permk'rtali ფერმკრთალი

**paper** *substance* kaghaldi ქაღალდი; *newspaper* gazeti გაზეთი; *article* st'at'ia სტატია; **a piece of paper** purtseli ფურცელი

**parachute** p'arashut'i პარაშუტი

**paradise** samotkhe სამოთხე

**parcel** amanati ამანათი

**parents** mshoblebi მშობლები

**park** *noun* baghi ბაღი; p'ark'i პარკი; *verb* **can I park here?** shidzleba ak mankanis gachereba? შიძლება აქ მანქანის გაჩერება?

**parliament** p'arlament'i პარლამენტი; **parliament building** p'arlament'is shenoba პარლამენტის შენობა

**part** nats'ili ნაწილი

**participate** monats'ileoba მონაწილეობა

**partridge** k'ak'abi კაკაბი

**party** ts'weuleba წვეულება; *political* p'art'ia პარტია

**pass** *see* **mountain pass**

**passable: is the road passable?** gza aris? გზა არის?

**passenger** mgzavri მგზავრი

**passport** p'asp'ort'i პასპორტი; **passport number** p'asp'ort'is nomeri პასპორტის ნომერი

**past** *adjective* gasuli გასული; *noun* ts'arsuli წარსული

**pasta** p'ast'a პასტა

**path** bilik'i ბილიკი

**patient** *medical* avadmqopi ავადმყოფი

**patriarch** p'at'riarki პატრიარქი

**pay** *noun* gadasakhadi გადასახადი; *verb* gadakhda გადახდა

**peace** mshwidoba მშვიდობა; **peace talks** samshwidobo molap'arak'ebebi სამშვიდობო მოლაპარაკებები; **peace-keeping troops** samshwidobo jarebi სამშვიდობო ჯარები

**peach** at'ami ატამი

**peak** mts'wervali მწვერვალი; p'ik'i პიკი

**pear** mskhali მსხალი

**pearl** margalit'i მარგალიტი

**peasant** glekhi გლეხი

**pediatrician** p'ediat'ri პედიატრი

**pelvis** menji მენჯი

**pen** k'alami კალამი

**pencil** pankari ფანქარი

**penicillin** p'enitsilini პენიცილინი

**penknife** jaqwa ჯაყვა

**people** khalkhi ხალხი

**pepper** *black* p'ilp'ili პილპილი; *red/green* ts'its'ak'a წიწაკა

**perform** ts'armodgena წარმოდგენა

**performance** ts'armodgena

polite

წარმოდგენა
**perfume** sunamo სუნამო
**perhaps** ikneb იქნებ; shesadzloa შესაძლოა
**period** khana ხანა; p'eriodi პერიოდი
**Persian** *person* Sp'arsi სპარსი; *thing* Sp'arsuli სპარსული
**person** adamiani ადამიანი; p'iri პირი
**personal** p'iradi პირადი; p'irovnuli პიროვნული
**petrol** benzini ბენზინი
**petroleum** navtobi ნავთობი
**pharmacy** aptiaki აფთიაქი
**phone** *noun* t'eleponi ტელეფონი; *verb* t'eleponit darek'wa ტელეფონით დარეკვა
**phonetics** ponet'ik'a ფონეტიკა
**photo** pot'o ფოტო; pot'osurati ფოტოსურათი
**photocopier** kseroksi ქსეროქსი
**photocopy** pot'ok'op'ia ფოტოკოპია; kseroksi ქსეროქსი
**photography** pot'ograpia ფოტოგრაფია
**physics** pizik'a ფიზიკა
**physiotherapy** pizioterap'ia ფიზიოთერაპია
**piano** p'ianino პიანინო
**pickax** ts'erakwi წერაქვი
**picture** surati სურათი
**pig** ghori ღორი
**pilgrim** p'ilgrimi პილგრიმი
**pilot** mprinavi მფრინავი
**pill** abi აბი
**pillow** balishi ბალიში
**pin** kindzistavi ქინძისთავი; **pins and needles** dabuzhebuli დაბუჟებული
**pink** vardisperi ვარდისფერი
**pipe** *tube* mili მილი; *smoking* chibukhi ჩიბუხი
**piste** sasrialo perdobi სასრიალო ფერდობი
**pistol** p'ist'olet'i პისტოლეტი
**pitch** k'up'ri კუპრი
**place** adgili ადგილი; **place of birth** dabadebis adgili დაბადების ადგილი
**plain** *noun* vak'e ვაკე; veli ველი
**plane** twitmprinavi თვითმფრინავი
**plank** pitsari ფიცარი
**plant** mtsenare მცენარე; nargavi ნარგავი
**planting** dargwa დარგვა
**plastic** p'last'masi პლასტმასი
**plate** tepshi თეფში
**platform** bakani ბაქანი; **platform number** bakanis nomeri ბაქანის ნომერი
**play** *noun: theater* p'iesa პიესა; dadgma დადგმა; *verb* tamashi თამაში; *musical instrument* dak'vra დაკვრა
**please** tu sheidzleba თუ შეიძლება; getaqwa გეთაყვა
**pleasure** siamovneba სიამოვნება
**plow** *noun* gutani გუთანი; *verb* khvna ხვნა
**plug** elekt'ro chasartweli ელექტრო ჩასართველი
**plum** kliavi ქლიავი; **sour plum** t'qemali ტყემალი
**p.m.** saghamos საღამოს
**pocket** jibe ჯიბე
**podium** k'atedra კათედრა
**poem** leksi ლექსი; p'oema პოემა
**poet** p'oet'i პოეტი
**police** p'olitsia პოლიცია; militsia მილიცია; **police station** p'olitsia პოლიცია; **police station** p'olitsiis ganqopileba პოლიციის განყოფილება
**policeman** p'olitsieli პოლიციელი
**polite** tavaziani თავაზიანი; zrdilobiani ზრდილობიანი

political

**political** p'olit'ik'uri პოლიტიკური; **political economy** p'olit'ek'onomia პოლიტეკონომია; **political scientist** p'olit'ik'uri metsnieri პოლიტიკური მეცნიერი
**politician** p'olit'ik'osi პოლიტიკოსი
**politics** p'olit'ik'a პოლიტიკა
**pony** p'oni პონი
**poor** gharibi ღარიბი
**population** mosakhleoba მოსახლეობა
**pork** ghoris khortsi ღორის ხორცი
**portable TV** samgzavro t'elevizori სამგზავრო ტელევიზორი
**portion** nats'ili ნაწილი
**portrait** p'ort'ret'i პორტრეტი
**possible** shesadzlebeli შესაძლებელი; **if possible** tu sheidzleba თუ შეიძლება
**post office** post'a ფოსტა
**postcard** sapost'o/ghia barati საფოსტო/ღია ბარათი
**potato** k'art'opili კარტოფილი
**pottery** tikhis nak'etobani თიხის ნაკეთობანი
**pound** *money* punt'i ფუნტი; *weight* girvanka გირვანქა
**pour** daskhma დასხმა; **pour out** gadaskhma გადასხმა
**P.O.W.** samkhedro t'qwe სამხედრო ტყვე; **P.O.W. camp** t'qweebis banak'i; t'qweta banak'i ტყვეების ბანაკი; ტყვეთა ბანაკი
**powder** p'udri პუდრი; perumarili ფერუმარილი
**power** *political* khelisupleba ხელისუფლება
**praise** keba ქება
**precise** zust'i ზუსტი
**prefer** up'irat'esobis mitsema უპირატესობის მიცემა; **I prefer** me mirchevnia მე მირჩევნია
**pregnant: I'm pregnant** me pekhmdzimed/orsulad var მე ფეხმძიმედ/ორსულად ვარ
**premier** p'remieri პრემიერი
**prepare** mzadeba მზადება
**present** *adjective* damsts're დამსწრე; *noun* ats'mqo dro აწმყო დრო; *gift* sachukari საჩუქარი; *verb* ts'armodgena წარმოდგენა
**preserve** shenakhwa შენახვა
**president** p'rezident'i პრეზიდენტი
**presidential guard** sap'rezident'o datswa საპრეზიდენტო დაცვა
**pressure** ts'neva წნევა; **high blood pressure** maghali ts'neva წნევა; **low blood pressure** dabali ts'neva დაბალი წნევა
**previously** ts'inat წინათ
**price** pasi ფასი
**pride** siamaqe სიამაყე
**priest** mghvdeli მღვდელი
**prime minister** p'remier minist'ri პრემიერ მინისტრი
**principle** p'rintsip'i პრინცი პი
**print** dabech'dwa დაბეჭდვა
**printer** p'rint'eri პრინტერი
**printer's** st'amba სტამბა
**prison** tsikhe ციხე
**prisoner** p'at'imari პატიმარი
**prisoner-of-war** t'qwe ტყვე
**prize** jildo ჯილდო
**probable** mosalodneli მოსალოდნელი; **it is probable** shesadzlebelia შესაძლებელია
**probably** albat ალბათ
**problem** p'roblema პრობლემა; **no problem!** araperi a! არაფერია!
**product** nats'armi ნაწარმი; p'rodukt'i პროდუქტი

**profession** p'ropesia პროფესია
**professional** p'ropesiuli პროფესიული
**professor** p'ropesori პროფესორი
**program** p'rograma პროგრამა; **radio program** radio-gadatsema რადიო-გადაცემა
**projector** p'roekt'ori პროექტორი
**pronounce** gamotkma გამოთქმა
**proof** sabuti საბუთი
**prosthesis** p'rotezi პროთეზი
**protect** datswa დაცვა
**protection** datswa დაცვა
**protest** *noun* p'rot'est'i პროტესტი; *verb* p'rot'est'is gamotskhadeba პროტესტის გამოცხადება
**proud** amaqi ამაყი
**prove** mt'k'itseba მტკიცება
**proverb** andaza ანდაზა
**pub** ludis bari ლუდის ბარი; ludkhana ლუდხანა
**public phone** t'aksoponi ტაქსოფონი; t'elepon-avt'omat'i ტელეფონ-ავტომატი
**publish** gamokweqneba გამოქვეყნება
**publishing house** gamomtsemloba გამომცემლობა
**pull** gats'eva გაწევა
**pump** *noun* t'umbo ტუმბო; *verb* t'umboti amokachwa ტუმბოთი ამოქაჩვა
**puncture: I have a puncture** mankanis saburavi daeshwa/gask'da მანქანის საბურავი დაეშვა/გასკდა
**punish** dasja დასჯა
**pupil** mots'ape მოწაფე; mots'avle მოწავლე
**purple** mets'amuli მეწამული
**put** dadeba დადება; **put on** chatsma ჩაცმა

## Q

**quarter** meotkhedi მეოთხედი
**quartet** k'vart'et'i კვარტეტი
**queen** dedopali დედოფალი
**question** k'itkhwa კითხვა; sak'itkhi საკითხი
**quick** chkari ჩქარი; sts'rapi სწრაფი
**quickly** chkara ჩქარა; sts'rapad სწრაფად
**quiet** *adjective* mshwidi მშვიდი
**quietly** mshwidad მშვიდად
**quit** tavis danebeba თავის დანებება
**Quran** Qurani ყურანი

## R

**rabbit** k'urdgheli კურდღელი; botsveri ბოცვერი
**rabies** tsopi ცოფი
**radar** radari რადარი
**radiator** radiat'ori რადიატორი
**radio** radio რადიო; **radio broadcast/program** radio-gadatsema რადიო-გადაცემა; **radio station** radio-sadguri რადიო-სადგური
**railway** rk'inigza რკინიგზა; **railway station** rk'inigzis sadguri რკინიგზის სადგური
**rain** ts'wima წვიმა; **it is raining** ts'wims წვიმს
**raise** aghzrda აღზრდა
**ram** erk'emali ერკემალი
**Ramadan** Ramadani რამადანი
**range** kedi ქედი
**rape** gaup'at'iureba გაუპატიურება
**rapid** chkari ჩქარი
**rapidly** chkara ჩქარა
**rat** virtkha ვირთხა; virtagwa ვირთაგვა
**rate** k'ursi კურსი; **what is the exchange rate?** ra aris gatsvlis k'ursi? რა არის გაცვლის კურსი?

ravine

**ravine** kheoba ხეობა
**raw** nedli ნედლი
**razor** samartebeli სამართებელი
**razorblade** ts'veris sap'arsi წვერის საპარსი
**read** ts'ak'itkhwa წაკითხვა
**reading** k'itkhwa კითხვა
**ready** mzad მზად; momzadebuli მომზადებული; **I am ready** me mzad var მე მზად ვარ
**real** namdwili ნამდვილი
**realize: I didn't realize anything was wrong** ver mi-v-khvdi raime tsudi tu khdeboda ვერ მივხვდი რაიმე ცუდი თუ ხდებოდა
**reality** sinamdwile სინამდვილე
**reaping** mk'a მკა
**reason** mizezi მიზეზი; sapudzveli საფუძველი; **for that reason** imit'om იმიტომ; **reason for travel** mogzaurobis mizani მოგზაურობის მიზანი
**rebel** *verb* ajanqeba აჯანყება
**receipt** kwitari ქვითარი; chek'i ჩეკი; angarishi ანგარიში
**receive** migheba მიღება
**recently** akhlakhan ახლახან; amas ts'inat ამას წინათ
**recognize** *someone* tsnoba ცნობა
**record** *verb* chats'era ჩაწერა
**red** ts'iteli წითელი
**Red Cross** Ts'iteli Jwari წითელი ჯვარი
**refugee** lt'olvili ლტოლვილი; **refugees** lt'olvilebi ლტოლვილები; **refugee camp** lt'olvilta banak'i ლტოლვილთა ბანაკი
**regime** rezhimi რეჟიმი
**region** raioni რაიონი; regioni რეგიონი
**registered letter/parcel** dazghweuli ts'erili/amanati დაზღვეული წერილი/ამანათი
**reign** *noun* mepoba მეფობა
**relationship** natesaoba ნათესაობა; urtiertoba ურთიერთობა
**relative** natesavi ნათესავი; **relatives** natesavebi ნათესავები
**relax** moduneba მოდუნება
**religion** religia რელიგია; sarts'munoeba სარწმუნოება
**remain** darchena დარჩენა
**remember** mogoneba მოგონება
**repair** *noun* remont'i რემონტი; *verb* shek'eteba შეკეთება
**reparation** rep'aratsia რეპარაცია; anazghaureba ანაზღაურება
**repeat** gameoreba გამეორება
**replace** shetsvla შეცვლა
**report** mokhseneba მოხსენება
**represent** ts'armodgena წარმოდგენა
**representation** ts'armodgena წარმოდგენა
**representative** ts'armomadgeneli წარმომადგენელი
**republic** resp'ublik'a რესპუბლიკა
**resemblance** msgavseba მსგავსება
**reservation: I have a reservation** shek'vetili/javshani m-akvs შეკვეთილი/ჯავშანი მაქვს
**reserve: can I reserve a place?** sheidzleba davjavshno adgili? შეიძლება დავჯავშნო ადგილი?
**rest** *noun* danarcheni დანარჩენი; **the rest of the cars** danarcheni mankanebi დანარჩენი მანქანები; *resting* dasweneba დასვენება
**restaurant** rest'orani რესტორანი

**return** dabruneba დაბრუნება; mibruneba მიბრუნება; **return ticket** bileti orive mimartulebit ბილეთი ორივე მიმართულებით
**reverse** *direction/gear* uk'ana svla უკანა სვლა
**review** retsenzia რეცენზია
**revolution** revolutsia რევოლუცია
**rice** brinji ბრინჯი
**rich** mdidari მდიდარი
**ride** mgzavroba მგზავრობა
**rifle** shashkhana შაშხანა
**right** *side* marjwena მარჯვენა; *correct* martali მართალი; **right!** sts'ori a! სწორია!; **civil rights** samokalako uplebebi სამოქალაქო უფლებები; **human rights** adamianis uplebebi სამოქალაქო უფლებები; **right-wing** memarjwene მემარჯვენე
**ring** *noun* bech'edi ბეჭედი; *verb* rek'wa რეკვა
**riot** ajanqeba აჯანყება; janqi ჯანყი
**rise** amosvla ამოსვლა
**river** mdinare მდინარე; **river bank** mdinaris nap'iri მდინარის ნაპირი
**road** gza გზა; **road map** sagzao ruk'a საგზაო რუკა
**roadblock** gadaghobili gza გადაღობილი გზა
**rob: I've been robbed** gamkurdes გამქურდეს
**robbery** dzartswa-gleja ძარცვა-გლეჯა; gadzartsva გაძარცვა; kurdoba ქურდობა
**rock** k'lde კლდე; kwa ქვა
**rock'n'roll** rok'-en-roli როკ-ენ-როლი
**roof** sakhuravi სახურავი
**room** otakhi ოთახი; **double room** oradgiliani nomeri ორადგილიანი ნომერი; **single room** ertadgiliani nomeri ერთადგილიანი ნომერი; **room number** otakhis nomeri ოთახის ნომერი; **room service** otakh-shi momsakhureba ოთახში მომსახურება
**rooster** mamali მამალი
**rope** tok'i თოკი
**rosary** k'rialosani კრიალოსანი
**rose** vardi ვარდი
**route** gza გზა
**row** *line* rigi რიგი
**royal** samepo სამეფო
**rubber** rezini რეზინი
**rubbish** nagavi ნაგავი
**ruble** rubli რუბლი
**rude** tavkhedi თავხედი; ukheshi უხეში
**rug** nokhi ნოხი
**rugby** ragbi რაგბი
**ruins** nangrevebi ნანგრევები
**ruler** *person* mmartweli მმართველი; *instrument* sakhazavi სახაზავი
**run** rbena რბენა; **run away** gaktseva გაქცევა; **I have run out of gas** benzini damimtavrda ბენზინი დამიმთავრდა
**Russia** Ruseti რუსეთი
**Russian** *person* Rusi რუსი
**Russian** *thing* Rusuli რუსული
**rust** zhangi ჟანგი

# S

**sack** *bag* p'ark'i პარკი
**sad** mots'qenili მოწყენილი
**safe** seipi სეიფი
**safety** usaprtkhoeba უსაფრთხოება; **safety pin** inglisuri kindzistavi ინგლისური ქინძისთავი

# saint

saint ts'minda წმინდა; **saint's. tomb** ts'minda samarkhebi წმინდა სამარხები

salad salata სალათა

salesperson gamqidweli გამყიდველი

salon saloni სალონი

salt marili მარილი

salty mariliani მარილიანი

samovar samovari სამოვარი

sand kwisha ქვიშა

sandwich but'erbrodi ბუტერბროდი

satellite sat'elit'i სატელიტი

satisfactory sak'marisi საკმარისი

satisfied k'maqopili კმაყოფილი

Saturday Shabati შაბათი

sausage dzekhwi ძეხვი; k'up'at'i კუპატი

save dazogwa დაზოგვა

saw noun kherkhi ხერხი; verb kherkhwa ხერხვა

say tkma თქმა

scanner sk'aneri სკანერი

scarf qelsakhwevi ყელსახვევი

scatter gapant'wa გაფანტვა

school sk'ola სკოლა

science metsniereba მეცნიერება

scientific metsnieruli მეცნიერული

scientist metsnieri მეცნიერი

scissors mak'rat'eli მაკრატელი

Scot Shot'landieli შოტლანდიელი

Scotland Shot'landia შოტლანდია

Scottish Shot'landiuri შოტლანდიური

screw khrakhni ხრახნი

screwdriver sakhrakhnisi sakhrakhnisho; sashali საშალი

scythe tseli ცელი

sea zghwa ზღვა

search dzebna ძებნა

season sezoni სეზონი; **seasons** ts'elits'adis droebi წელიწადის დროები

seat sk'ami სკამი; political adgili ადგილი

second adjective meore მეორე; noun ts'ami წამი; **second class** მეორე კლასი

secret adjective saidumlo საიდუმლო; noun saidumloeba საიდუმლოება; **secret police** saidumlo p'olitsia საიდუმლო პოლიცია

secretary mdivani მდივანი

section nats'ili ნაწილი

security ushishroeba უშიშროება; **security guard** datswa დაცვა

see nakhwa ნახვა

seed martswali მარცვალი

seek dzebna ძებნა; dzieba ძიება

seize khelis chavleba ხელის ჩავლება

self twit თვით; twiton თვითონ

sell gaqidwa გაყიდვა

send gadagzavna გადაგზავნა

senior uprosi უფროსი

sense grdznoba გრძნობა

September sekt'emberi სექტემბერი

septic sep't'ik'uri სეპტიკური

series TV seriali სერიალი

serious seriozuli სერიოზული

service momsakhureba მომსახურება

session sesia სესია

seven shwidi შვიდი

seventeen chwidmet'i ჩვიდმეტი

seventy samotsdaati სამოცდაათი

several ramdenime რამდენიმე

severe: severe winter mk'atsri zamtari მკაცრი ზამთარი

sew k'erva კერვა

sex gender skesi სქესი

**shake** rqeva რყევა
**shampoo** shamp'uni შამპუნი
**share** *verb* gaqopa გაყოფა
**sharp** basri ბასრი
**shaving cream** sap'arsi k'remi საპარსი კრემი
**she** is ის
**sheep** tskhwari ცხვარი
**sheepdog** metskhware dzaghli მეცხვარე ძაღლი
**sheet** zets'ari ზეწარი
**shell** *military* ch'urvi ჭურვი; *sea* nizhara ნიჟარა
**shepherd** metskhware მეცხვარე; mts'qemsi მწყემსი
**shine** brts'qinva ბრწყინვა
**ship** gemi გემი; khomaldi ხომალდი
**shirt** p'erangi პერანგი
**shiver** zhruant'eli ჟრუანტელი; k'ank'ali კანკალი
**shock** *medical* shok'i შოკი
**shoe** pekhsatsmeli ფეხსაცმელი
**shoeshop** pekhsatsmlis maghazia ფეხსაცმლის მაღაზია
**shoot** srola სროლა; **don't shoot!** ar gaisrolot! არ გაისროლოთ!
**shop** maghazia მაღაზია
**shopkeeper** maghaziis mep'at'rone მაღაზიის მეპატრონე
**shopping** saqidlebi საყიდლები
**shore** nap'iri ნაპირი
**short** mok'le მოკლე
**shortage** nak'leboba ნაკლებობა
**shoulder** mkhari მხარი; bech'i ბეჭი
**shout** qwirili ყვირილი
**show** chweneba ჩვენება
**shower** shkhap'i შხაპი
**shrapnel** ch'urvis anaskhlet'i ჭურვის ანასხლეტი
**shrine** ts'minda salotsavi წმინდა სალოცავი
**shut** *adjective* dakhuruli დახურული; *verb* dakhurva დახურვა
**sick** avadmqopi ავადმყოფი; tsudad ცუდად; **I am sick** sheudzlod/tsudad var შეუძლოდ/ცუდად ვარ
**sign** *noun* nishani ნიშანი; *verb* khelis mots'era ხელის მოწერა; **sign an agreement** khelshek'ruleba-ze khelis mots'era ხელშეკრულებაზე ხელის მოწერა
**signature** khelmots'era ხელმოწერა
**significance** mnishvneloba მნიშვნელობა
**significant** mnishvnelovani მნიშვნელოვანი
**silence** sichume სიჩუმე
**silent** chumi ჩუმი
**silver** vertskhli ვერცხლი
**silly** *person* suleli სულელი; *thing* suleluri სულელური
**similar** msgavsi მსგავსი; **similar to** msgavsad მსგავსად
**similarity** msgavseba მსგავსება
**sing** mghera მღერა
**single** erti ერთი; ertaderti ერთადერთი; *not married: female* gasatkhovari გასათხოვარი; *male* utsolo უცოლო; **single room** ertadgiliani otakhi/nomeri ერთადგილიანი ოთახი/ნომერი
**sink** *noun* nizhara ნიჟარა; *verb* chashweba ჩაშვება
**sister** da და; **sisters and brothers** da-dzmani და-ძმანი
**sit** jdoma ჯდომა; **he/she/it is sitting** is zis ის ზის; **they are sitting** isini skhedan ისინი სხედან
**situation** sit'uatsia სიტუაცია; mdgomareoba მდგომარეობა
**six** ekvsi ექვსი
**sixteen** tekvsmet'i თექვსმეტი
**sixth** meekvse მეექვსე

sixty

**sixty** samotsi სამოცი
**size** zoma ზომა
**skating** tsigaoba ციგაობა; tsiguraoba ციგურაობა
**ski slope** sasrialo perdobi სასრიალო ფერდობი
**skiing** satkhilamuro sp'ort'i სათხილამურო სპორტი; tkhilamurit sriali თხილამურით სრიალი
**skilift** sabagiro საბაგირო
**skilled** k'valipitsirebuli კვალიფიცირებული
**skillfully** marjwe მარჯვე
**skin** k'ani კანი
**sky** tsa ცა; zetsa ზეცა
**sleep** *noun* dzili ძილი; **I sleep** me mdzinavs მე მძინავს
**sleeping bag** sadzile t'omara საძილე ტომარა
**sleeping car** sadzile vagoni საძილე ვაგონი
**sleeping pills** sadzile sashualeba/t'ablet'ebi საძილე საშუალება/ტაბლეტები
**sleepy: I am sleepy** medzineba მეძინება
**sleet** tovlch'qap'i თოვლჭყაპი
**sling** *medical* gadakhweva გადახვევა
**slope** perdobi ფერდობი
**slow** neli ნელი
**slowly** nela ნელა
**small** p'at'ara პატარა; **smaller** upro p'at'ara უფრო პატარა
**smell** *noun* სუნი suni
**smoke** *noun* boli ბოლი; *verb* tambakos mots'eva თამბაქოს მოწევა
**smoking** mots'eva მოწევა
**smuggler** k'ont'rabandist'i კონტრაბანდისტი
**snack** ts'akhemseba წახემსება
**snail** lok'ok'ina ლოკოკინა
**snake** gweli გველი; **snake bite** gwelis nak'beni გველის ნაკბენი
**snow** tovli თოვლი; **it's snowing** tovs თოვს
**snowdrift** tovlis grova თოვლის გროვა
**so** ase ასე; **so much/many** amdeni ამდენი
**soap** sap'oni საპონი
**soccer** pekhburti ფეხბურთი; **soccer match** pekhburtis mat'chi ფეხბურთის მატჩი
**social** sazogadoebrivi საზოგადოებრივი; sotsialuri სოციალური
**socialism** sotsializmi სოციალიზმი
**socialist** *adjective* sotsialist'uri სოციალისტური; *noun* sotsialist'i სოციალისტი
**society** sazogadoeba საზოგადოება
**sock** ts'inda წინდა
**soft** rbili რბილი
**soldier** jarisk'atsi ჯარისკაცი
**solstice** nabuniaoba ნაბუნიაობა
**solve** gadats'qet'a გადაწყეტა
**some** zogi ზოგი
**somehow** rogorme როგორმე
**someone** vighats ვიღაც; vinme ვინმე; **someone else's** skhwisi სხვისი
**something** raghats რაღაც; rame რამე
**somewhere** sadghats სადღაც; sadme სადმე
**son** bich'i ბიჭი; vazhishwili ვაჟიშვილი
**song** simghera სიმღერა
**soon** male მალე
**sore: I have a sore throat** qeli mt'k'iva ყელი მტკივა
**sorry!** bodishi(t)! ბოდიში(თ)!
**soul** suli სული
**sound** bgera ბგერა; **sound equipment** khmis chamts'eri ap'arat'ura ხმის ჩამწერი

აპარატურა
**soup** ts'vniani წვნიანი
**sour** mzhave მჟავე; **sour plum** t'qemali ტყემალი
**source** ts'qaro წყარო
**south** samkhreti სამხრეთი
**southern** samkhret სამხრეთ
**South Ossetia** Samkhret Oseti სამხრეთ ოსეთი
**souvenir shop** suvenirebis maghazia სუვენირების მაღაზია
**Soviet Union** Sabch'ota K'avshiri საბჭოთა კავშირი
**sow** *verb* teswa თესვა
**sowing** dateswa დათესვა
**spade** bari ბარი
**spanner** kanchis gasaghebi ქანჩის გასაღები
**spare tire** satadarigo saburavi სათადარიგო საბურავი
**speak** lap'arak'i ლაპარაკი; **do you speak English?** itsit Inglisuri? იცით ინგლისური?
**speaker** momkhsenebeli მომხსენებელი; *parliament* sp'ik'eri სპიკერი
**specialist** sp'etsialist'i სპეციალისტი
**speed** sichkare სიჩქარე
**spell: how do you spell that?** rogor dats'ert amas? როგორ დაწერთ ამას?
**spend** kharjwa ხარჯვა
**spicy** tskhare ცხარე
**spider** oboba ობობა
**spill** daghvra დაღვრა
**spin** t'riali ტრიალი; brunva ბრუნვა
**splint** *medical* art'akhi არტახი
**split** gaqopa გაყოფა
**spoil** gapuch'eba გაფუჭება
**sponge** ghrubeli ღრუბელი
**spoon** k'ovzi კოვზი
**sport** sp'ort'i სპორტი; **sports** sp'ort'is sakheobebi სპორტის სახეობები
**sportsman/sportswoman** sp'ort'smeni სპორტსმენი
**spread** gavrtseleba გავრცელება
**spring** *season* gazapkhuli გაზაფხული; *water* ts'qaro წყარო; *metal* mavtuli მავთული
**spy** saidumlo agent'i საიდუმლო აგენტი; jashushi ჯაშუში
**square: town square** moedani მოედანი
**stadium** st'adioni სტადიონი
**stage** stsena სცენა
**stale** *old* dadzvelebuli დაძველებული; *dry* gamkhmari გამხმარი
**stallion** ulaqi ულაყი
**stamp** *mail* sapost'o mark'a საფოსტო მარკა; *official* bech'edi ბეჭედი; sht'amp'i შტამპი
**stand** dgoma დგომა; **stand up** adgoma ადგომა
**star** varsk'vlavi ვარსკვლავი
**state** sakhelmts'ipo სახელმწიფო; *in federation* sht'at'i შტატი
**station** sadguri სადგური
**stationery** sak'antselario nivtebi საკანცელარიო ნივთები
**statue** dzegli ძეგლი
**steal** mop'arva მოპარვა
**steel** poladi ფოლადი
**steering wheel** sach'e საჭე
**sterling** girvanka st'erlingi გირვანქა სტერლინგი
**stethoscope** ponendosk'op'i ფონენდოსკოპი
**stick** *noun* jokhi ჯოხი; *verb* mik'vra მიკვრა; dats'ebeba დაწებება
**still** jer k'idev ჯერ კიდევ
**sting** *verb* k'bena კბენა
**stingy** dzunts'i ძუნწი
**stink** qrola ყროლა
**stitches** *surgical* nak'eri ნაკერი
**stomach** mutseli მუცელი

stomachache: I have a stomachache mutseli m-t'k'iva მუცელი მტკივა

stone kwa ქვა

stop gachereba გაჩერება; stop! gaacheret! გააჩერეთ!; don't stop! nu gaacherebt! ნუ გააჩერებთ!

store maghazia მაღაზია

story narrative ambavi ამბავი; floor sartuli სართული

stove cooking kura ქურა

straight p'irdap'iri პირდაპირი; go straight ahead p'irdap'ir iaret პირდაპირ იარეთ

straight on p'irdap'ir პირდაპირ

strange utsnauri უცნაური

stranger utsnobi უცნობი

strawberry khendro ხენდრო; wild strawberry marts'qwi მარწყვი

stream dineba დინება; nak'adi ნაკადი

street kucha ქუჩა

strength dzala ძალა

stretcher sak'atse საკაცე

strike noun: from work gapitswa გაფიცვა; verb: to hit dart'qma დარტყმა

string bats'ari ბაწარი

strong magari მაგარი

structure st'rukt'ura სტრუქტურა

struggle brdzola ბრძოლა

stuck: our car is stuck mankana gagwicherda მანქანა გაგვიჩერდა

student st'udent'i სტუდენტი

study noun: action shests'avla შესწავლა; verb sts'avla სწავლა

subject sak'itkhi საკითხი; tema თემა

suburb gareubani გარეუბანი

subway met'ro მეტრო

success ts'armat'eba წარმატება

such a... aseti... ასეთი...

suddenly utseb უცებ

sufficient sak'marisi საკმარისი

sugar shakari შაქარი

suit k'ost'umi კოსტუმი; p'ijak'i პიჯაკი

suitcase chemodani ჩემოდანი

summer zapkhuli ზაფხული

summit mts'wervali მწვერვალი; conference samit'i სამიტი

sun mze მზე

sunblock cream mzissats'inaaghmdego k'remi მზისსაწინააღმდეგო კრემი

Sunday K'wira კვირა

sunglasses mzis satwale მზის სათვალე

sunny mziani მზიანი; it is sunny mziani dghe a მზიანი დღეა

sunrise mzis amosvla მზის ამოსვლა

sunscreen see sunblock

sunset mzischasvla მზისჩასვლა

supermarket sup'ermark'et'i სუპერმარკეტი

supper samkhari სამხარი

sure utuo უთუო; uech'veli უეჭველი

surgeon kirurgi ქირურგი

surgery operation kirurgiuli op'eratsia ქირურგიული ოპერაცია

surname gwari გვარი

surprising saotsari საოცარი

Svan Swani სვანი

Svanetia Swaneti სვანეთი

swallow gadaqlap'wa გადაყლაპვა

swamp ch'aobi ჭაობი

swear take an oath pitsis migheba ფიცის მიღება; curse gineba გინება

sweater svit'ri სვიტრი; maisuri მაისური

sweep gamogwa გამოგვა

sweet t'k'bili ტკბილი; sweet

**pepper** bulgaruli ts'its'ak'a ბულგარული წიწაკა

**swell** gasieba გასიება

**swim; swimming** tsurva ცურვა

**swimsuit** satsurao k'ost'umi საცურაო კოსტუმი

**swing** kanaoba ქანაობა

**switch: switch off** gamortva გამორთვა; **switch on** chartva ჩართვა

**symphony** simponia სიმფონია

**synagogue** sinagoga სინაგოგა

**syntax** sint'aksi სინტაქსი

**syringe** shp'ritsi შპრიცი

**system** sist'ema სისტემა

# T

**table** magida მაგიდა

**tablet** abi აბი

**take** agheba აღება; **take me to a doctor** ekim-tan ts'a-miqwanet ექიმთან წამიყვანეთ

**take off: what time does the plane take off?** romel saatze aprindeba twitmprinavi? რომელ საათზე აფრინდება თვითმფრინავი?

**talk** saubari საუბარი

**tall** maghali მაღალი

**tampon** t'amp'oni ტამპონი

**tank** tsist'erna ცისტერნა; *military* t'ank'i ტანკი

**tap** *faucet* onk'ani ონკანი

**tape** *cassette* k'aset'a კასეტა

**tape-recorder** magnit'oponi მაგნიტოფონი

**taste** *noun* gemo გემო; *verb* gemos gasinjwa გემოს გასინჯვა

**tasteless** ugemuri უგემური

**tasty** gemrieli გემრიელი

**Tat** Tati თათი

**tax** *noun* gadasakhadi გადასახადი

**taxi** t'aksi ტაქსი

**tea** chai ჩაი; **tea with lemon** ჩაი limonit ლიმონით; **tea with milk** chai rdzit ჩაი რძით

**teach** sts'avleba სწავლება

**teacher** masts'avlebeli მასწავლებელი

**team** gundi გუნდი

**tear** *noun: in eye* tsremli ცრემლი; **tear gas** tsremlsadeni gazi ცრემლსადენი გაზი

**tear** *verb* dakheva დახევა

**teaspoon** chais k'ovzi ჩაის კოვზი

**technique** t'eknik'a ტექნიკა

**teeth** k'bilebi კბილები

**telecommunications** t'elek'omunik'atsiebi ტელეკომუნიკაციები

**telephone** *noun* t'eleponi ტელეფონი; *verb* t'eleponit darek'wa ტელეფონით დარეკვა; **telephone center** sat'elepono tsent'ri სატელეფონო ცენტრი

**telescope** t'elesk'op'i ტელესკოპი

**television** t'elevizori ტელევიზორი; **television station** sat'elevizio sadguri სატელევიზიო სადგური

**tell** tkma თქმა; **tell him/her** utkhari უთხარი; **tell me** mitkhari მითხარი

**temperature** *weather* t'emp'erat'ura ტემპერატურა; *health* **I have a temperature** sitskhe makvs სიცხე მაქვს

**temple** t'adzari ტაძარი

**ten** ati ათი

**tent** k'aravi კარავი; **tent peg(s)** k'arvis p'alo(ebi) კარვის პალო(ები)

**tenth** meate მეათე

**termite** t'ermit'i ტერმიტი

terrible

**terrible** sashineli საშინელი; sazareli საზარელი
**territory** t'erit'oria ტერიტორია
**test** *noun* gamotsda გამოცდა; *verb* gamotsdis chat'areba გამოცდის ჩატარება
**text** t'ekst'i ტექსტი
**than** vidre ვიდრე
**thank** madloba მადლობა; **thank you!** gmadlobt! გმადლობთ!
**that** *preposition* is ის; ise ისე; *conjunction* rom რომ**; that is** ese igi ესე იგი; **that much** imdeni იმდენი; **that's enough** sak'marisi a საკმარისია
**thaw** *noun* lghoba ლღობა; dnoba დნობა
**theater** teat'ri თეატრი
**theft** p'arva პარვა; kurdoba ქურდობა
**their; theirs** mati მათი; tavianti თავიანთი
**themselves** isini twiton ისინი თვითონ
**then** mashin მაშინ; shemdeg შემდეგ
**theoretical** teoriuli თეორიული
**there** ik იქ
**there is/are** aris/arian არის/არიან
**therefore** amit'om ამიტომ
**thermometer** termomet'ri თერმომეტრი
**these** eseni ესენი
**they** isini ისინი
**thick** mskhwili მსხვილი
**thief** kurdi ქურდი
**thin** tkheli თხელი
**thing** nivti ნივთი
**think** mopikreba მოფიქრება; **I think ...** me m-gonia ... მე მგონია ...
**third** *adjective* mesame მესამე; *noun* mesamedi მესამედი
**thirsty** mts'qurvali მწყურვალი; **to get thirsty** mots'qureba მოწყურება; **I am thirsty** me m-ts'quria მე მწყურია
**thirteen** tsamet'i ცამეტი
**thirty** otsdaati ოცდაათი
**this** es ეს
**those** isini ისინი
**thought** pikri ფიქრი
**thousand** atasi ათასი
**three** sami სამი; **three times** samjer სამჯერ
**throat** qeli ყელი
**thrombosis** t'rombozi ტრომბოზი
**throne** t'akht'i ტახტი
**throw** gadagdeba გადაგდება
**thumb** tsera titi ცერა თითი; tseri ცერი
**thunder** kukhili ქუხილი; **it's thundering** kukhs ქუხს
**Thursday** Khutshabati ხუთშაბათი
**tick** *insect* t'k'ip'a ტკიპა
**ticket** bileti ბილეთი; **one-way ticket** bileti erti mimartulebit ბილეთი ერთი მიმართულებით; **return ticket** bileti orive mimartulebit ბილეთი ორივე მიმართულებით; **ticket office** biletebis salaro ბილეთების სალარო
**tie** *necktie* halst'ukhi ჰალსტუხი; *verb* gamonask'wa გამონასკვა; shek'vra შეკვრა; **diplomatic ties** dip'lomt'iuri k'avshirebi დიპლომტიური კავშირები
**time** dro დრო; **for a long time** didkhans დიდხანს; **free time** tavisupali dro თავისუფალი დრო; **what time is it?** romeli saati a? რომელი საათია?
**timetable** ganrigi განრიგი

tire *noun* saburavi საბურავი; *verb* daghla დაღლა

tired daghlili დაღლილი

tissues kaghaldis tskhwirsakhotsebi ქაღალდის ცხვირსახოცები

toast *bread* p'uris nach'eri პურის ნაჭერი; *drink* sadghegrdzelo სადღეგრძელო

toastmaster tamada თამადა

tobacco tambako თამბაქო

today dghes დღეს

toe pekhis titi ფეხის თითი; **big toe** tseri ცერი

together ertad ერთად

toilet t'ualet'i ტუალეტი; **toilet paper** t'ualet'is kaghaldi ტუალეტის ქაღალდი

toiletries p'iradi sagnebi პირადი საგნები

token zhet'oni ჟეტონი

tomato p'amidori პამიდორი

tomb samarkhi სამარხი

tomorrow khwal ხვალ; **the day after tomorrow** zeg ზეგ; **tomorrow's...** khwalindeli... ხვალინდელი

tongue ena ენა

tonight amagham ამაღამ

too dzalian ძალიან; *also* -ts -ც; **too little** dzalian tsot'a ძალიან ცოტა; **too much** dzalian bevri ძალიან ბევრი; **too much/many** upro met'i/bevri უფრო მეტი/ბევრი

tool khelsats'qo ხელსაწყო; **tools** khelsats'qoebi ხელსაწყოები

tooth k'bili კბილი

toothache: I have a toothache k'bili m-t'k'iva კბილი მ-ტკივა

toothbrush k'bilis jagrisi კბილის ჯაგრისი

toothpaste k'bilis p'ast'a კბილის პასტა

toothpick k'bilis sats'mendi chkhiri კბილის საწმენდი ჩხირი

top mts'wervali მწვერვალი

torment ts'ameba წამება

torture *noun* ts'ameba წამება; *verb* ts'ameba წამება

tourism t'urizmi ტურიზმი; mogzauroba მოგზაურობა

tourist t'urist'i ტურისტი; mogzauri მოგზაური

tourniquet marts'ukhi მარწუხი

tow: can you tow us? shegidzliat buksirit ts'a-gwi-qwanot? შეგიძლიათ ბუქსირით წაგვიყვანოთ?; **tow rope** buksiris chasabmeli tok'i ბუქსირის ჩასაბმელი თოკი

towel p'irsakhotsi პირსახოცი

tower k'oshk'i კოშკი

town kalaki ქალაქი; **town center** kalakis tsent'ri ქალაქის ცენტრი

track bilik'i ბილიკი

tractor t'rakt'ori ტრაქტორი

trade vach'roba ვაჭრობა; **trade union** p'ropesiuli k'avshiri პროფესიული კავშირი

tradition t'raditsia ტრადიცია

traditional t'raditsiuli ტრადიციული

traffic lights shuknishani შუქნიშანი

traffic police sagzao p'olitsia საგზაო პოლიცია

train mat'arebeli მატარებელი; **train station** mat'areblebis sadguri მატარებლების სადგური

tranquilizer t'rank'vilizat'ori ტრანკვილიზატორი

Transcaucasus Amierk'avk'asia ამიერკავკასია

transform

**transform** gardakmna გარდაქმ-ნა
**transformer** t'ransportmat'ori ტრანსფორმატორი
**transfusion** gadaskhma გადასხ-მა; **blood transfusion** siskhlis gadaskhma სისხლის გადასხმა
**translate** targmna თარგმნა
**translation** targmani თარგმანი
**translator** mtargmneli მთარგ-მნელი
**transmit** gadatsema გადაცემა
**transmitter** gadamtsemi გადამ-ცემი
**trash** nagavi ნაგავი
**trauma** t'ravma ტრავმა
**travel** *noun/verb* mgzavroba მგზავრობა; mogzauroba მოგზაურობა; **travel agent** t'urist'uli saagent'o ტურის-ტული სააგენტო
**traveler** mogzauri მოგზაური; **travelers' checks** samgzavro chek'i/barati სამგზავრო ჩეკი/ ბარათი
**treacherous** arasaimedo არა-საიმედო
**tread** pekhis dadgma ფეხის დადგმა
**treasure** saunje საუნჯე
**treasury** khazina ხაზინა
**tree** khe ხე
**trial** *legal* sasamartlo p'rotsesi სასამართლო პროცესი
**troops** jari ჯარი
**trousers** sharvali შარვალი
**truce** zavi ზავი
**true** martali მართალი
**truly** martla მართლა
**truth** ch'eshmarit'eba ჭეშმა-რიტება; simartle სიმართლე
**try** tsda ცდა
**tsar** mepe მეფე
**Tuesday** Samshabati სამშაბათი
**Turk** Turki თურქი
**turkey** indauri ინდაური
**Turkey** Turketi თურქეთი
**Turkish** Turkuli თურქული; **Turkish baths** turkuli abano თურქული აბანო
**turn: turn left** martskhniv sheukhwiet მარცხნივ შეუხვიეთ; **turn right** mar-jvniv sheukhwiet მარჯვნივ შეუხვიეთ
**twelve** tormet'i თორმეტი
**twentieth** meotse მეოცე
**twenty** otsi ოცი
**twice** orjer ორჯერ
**twinkle** tsimtsimi ციმციმი
**twins** t'qup'ebi ტყუპები
**two** ori ორი
**type** *noun* t'ip'i ტიპი; *verb* bech'dwa ბეჭდვა

## U

**Ukraine** uk'raina უკრაინა
**Ukrainian** *person* Uk'rainuli უკრაინული; *thing* Uk'ra-ineli უკრაინელი
**ulcer** iara იარა; ts'qluli წყლული
**umbrella** kolga ქოლგა
**uncle** bidza ბიძა
**uncomfortable** moukherkhebeli მოუხერხებელი; usiamovno უსიამოვნო
**under** *prep* kwesh ქვეშ; dabla დაბლა; *adverb* kwevit ქვევით
**underpass** mits'iskwesha gada-sasvleli მიწისქვეშა გადა-სასვლელი
**understand** gageba გაგება; **do you understand?** ga-i-ge-t გაიგეთ?; **I understand** ga-v-ige გავიგე; **I don't under-stand** ver ga-vi-ge ვერ გავ-იგე
**undertake** ts'amots'qeba წამო-

წყება
**underwear** satswali საცვალი; tetreuli თეთრეული
**undo** gakhsna გახსნა
**UNESCO** IUNESK'O იუნესკო
**unexpected** moulodneli მოულოდნელი
**unexploded bomb** aupetkebeli bombi აუფეთქებელი ბომბი
**unfortunate** samts'ukharo სამწუხარო; ubeduri უბედური
**unfortunately** samts'ukharod სამწუხაროდ; saubedurod საუბედუროდ
**unhappy** ubeduri უბედური
**UNHCR** Gaeros lt'olvilta Umaghlesi K'omisariat'i გაეროს ლტოლვილთა უმაღლესი კომისარიატი
**unification** gaertianeba გაერთიანება
**uniform** porma ფორმა
**union** gaertianeba გაერთიანება; **trade union** p'ropesiuli k'avshiri პროფესიული კავშირი
**unique** ertaderti ერთადერთი; unik'aluri უნიკალური
**unite** gaertianeba გაერთიანება; sheerteba შეერთება
**united** gaertianebuli გაერთიანებული; sheertebuli შეერთებული
**United Nations** Gaertianebuli Erebis Organizatsia გაერთიანებული ერების ორგანიზაცია
**university** universit'et'i უნივერსიტეტი
**unknown** utsnobi უცნობი
**until** sanam სანამ
**up** maghla მაღლა
**U.S.A.** Amerik'is Shertebuli Sht'at'ebi ამერიკის შერთებული შტატები
**use** khmareba ხმარება
**usual** chweulebrivi ჩვეულებრივი
**usually** chweulebriv ჩვეულებრივ

# V

**vacation** ardadegebi არდადეგები
**vaccinated: I have been vaccinated** atsrili var აცრილი ვარ
**valley** veli ველი; *mountain* kheoba ხეობა; bari ბარი
**varnish** laki ლაქი
**vase** vaza ვაზა
**vegetables** bost'neuli ბოსტნეული; **vegetable shop** bost'neulis maghazia ბოსტნეულის მაღაზია
**vegetarian** *person* veget'arianeli ვეგეტარიანელი; *adjective* veget'arianuli ვეგეტარიანული
**vein** vena ვენა
**venereal disease** veneriuli daavadeba ვენერიული დაავადება
**verb** zmna ზმნა
**very** dzalian ძალიან
**veto** *noun* vet'o ვეტო; *verb* ak'rdzalva აკრძალვა; vet'os dadeba ვეტოს დადება
**vice president** vitse-p'rezident'i ვიცე-პრეზიდენტი
**victim** mskhwerp'li მსხვერპლი
**video player** video magnit'oponi ვიდეო მაგნიტოფონი
**videotape** *cassette* video k'aset'a ვიდეო კასეტა
**view** khedi ხედი
**village** sopeli სოფელი
**vine** vazi ვაზი
**vinegar** dzmari ძმარი
**vineyard** venakhi ვენახი

# violence

violence dzaladoba ძალადობა
virus virusi ვირუსი
visa viza ვიზა
visit *verb: a place* nakhwa
ნახვა; *a person* st'umrad
misvla სტუმრად მისვლა
visitor *to a place* mnakhweli
მნახველი; *as a guest* st'u-
mari სტუმარი
vodka araqi არაყი
voice khma ხმა
voltage regulator elekt'ro/denis
regulat'ori ელექტრო/დენის
რეგულატორი
vomit *verb* p'irghebineba
პირღებინება
vote *noun* khma ხმა; *verb*
khmis mitsema ხმის მიცემა
vote-rigging khmebis gaqalbeba
ხმების გაყალბება
voting khmis mitsema ხმის
მიცემა

# W

wage war omis ts'armoeba
ომის წარმოება; brdzola
ბრძოლა
wait datsda დაცდა; motsda
მოცდა; wait for dalodeba
დალოდება
wake gamoghwidzeba გამო-
ღვიძება; please wake me up
at ... tu sheidzleba gamagh-
widzet ... თუ შეიძლება
გამაღვიძეთ ...
wake-up call gasaghwidzebeli
zari გასაღვიძებელი ზარი
Wales Uelsi უელსი
wall k'edeli კედელი
wallet sapule საფულე
want ndoma ნდომა; what do
you want? ra gindat? რა
გინდათ?; I want me minda
მე მინდა; I don't want... me
ar minda... მე არ მინდა...

war omi ომი; civil war
samokalako omi სამო-
ქალაქო ომი; war crime
samkhedro danashauli სამ-
ხედრო დანაშაული; war tri-
bunal samkhedro t'ribunali
სამხედრო ტრიბუნალი
warm tbili თბილი
wash dabana დაბანა; garets-
khwa გარეცხვა
wasp bzik'i ბზიკი; k'razana
კრაზანა
watch *noun* khelis saati ხელის
საათი; *verb* qureba ყურება
watchmaker mesaate მესაათე
water ts'qali წყალი; is there
drinking water? aris ak sas-
meli ts'qali? არის აქ სას-
მელი წყალი?; water bottle
ts'qlis kila წყლის ქილა
waterfall chanchkeri ჩანჩქერი
watermelon sazamtro საზა-
მთრო
way gza გზა; this way am gzit
ამ გზით; es gza ეს გზა; that
way am gzit ამ გზით; is gza
ის გზა
we chwen ჩვენ
weak sust'i სუსტი
wear t'areba ტარება
weasel sindiopala სინდიოფალა
weather amindi ამინდი
Wednesday Otkhshabati ოთხ-
შაბათი
week k'wira კვირა; last week
gasuli k'wira გასული
კვირა; next week momavali
k'wira მომავალი კვირა;
this week es k'wira ეს კვირა
weekend shabat-k'wira შაბათ-
კვირა; vikendi ვიქენდი
weep t'irili ტირილი
weight ts'ona წონა
welcome! k'etili iqos tkweni
mobrdzaneba! კეთილი
იყოს თქვენი მობრძანება!

**Welsh** *person* Uelseli უელსელი; *thing* Uelsuri უელსელი
**well** *adjective* k'argi კარგი; *adverb* k'argad კარგად; *noun: of water* ch'a ჭა; **oil-well** ch'aburghili ჭაბურღილი
**well-known** tsnobili ცნობილი
**west** dasavleti დასავლეთი
**western** *adjective* dasavlet დასავლეთ
**wet** *adjective* nest'iani ნესტიანი; sveli სველი; *verb* dasveleba დასველება
**what** ra რა; romeli რომელი; **what do you want?** ra gindat? რა გინდათ?
**what kind?** rogori? როგორი?
**wheat** khorbali ხორბალი
**wheel** borbali ბორბალი
**when** rotsa როცა; rodesats როდესაც; **when?** rodis? როდის?
**where** sad სად; **where from?** saidan? საიდან?; **where is/are?** sad aris?/sad arian? სად არის?/სად არიან?
**which** romeli რომელი
**while** im dros, rodesats იმ დროს, როდესაც; mashin, rodesats იმაშინ, როდესაც
**whisky** visk'i ვისკი
**white** tetri თეთრი
**who** vin ვინ; romeli რომელი
**whole** mteli მთელი
**why** rat'om რატომ
**wide** parto ფართო
**widow** kvrivi ქვრივი
**widowed** dakvrivebuli დაქვრივებული
**widower** kvrivi ქვრივი
**wife** tsoli ცოლი
**wild** veluri ველური; **wild strawberry** marts'qvi მარწყვი
**win** gamarjweba გამარჯვება; mogeba მოგება
**wind** *noun* kari ქარი
**wind (a clock)** *verb* (saatis) momartwa (საათის) მომართვა
**window** panjara ფანჯარა
**windshield** kardamtsavi mina ქარდამცავი მინა
**windy** kariani ქარიანი
**wine** ghwino ღვინო
**wing** prta ფრთა
**winter** zamtari ზამთარი
**wire** mavtuli მავთული
**wisdom** sibrdzne სიბრძნე
**wish** *noun* ndoma ნდომა; survili სურვილი; *verb* **I wish** me m-surs მე მსურს
**withdraw** uk'an dakheva უკან დახევა
**without** gareshe გარეშე; u- უ-
**witness** mots'me მოწმე
**wolf** mgeli მგელი
**woman** kali ქალი
**womb** sashwilosno საშვილოსნო
**wood** *substance* khe ხე; *forest* t'qe ტყე
**wool** shali შალი
**word** sit'qwa სიტყვა
**work** *noun* sakme საქმე; samushao სამუშაო; *verb* mushaoba მუშაობა; **does the phone work?** t'eleponi mushaobs? ტელეფონი მუშაობს?; **it doesn't work** ar mushaobs არ მუშაობს
**worker** musha მუშა
**world** msoplio მსოფლიო
**worm** ch'iaqela ჭიაყელა
**worried: to be worried** shets'ukheba შეწუხება
**worry** ts'ukhili წუხილი
**worse: I feel worse** uaresad v-grdznob tavs უარესად ვ-გრძნობ თავს

# wound

**wound** *noun* ch'riloba ჭრი-
ლობა; *verb* dach'ra დაჭრა
**wrapped: would you like it
wrapped?** gi-ndat shegi-
putot? გინდათ შეგიფუთოთ?
**wrestling** ch'idaoba ჭიდაობა
**wrist** maja მაჯა
**write** ts'era წერა
**writer** mts'erali მწერალი
**writing** ts'era წერა; **writing
paper** sats'eri purtseli საწ-
ერი ფურცელი
**wrong: you are wrong** (tkwen)
tsdebit (თქვენ) ცდებით

# Y

**yard** baghi ბაღი; *distance* iardi
იარდი
**year** ts'eli წელი; **last year** shar-
shan შარშან; **this year** ts'els
წელს; **next year** momaval
ts'els მომავალ წელს
**yellow** qwiteli ყვითელი
**Yerevan** Erevani ერევანი

**yes** k'i კი; kho ხო
**yesterday** gushin გუშინ; **the day
before yesterday** gushin-
ts'in გუშინ-წინ
**yet** jer k'idev ჯერ კიდევ
**yield** mosavali მოსავალი
**yogurt** iogurt'i იოგურტი; mats'-
oni მაწონი
**you** *singular* shen შენ; *plural*
tkwen თქვენ
**young** akhalgazrda ახალგაზრდა
**younger** umtsrosi უმცროსი
**your; yours** *singular* sheni შენი;
*plural* tkweni თქვენი
**yourself** shen twiton შენ
თვითონ;
**yourselves** tkwen twiton თქვენ
თვითონ
**youth** *young person* akhalgazr-
da ახალგაზრდა

# Z

**zero** nuli ნული
**zoo** zooparki ზოოპარკი

# GEORGIAN
## PHRASEBOOK
ქართული
სასაუბრო

# 1. ETIQUETTE
ეთიკეტი

| | |
|---|---|
| Hello! *familiar\** | **Gamarjoba!** |
| | გამარჯობა! |
| —*Response:* | **Gamarjoba!** |
| | გამარჯობა! |
| *formal\** | **Gamarjobat!** |
| | გამარჯობათ! |
| —*Response:* | **Gamarjobat!** |
| | გამარჯობათ! |
| How are you? *familiar* | **Rogor khar?** |
| | როგორ ხარ? |
| *formal* | **Rogor khar-t?** |
| | როგორ ხართ? |
| —Fine, thanks. | **Gmadlobt, k'argad.** |
| | გმადლობთ, კარგად. |
| Pleased to meet you! | **Sasiamovnoa tkweni gatsnoba!** |
| | სასიამოვნოა თქვენი გაცნობა! |
| Good morning! | **Dila mshwidobisa!\*\*** |
| | დილა მშვიდობისა! |
| Good morning! | **Gamarjoba!** |
| | გამარჯობა! |
| Good evening! | **Saghamo mshwidobisa!** |
| | საღამო მშვიდობისა! |

\* Use *familiar* forms (that use **shen** 'you' singular) when speaking to just one person who you know well or who's younger than you; use *formal* forms (that use **tkwen** 'you' plural) when speaking to more than one person, or to one person you don't know, or is in a position of authority or respect, or significantly older than you.
\*\* This is easy to say if you run the two words together: '**dilam-shwido-bisa!**'.

| Good night! | **Ghame mshwidobisa!*** |
| | ღამე მშვიდობისა! |
| | *or* **Dzili nebisa!** |
| | ძილი ნებისა! |
| Goodbye! *or* See you later! | **Naxwamdis!** |
| | ნახვამდის! |
| See you tomorrow! | **Khwala-mde!** |
| | ხვალამდე! |
| Welcome! | **K'etili iqos tkweni mobrdzaneba!** |
| | კეთილი იყოს თქვენი მობრძანება! |
| Please! | **Getaqwa!** |
| | გეთაყვა! |
| | *or* **Gtkhovt!** |
| | გთხოვთ! |
| Thank you! | **Gmadlobt!** |
| | გმადლობთ! |
| Many thanks! | **Didi madloba!** |
| | დიდი მადლობა! |
| —*Response:* Not at all! | **Arapers!** |
| | არაფერს! |

* This is easy to say if you run the two words together:
'ghamem-shwido-bisa!'.

# 2. QUICK REFERENCE
## მოკლე ცნობარი

| | |
|---|---|
| yes* | **diakh** დიახ *or* **k'i** კი |
| no* | **ara** არა |
| | |
| I | **me** მე |
| you *singular/familiar* | **shen** შენ |
| he/she/it | **is** ის |
| we | **chwen** ჩვენ |
| you *plural/formal* | **tkwen** თქვენ |
| they | **isini** ისინი |
| | |
| this | **es** ეს |
| that | **is** ის |
| these | **eseni** ესენი |
| those | **isini** ისინი |
| | |
| here | **ak** აქ |
| there | **ik** იქ |
| | |
| where? | **sad?** სად? |
| where to? | **sait?** საით? |
| who? | **vin?** ვინ? |
| what? | **ra?** რა? |
| when? | **rodis?** როდის? |
| which? | **romeli?** რომელი? |
| how? | **rogor?** როგორ? |
| why? | **rat'om?** რატომ? |
| | |
| how far? | **ra mandzili a?** |
| | რა მანძილია? |
| | |
| how near? | **ramdenad akhlos aa?** |
| | რამდენად ახლოსაა? |

* For more on 'yes' and 'no' see page 247.

| | | |
|---|---|---|
| how much? | | **ramdeni?** რამდენი? |
| how many? | | **ramdeni?** რამდენი? |
| what's that? | | **ra aris es?** რა არის ეს? |
| is there?/are there? | | **aris?/arian?** არის?/არიან? |
| where is?/where are? | | **sad aris?/sad arian?** სად არის?/სად არიან? |
| what must I do? | | **ra unda ga-v-aketo?** რა უნდა გავაკეთო? |
| what do you want? | *familiar:* | **ra gi-nda?** რა გინდა? |
| | *formal:* | **ra g-nebavt?** რა გნებავთ? |

| | |
|---|---|
| very | **dzalian** ძალიან |
| and | **da** და |
| or | **an** ან |
| but | **magram** მაგრამ |

| | |
|---|---|
| I like ... | **(Me) mo-m-ts'ons ...** (მე) მომწონს ... |
| I don't like ... | **(Me) ar mo-m-ts'ons ...** (მე) არ მომწონს ... |
| I should like ... | **(Me) v-isurvebdi ...** (მე) ვისურვებდი ... |
| I want ... | **(Me) mi-nda ...** (მე) მინდა ... |
| I don't want ... | **(Me) ar mi-nda ...** (მე) არ მინდა ... |
| I know. | **(Me) v-itsi.** (მე) ვიცი. |
| I don't know. | **(Me) ar v-itsi** (მე) არ ვიცი |

| | | | |
|---|---|---|---|
| Do you understand? | *familiar* | **Ga-ige?** | გაიგე? |
| | *formal* | **Ga-ige-t?** | გაიგეთ? |

| | |
|---|---|
| I understand. | **Ga-v-ige.** |
| | გავიგე. |

I don't understand. **Ver ga-v-ige.**
ვერ გავიგე.

I am sorry *(to hear the bad news).* **Ra samts'ukharo a.**
რა სამწუხაროა.
*or* **V-ts'ukhvar.**
ვწუხვარ.

I am grateful. **Madlobeli var.**
მადლობელი ვარ.

It's important. **Es mnishvnelovani a.**
ეს მნიშვნელოვანია.

It doesn't matter. **Araperi a.**
არაფერია.
*or* **Nu ghelavt.**
ნუ ღელავთ.

good luck! **gi-survebt ts'armat'ebas!**
გისურვებთ წარმატე-
ბას!

excuse me! (please!) **uk'atsravad!**
უკაცრავად!

| | | | |
|---|---|---|---|
| excuse me! (sorry!) | *familiar* | **bodishi!** | ბოდიში! |
| | *formal* | **bodishi-t!** | ბოდიშით! |

may I? **sheidzleba?**
შეიძლება?

| | | | |
|---|---|---|---|
| sorry! | *familiar* | **bodishi!** | ბოდიში! |

# QUICK REFERENCE

| | |
|---|---|
| *formal* | **bodishi-t!**<br>ბოდიშით! |

| | |
|---|---|
| no problem! | **araperi a!**<br>არაფერია! |
| more or less | **met'nak'lebad**<br>მეტნაკლებად |
| here is.../here are... | **ak aris.../ak arian...**<br>აქ არის.../აქ არიან... |
| Is everything OK? | **Qwelaperi k'argad aa?**<br>ყველაფერი კარგადაა?<br>*or* **Qwelaperi rigse a?**<br>ყველაფერი რიგზეა? |
| Danger! | **Sashishi a!**<br>საშიშია! |
| How do you spell that? | **Rogor dats'ert amas?**<br>როგორ დაწერთ ამას?<br>*or* **Rogor da-m-artsvlavt amas?**<br>როგორ დამარცვლავთ ამას? |
| Please come in! | **Shemo-brdzandit!**<br>შემობრძანდით!<br>*or* **Mo-brdzandit!**<br>მობრძანდით! |
| Please sit down! | **Da-brdzandit!**<br>დაბრძანდით! |
| Please eat! | **Miirtwit!**<br>მიირთვით! |
| Bon appetit! | **Ga-amot!**<br>გაამოთ! |
| Bon voyage! | **Bednieri mgzavroba!**<br>ბედნიერი მგზავრობა! |

| | |
|---|---|
| I am cold. | **M-tsiva.**<br>მცივა. |
| I am hot. | **M-tskhela.**<br>მცხელა. |
| I am right. | **Martali var.**<br>მართალი ვარ. |
| I am mistaken. | **She-me-shala**.<br>შემეშალა. |
| I am sleepy. | **Me-dzineba.**<br>მეძინება. |
| I am hungry. | **M-shia.**<br>მშია. |
| I am thirsty. | **M-ts'quria.**<br>მწყურია. |
| I am angry. | **Gabrazebuli var.**<br>გაბრაზებული ვარ. |
| I am happy. | **Bednieri var.**<br>ბედნიერი ვარ. |
| I am sad. | **Mots'qenili var.**<br>მოწყენილი ვარ. |
| I am tired. | **Daghlili var.**<br>დაღლილი ვარ. |
| I am not well. | **Sheudzlod var.**<br>შეუძლოდ ვარ.<br>*or* **Tsudad var.**<br>ცუდად ვარ. |
| I am well. | **K'argad var.**<br>კარგად ვარ. |

# 3. INTRODUCTIONS
## გაცნობა

| | | |
|---|---|---|
| What is your name? | *familiar* | **Ra g-kwia?** რა გქვია? |
| | *formal* | **Ra g-kwiat?** რა გქვიათ? |
| My name is ... | | **Me m-kwia ...** მე მქვია ... |
| May I introduce you to ... | | **Sheidzleba ts'armo-gi-dginot ...** შეიძლება წარმო-გიდგინოთ ... *or* **Sheidzleba gagatsnot ...** შეიძლება გაგაცნოთ ... |
| This is my ... | | **Es aris chemi ...** ეს არის ჩემი ... |
| friend | | **megobari** მეგობარი |
| colleague | | **k'olega** კოლეგა |
| travel companion | | **tanamgzavri** თანამგზავრი |
| relative | | **natesavi** ნათესავი |
| neighbor | | **mezobeli** მეზობელი |

### —Titles
"Mr." is **Bat'oni** ბატონი and "Mrs." or "Miss" is **Kalbat'oni** ქალბატონი, and can be used with people's first names, e.g. **Bat'oni Giorgi** ბატონო გიორგი and **Kalbat'oni Tamara** ქალბატონი თამარა. When you don't know a person's name, use **Bat'ono** ბატონო and **Kalbat'ono** ქალბატონო for "Sir" and "Madam".

## —Nationality/ citizenship ეროვნება/ მოქალაქეობა

Georgia — **Sakartvelo** საქართველო
from Georgia — **Sakartvelo-dan** საქართველოდან

Georgian *person* — **Kartveli** ქართველი

Where are you from? — **Saidan khart?** საიდან ხართ?

I am from ... — **Me var ...-dan.** მე ვარ ...-დან.

America — **Amerik'a** ამერიკა*
Australia — **Avst'ralia** ავსტრალია
Austria — **Avst'ria** ავსტრია
Belgium — **Belgia** ბელგია
Britain — **Britaneti** ბრიტანეთი
Canada — **K'anada** კანადა
China — **Chineti** ჩინეთი
Cyprus — **K'wip'rosi** კვიპროსი
Denmark — **Dania** დანია
England — **Inglisi** ინგლისი
Europe — **Evrop'a** ევროპა
France — **Saprangeti** საფრანგეთი
Germany — **Germania** გერმანია
Greece — **Saberdzneti** საბერძნეთი
India — **Indoeti** ინდოეთი
Iran — **Irani** ირანი
Ireland — **Irlandia** ირლანდია
Israel — **Israeli** ისრაელი
Italy — **It'alia** იტალია
Japan — **Iap'onia** იაპონია

* For all countries ending in **-a,** you drop the **a** and then add **-idan** ('from'), e.g. **Amerik'-idan**.

# INTRODUCTIONS

| | |
|---|---|
| Lebanon | **Libani** ლიბანი |
| the Netherlands | **Holandia** ჰოლანდია |
| New Zealand | **Akhali Zelandia** ახალი ზელანდია |
| Northern Ireland | **Chrdiloet Irlandia** ჩრდილოეთ ირლანდია |
| Pakistan | **Pak'ist'ani** პაკისტანი |
| Russia | **Ruseti** რუსეთი |
| Scotland | **Shot'landia** შოტლანდია |
| Spain | **Esp'aneti** ესპანეთი |
| Sweden | **Shvedeti** შვედეთი |
| Ukraine | **Uk'raina** უკრაინა |
| the USA | **Amerik'is Sheertebuli Sht'at'ebi** ამერიკის შეერთებული შტატები |
| Wales | **Uelsi** უელსი |
| the European Union | **Evrogaertianeba** ევროგაერთიანება |

| | |
|---|---|
| I am ... | **Me var ...** მე ვარ ... |
| American | **Amerik'eli** ამერიკელი |
| Australian | **Avst'ralieli** ავსტრალიელი |
| Austrian | **Avst'rieli** ავსტრიელი |
| Belgian | **Belgieli** ბელგიელი |
| British | **Brit'aneli** ბრიტანელი |
| Canadian | **K'anadeli** კანადელი |
| Chinese | **Chineli** ჩინელი |
| Cypriot | **K'wip'roseli** კვიპროსელი |
| Danish | **Danieli** დანიელი |
| Dutch | **Holandieli** ჰოლანდიელი |

| | |
|---|---|
| English | **Ingliseli** ინგლისელი |
| European | **Evrop'eli** ევროპელი |
| French | **Prangi** ფრანგი |
| German | **Germaneli** გერმანელი |
| Greek | **Berdzeni** ბერძენი |
| Indian | **Indoeli** ინდოელი |
| Iranian | **Iraneli** ირანელი |
| Irish | **Irlandieli** ირლანდიელი |
| Israeli | **Israeleli** ისრაელელი |
| Italian | **It'alieli** იტალიელი |
| Japanese | **Iap'oneli** იაპონელი |
| Lebanese | **Libaneli** ლიბანელი |
| a New Zealander | **Alkhal Zelandieli** ახალ ზელანდიელი |
| Pakistani | **P'ak'istaneli** პაკისტანელი |
| Portuguese | **Port'ugalieli** პორტუგალიელი |
| Russian | **Rusi** რუსი |
| Scottish | **Shot'landieli** შოტლანდიელი |
| Spanish | **Esp'aneli** ესპანელი |
| Swedish | **Shvedi** შვედი |
| Turkish | **Turki** თურქი |
| Ukrainian | **Uk'raineli** უკრაინელი |
| Welsh | **Uelseli** უელსელი |

| | |
|---|---|
| Where were you born? | **Sad da-ibade(t)?** სად დაიბადე(თ)? |
| I was born in ... | **Me da-v-ibade ...-shi.** მე დავიბადე ...-ში. |

| | |
|---|---|
| Where is your family from? | **Ts'armoshobit saidan khart?** წარმოშობით საიდან ხართ? *or* **Sadauri khart?** სადაური ხართ? |
| My family is from ... | **Chemi ojakhi ...-dan aa.** ჩემი ოჯახი ...-დანაა |

## —Caucasian peoples კავკასიელი ხალხები*

| | |
|---|---|
| Abkhaz | **Apkhazi** აფხაზი |
| Armenian | **Somekhi** სომეხი |
| Avar | **Avari** ავარი |
| Azeri | **Azerbaijaneli** აზერბაი-ჯანელი |
| Balkar | **Balqari** ბალყარი |
| Chechen | **Checheni** ჩეჩენი |
| Circassian | **Cherkezi** ჩერქეზი |
| Daghestani | **Daghest'neli** დაღესტნელი |
| Ingush | **Ingushi** ინგუში |
| Georgian | **Kartveli** ქართველი |
| Kabardian | **Qabardoeli** ყაბარდოელი |
| Kalmyk | **Qalmukhi** ყალმუხი |
| Karachai | **Qarachaeli** ყარაჩაელი |
| Kumyk | **Qumukhi** ყუმუხი |
| Kurd | **Kurti** ქურთი |
| Laz | **Lazi** ლაზი |
| Lezgi | **Lezgi(ni)** ლეზგი(ნი) |
| Mingrelian | **Megreli** მეგრელი |
| Mountain Jew | **Mtieli Ebraeli** მთიელი ებრაელი |

* The **khalkhi** in **k'avk'asieli khalkhebi** means "people". You can also say **k'avk'asiuri erebi**, where **erebi** is the plural of **eri**, which can mean "ethnicity", "ethnic group" or "nation".

| | |
|---|---|
| Nogai | **Noghaeli** ნოღაელი |
| Ossete | **Osi** ოსი |
| Svan | **Swani** სვანი |
| Tat | **Tati** თათი |

## —Some examples of peoples from regions in Georgia

Kakheti      **Kakheti** კახეთი
   *someone from Kakheti*    **Kakheli** კახელი

Kartli      **Kartli** ქართლი
   *someone from Kartli*    **Kartleli** ქართლელი

Imereti      **Imereti** იმერეთი
   *someone from Imereti*    **Imereli** იმერელი

Ajara      **Ach'ara** აჭარა
   *someone from Ach'ara*    **Ach'areli** აჭარელი

## —Occupations საქმიანობა*

| | |
|---|---|
| What do you do? | **Ras sak'mianobt?**<br>რას საქმიანობთ? |
| I am a/an ... | **Me var ...**<br>მე ვარ ... |
|   accountant | **bughalt'eri**<br>ბუღალტერი |
|   administrator | **administ'rat'ori**<br>ადმინისტრატორი |
|   agronomist | **agronomi** აგრონომი |
|   aid worker<br>    *humanitarian/*<br>    *charity* | **humanit'aruli/**<br>**sakwelmokmedo**<br>**organizatsiis**<br>**tanamshromeli**<br>ჰუმანიტარული/<br>საქველმოქმედო<br>ორგანიზაციის<br>თანამშრომელი |

---

\* As in English, in addition to **sakmianoba** საქმიანობა for "occupation", you can also use **kheloba** ხელობა "craft" and **p'ropesia** პროფესია "profession".

| | |
|---|---|
| architect | **ark'it'ekt'ori** არქიტექტორი |
| artist | **mkhat'wari** მხატვარი |
| baker | **mtskhobeli** მცხობელი |
| banker | **bank'iri** ბანკირი |
| business person | **sak'miani adamiani** საქმიანი ადამიანი *or* **biznesmeni** ბიზნესმენი |
| butcher | **qasabi** ყასაბი |
| carpenter | **durgali** დურგალი |
| civil servant | **sakhelmts'ipo mokhele** სახელმწიფო მოხელე |
| consultant | **k'onsult'ant'i** კონსულტანტი |
| cook | **mzareuli** მზარეული |
| dentist | **k'bilis ek'imi** კბილის ექიმი |
| diplomat | **dip'lomat'i** დიპლომატი |
| doctor | **ek'imi** ექიმი |
| economist | **ek'onomist'i** ეკონომისტი |
| engineer | **inzhineri** ინჟინერი |
| farmer | **permeri** ფერმერი *or* **mits'atmokmedi** მიწათმოქმედი |
| film-maker | **rezhisori** რეჟისორი |
| journalist | **zhurnalist'i** ჟურნალისტი |
| lawyer | **iurist'i** იურისტი |
| lecturer | **lekt'ori** ლექტორი |
| mechanic | **mek'anik'osi** მექანიკოსი |
| musician | **musik'osi** მუსიკოსი |
| negotiator | **momlap'arak'ebeli p'iri** მომლაპარაკებელი |

|  | პირი or **shuamavali** შუამავალი or **shuak'atsi** შუაკაცი |
|---|---|
| nurse | **momvleli** მომვლელი or **sanit'ari** სანიტარი |
| observer | **damk'wirvebeli** დამკვირვებელი |
| office worker | **opisis tanamshromeli** ოფისის თანამშრომელი or **opisis mushak'i** ოფისის მუშაკი |
| oil worker | **menavtobe** მენავთობე |
| photographer | **pot'ografi** ფოტოგრაფი |
| pilot | **mprinavi** მფრინავი |
| political expert | **p'olit'ologi** პოლიტოლოგი |
| scientist | **metsnieri** მეცნიერი |
| secretary | **mdivani** მდივანი |
| singer | **momgherali** მომღერალი |
| soldier | **jarisk'atsi** ჯარისკაცი |
| specialist | **specialisti** სპეციალისტი |
| student | **st'udent'i** სტუდენტი |
| surgeon | **k'irurgi** ქირურგი |
| teacher | **masts'avlebeli** მასწავლებელი |
| telecommunications specialist | **t'elekomunik'atsiebis sp'etsialist'i** ტელეკომუნიკაციების სპეციალისტი |
| tourist | **t'urist'i** ტურისტი or **mogzauri** მოგზაური |

waiter/waitress **mimtani** მიმტანი
writer **mts'erali** მწერალი

## —Age ასაკი

How old are you? **Ramdeni ts'lis khart?** რამდენი წლის ხართ?

I am ... years old. **(Me var) ... ts'lis.** (მე ვარ) ... წლის.

## —Family ოჯახი

Are you married? **Dakorts'inebuli khart?** დაქორწინებული ხართ?

*said to a man:* **Tsoliani khart?** ცოლიანი ხართ?

*said to a woman:* **Gatkhovili khart?** გათხოვილი ხართ?

I am not married./I am single.

*said by a man:* **Me utsolo var.** მე უცოლო ვარ.

*said by a female:* **Me gasatkhovari var.** მე გასათხოვარი ვარ.

I am married. **Me daqortsinebuli var.** მე დაქორწინებული ვარ

*said by a man:* **Me tsoliani var.** მე ცოლიანი ვარ.

*said by a female:* **Me gatkhovili var.** მე გათხოვილი ვარ.

I am divorced. **Me gank'orts'inebuli var.** მე განქორწინებული ვარ.

I am widowed. **Me k'vrivi var.** მე ქვრივი ვარ.

Do you have a girlfriend? **G-qavt sheqwarebuli?** გყავთ შეყვარებული? *or* **G-qavt megobari kali?** გყავთ მეგობარი ქალი?

| Do you have a boyfriend? | **G-qavt sheqwarebuli?** გყავთ შეყვარებული? |
| | *or* **G-qavt megobari katsi?** გყავთ მეგობარი კაცი? |

| What is his/her name? | **Ra h-k'wia?** რა ჰქვია? |

| His/Her name is ... | **Misi sakheli a ...** მისი სახელია ... |
| | *or* **Mas ... hkwia.** მას ... ჰქვია. |

| Do you have any children? | **Shwilebi g-qavt?** შვილები გყავთ? |

| How many children do you have? | **Ramdeni shwili g-qavt?** რამდენი შვილი გყავთ? |

| I don't have any children. | **Bawshwi ar m-qavs.** ბავშვი არ მყავს. |

| I have a daughter. | **M-qavs kalishwili.** მყავს ქალიშვილი. |

| I have a son. | **M-qavs vazhishwili.** მყავს ვაჟიშვილი. |

| How many sisters do you have? | **Ramdeni da g-qavt?** რამდენი და გყავთ? |

| How many brothers do you have? | **Ramdeni dzma g-qavt?** რამდენი ძმა გყავთ? |

## —Family members

ოჯახის წევრები

| father | **mama** მამა |
| mother | **deda** დედა |
| parents | **mshoblebi** მშობლები |
| grandfather | **babua** ბაბუა *used more in Western Georgia;* **p'ap'a** პაპა *used more in Eastern Georgia* |
| grandmother | **bebia** ბებია |

| | |
|---|---|
| brother | **dzma** ძმა |
| brothers | **dzmebi** ძმები |
| sister | **da** და |
| sisters | **debi** დები |
| child | **bawshwi** ბავშვი |
| children | **bawshwebi** ბავშვები |
| daughter | **kalishwili** ქალიშვილი *or* **gogo** გოგო |
| son | **vazhishwili** ვაჟიშვილი *or* **bich'i** ბიჭი |
| twins | **t'qupebi** ტყუპები |
| husband | **k'mari** ქმარი |
| wife | **tsoli** ცოლი |
| family | **ojakhi** ოჯახი |
| man | **k'atsi** კაცი |
| woman | **kali** ქალი |
| boy | **bich'i** ბიჭი |
| girl | **gogo** გოგო *or* **gogona** გოგონა |
| person | **p'irovneba** პიროვნება *or* **adamiani** ადამიანი *or* **p'iri** პირი |
| people | **khalkhi** ხალხი |

## —Religion  რელიგია

| | |
|---|---|
| What is your religion? | **Ra sarts'munoebis khart?** რა სარწმუნოების ხართ? |
| I am (a) ... | **Me var ...** მე ვარ ... |
| Christian | **Krist'iani** ქრისტიანი |
| Orthodox | **Martlmadidebeli** მართლმადიდებელი |
| Catholic | **K'atolik'e** კათოლიკე |
| Protestant | **P'rot'est'ant'i** პროტესტანტი |

| | |
|---|---|
| Muslim | **Musulmani** მუსულმანი *or* **Mahmadiani** მაჰმადიანი |
| Jewish | **Ebraeli** ებრაელი *or* **Iudeveli** იუდეველი |
| Buddhist | **Budist'i** ბუდისტი |
| Hindu | **Induist'i** ინდუისტი |
| I am not religious. | **(Me) ara var morts'mune.** (მე) არა ვარ მორწმუნე. |

## —Weights & measures

Georgia uses the international metric system. Imperial measurements given below are for reference only.

| | |
|---|---|
| kilometer | **kilomet'ri** კილომეტრი |
| meter | **met'ri** მეტრი |
| mile | **mili** მილი |
| foot | **put'i** ფუტი |
| yard | **iardi** იარდი |
| square meter | **k'vadrat'uli met'ri** კვადრატული მეტრი |
| hectare | **hekt'ari** ჰექტარი |
| acre | **akri** აკრი |
| gallon | **galoni** გალონი |
| liter | **lit'ri** ლიტრი |
| tonne | **t'ona** ტონა |
| kilogram/kilo | **k'ilogrami/k'ilo** კილოგრამი/კილო |
| gram | **grami** გრამი |
| pound | **girvanka** გირვანქა |
| ounce | **untsia** უნცია |

# 4. LANGUAGE

ენა

Aside from the numerous other Caucasian languages spoken in the region most Georgians will know Russian, although this is losing ground as the new generations place emphasis on English. You will also hear many speakers of Armenian, Kurdish, Azeri and Turkish amongst other languages.

| | |
|---|---|
| Do you speak English? | **Itsi(t) Inglisuri?**<br>იცით ინგლისური? |
| Do you speak Georgian? | **Itsi(t) Kartuli?**<br>იცით ქართული? |
| Do you speak Russian? | **Itsi(t) Rusuli?**<br>იცით რუსული? |
| Do you speak Spanish? | **Itsi(t) Esp'anuri?**<br>იცით ესპანური? |
| Do you speak German? | **Itsi(t) Germanuli?**<br>იცით გერმანული? |
| Do you speak French? | **Itsi(t) Pranguli?**<br>იცით ფრანგული? |
| Do you speak Turkish? | **Itsi(t) Turkuli?**<br>იცით თურქული? |
| Do you speak ...? | **Itsi(t) ...?**<br>იცი(თ) ...? |
| I speak ... | **(Me) v-itsi ...**<br>(მე) ვიცი ... |
| English | **Inglisuri** ინგლისური |
| Georgian | **Kartuli** ქართული |
| Abkhaz | **Apkhazuri** აფხაზური |

| | |
|---|---|
| Arabic | **Arabuli** არაბული |
| Armenian | **Somkhuri** სომხური |
| Azeri | **Azerbaijanuli** აზერბაიჯანული |
| Chinese | **Chinuri** ჩინური |
| Danish | **Daniuri** დანიური |
| Dutch | **Holandiuri** ჰოლანდიური |
| Farsi (Persian) | **Sp'arsuli** სპარსული |
| French | **Pranguli** ფრანგული |
| German | **Germanuli** გერმანული |
| Greek | **Berdznuli** ბერძნული |
| Hebrew | **Ebrauli** ებრაული |
| Hindi | **Induri** ინდური |
| Kurdish | **Kurtuli** ქურთული |
| Italian | **It'aliuri** იტალიური |
| Japanese | **Iap'onuri** იაპონური |
| Ossetian | **Osuri** ოსური |
| Russian | **Rusuli** რუსული |
| Spanish | **Esp'anuri** ესპანური |
| Swedish | **Sveduri** შვედური |
| Turkish | **Turkuli** თურქული |
| Ukrainian | **Uk'rainuli** უკრაინული |
| Urdu | **Urdu** ურდუ |

| | |
|---|---|
| Does anyone speak English? | **Itsis vinmem Inglisuri?** იცის ვინმემ ინგლისური? |
| Does anyone speak Georgian? | **Itsis vinmem Kartuli?** იცის ვინმემ ქართული? |
| I speak a little ... | **(Me) v-itsi tsot'a ...** (მე) ვიცი ცოტა ... |
| I don't speak ... | **(Me) ar v-itsi ...** (მე) არ ვიცი ... |

# LANGUAGE

| | |
|---|---|
| I understand. | **(Me) me-smis.*** |
| | (მე) მესმის. |
| | *or* **Ga-v-ige.*** |
| | გავიგე. |
| | *or* **V-khvdebi.*** |
| | ვხვდები. |
| I don't understand. | **(Me) ar m-esmis.*** |
| | (მე) არ მესმის. |
| | *or* **Ver ga-v-ige.*** |
| | ვერ გავიგე. |
| | *or* **Ver v-khvdebi.*** |
| | ვერ ვხვდები. |
| I'm sorry, I didn't understand that. | **Uk'atsravad, ver gavige.*** |
| | უკაცრავად, ვერ გავიგე. |
| | *or* **Ukacravad, ar mesmis.*** |
| | უკაცრავად, არ მესმის. |
| Could you speak more slowly, please? | **Upro nela ilap'arak'e(t), tu sheidzleba?** |
| | უფრო ნელა ილა-პარაკე(თ), თუ შეიძლება? |
| Could you repeat that? | **Gaimeore(t), tu sheidzleba?** |
| | გაიმეორე(თ), თუ შეიძლება? |
| How do you say ... in Georgian? | **Rogor it'qwi(t) ...-s Kartulad?** |
| | როგორ იტყვი(თ) ...-ს ქართულად? |

---

\* **Me-smis** მესმის means "I hear/I am understanding (what you are saying to me)", **ga-v-ige** გავიგე is "I have understood completely/I comprehend", **v-khvdebi** ვხვდები is "I get the idea (of what you're saying)".

| | |
|---|---|
| Please point to the word in the book. | **Machwene(t) getaqwa es sit'qwa ts'ign-shi.** მაჩვენე(თ) გეთაყვა ეს სიტყვა წიგნში. |
| Please wait while I look up the word. | **Tu sheidzleba damelode(t) sanam movdzebni am sit'qwas.** თუ შეიძლება დამელოდე(თ) სანამ მოვძებნი ამ სიტყვას. |
| What does ... mean? | **Ras nishnavs ...?** რას ნიშნავს ...? |
| How do you pronounce this word? | **Rogor tsarmotk'wam(t) am sit'qwas?** როგორ წარმოთქვამ(თ) ამ სიტყვას? |
| language | **ena** ენა |
| dialect | **dialekt'i** დიალექტი |
| accent | **aktsent'i** აქცენტი *or* **gamotkma** გამოთქმა |

# 5. BUREAUCRACY
## საქმეთა წარმოება*

| —Filling in forms | ფორმის შევსება |
|---|---|
| first name | **sakheli** სახელი |
| surname | **gwari** გვარი |
| address | **misamarti** მისამართი |
| telephone number | **telefonis nomeri** ტელე-ფონის ნომერი |
| date of birth | **dabadebis tarighi** დაბადების თარიღი |
| place of birth | **dabadebis adgili** დაბადების ადგილი |
| nationality | **erovneba** ეროვნება *or* **mokalakeoba** მოქალაქეობა |
| age | **asak'i** ასაკი |
| (sex)male | **mamrobiti** მამრობითი |
| female | **mdedrobiti** მდედრობითი |
| religion | **religia** რელიგია *or* **sart-s'munoeba** სარწმუნოება |
| reason for travel: | **mogzaurobis mizani:** მოგზაურობის მიზანი: |
| business | saqmiani საქმიანი |
| tourism | **mogzauroba** მოგზაუ-რობა *or* **turizmi** ტურიზმი |
| work | **samushao** სამუშაო *or* **mivlineba** მივლინება |
| personal | **p'iradi** პირადი |
| profession | **p'ropesia** პროფესია |

---

\* In addition to **sakmeta ts'armoeba** საქმეთა წარმოება, you can also use **biurok'rat'ia** ბიუროკრატია.

| | | |
|---|---|---|
| marital status | | **ojakhuri mdgomareoba** ოჯახური მდგომარეობა |
| single | *male* | **utsolo** უცოლო |
| | *female* | **gasatkhovari** გასათხოვარი |
| married | *male* | **tsoliani** ცოლიანი |
| | *female* | **gatkhovili** გათხოვილი |
| divorced | | **gank'orts'inebuli** განქორწინებული |
| date | | **tarighi** თარიღი |
| date of arrival | | **chasvlis tarighi** ჩასვლის თარიღი *or* **chamosvlis tarighi** ჩამოსვლის თარიღი |
| date of departure | | **gamgzavrebis tarighi** გამგზავრების თარიღი |
| I.D. card | | **piradobis mowmoba** პირადობის მოწმობა |
| passport | | **p'asp'ort'i** პასპორტი |
| passport number | | **p'asp'ort'is nomeri** პასპორტის ნომერი |
| visa | | **viza** ვიზა |
| currency | | **puli** ფული *or* **valut'a** ვალუტა |

## —Ministries    სამინისტროები

Note that titles of ministries and governmental departments are often changed or modified. The following are useful general descriptions that will be understood everywhere.

| | |
|---|---|
| Ministry of Agriculture | **Soplis Meurneobis Saminist'ro** სოფლის მეურნეობის სამინისტრო |
| Ministry of Defense | **Tavdatsvis Saminist'ro** თავდაცვის სამინისტრო |

# BUREAUCRACY

| | |
|---|---|
| Ministry of Education | **Ganatlebis Saminist'ro**<br>განათლების<br>სამინისტრო |
| Ministry of Energy | **Energet'ik'is Saminist'ro**<br>ენერგეტიკის<br>სამინისტრო |
| Ministry of Foreign Affairs | **Sagareo Sakmeta Saministro**<br>საგარეო საქმეთა<br>სამინისტრო |
| Ministry of Health | **Jandatswis Saminist'ro**<br>ჯანდაცვის<br>სამინისტრო |
| Ministry of Home Affairs | **Shinagan Sakmeta Saminist'ro**<br>შინაგან საქმეთა<br>სამინისტრო |
| Ministry of Justice | **Iustitsiis Saminist'ro**<br>იუსტიციის სამინ-<br>ისტრო |
| Ministry of Transport | **T'ransp'ort'is Saminist'ro**<br>ტრანსპორტის სამინ-<br>ისტრო |

## —Useful phrases
გამოსადეგი<br>ფრაზები

| | |
|---|---|
| Where is the office of ...? | **Sad aris ...-is opisi?**<br>სად არის ...-ის<br>ოფისი? |
| Which floor is it on? | **Romel sartul-ze a?**<br>რომელ სართულზეა? |
| Does the elevator work? | **Lipt'i mushaobs?**<br>ლიფტი მუშაობს? |

Is Mr./Ms. ... in the building/office?

**Bat'oni/Kalbat'oni ... sakhl-shi/ofis-shi aris?**

ბატონი/ქალბატონი ... სახლში/ოფისში არის?

Please tell him/her that I am here.

**Gadaetsit getaqwa rom ak var.**

გადაეცით გეთაყვა რომ აქ ვარ.

Is this the correct form?

**Es sts'ori porma a?**

ეს სწორი ფორმაა?

What does this mean?

**Ras nishnavs es?**

რას ნიშნავს ეს?

Where should I wait?

**Sad davelodo?**

სად დაველოდო?

I can't wait, I have another appointment.

**Ver davelodebi, shekhwedra m-akvs.**

ვერ დაველოდები, შეხვედრა მაქვს.

Tell him/her that I was here.

**Gadaetsit rom viqavi.**

გადაეცით რომ ვიყავი.

Should I come back another time/day?

**Skhwa dros/dghes khom ar da-v-brunde?**

სხვა დროს/დღეს ხომ არ დავბრუნდე?

When?

**Rodis?**

როდის?

Can you write that down for me?

**Shegidzliat da-mi-ts'erot?**

შეგიძლიათ დამიწეროთ?

# TRAVEL

# 6. TRAVEL
## მოგზაურობა*

**PUBLIC TRANSPORT** — Buses can often be too packed for comfort, and Tbilisi's metro has been outpaced by the growth of new suburbs. Far more practical are the numerous privately run minibuses called **marshrut'k'a** მარშრუტკა or **samarshrut'o t'aksi** სამარშრუტო ტაქსი, which stop at predetermined pick-up points. You pay the driver's assistant when you get out. Longer distance travel out of town offers you the usual variety of means. There are now many car rental firms, offering you vehicles with or without drivers. Rates vary. Intercity buses are reliable and leave from specially designated areas. The rail system is not extensive but is always being improved, being basically the international line that passes across the South Caucasus from Baku to Batumi with Tbilisi at its centre. Bicycles and motorbikes are difficult to find in most of the country, and are often impractical in view of the mountainous terrain.

## —Enquiries ცნობათა ბიურო

What time does the airplane leave/arrive?
**Rodis miprinavs/ moprinavs twitmprinavi?**
როდის მიფრინავს/ მოფრინავს თვითმფრინავი?

What time does the train leave/arrive?
**Rodis gadis/chamodis mat'arebeli?**
როდის გადის/ჩამოდის მატარებელი?

What time does the bus leave/arrive?
**Rodis gadis/modis avt'obusi?**
როდის გადის/მოდის ავტობუსი?

* In addition to **mogzauroba** მოგზაურობა "travel", you will also hear **mgzavroba** მგზავრობა which means "trip".

| | |
|---|---|
| What time does the boat leave/arrive? | **Rodis gadis/shemodis gemi?**<br>როდის გადის/შემოდის გემი? |
| The plane is delayed/cancelled. | **Twitmprinavi igwianebs/reisi gauqmebulia.**<br>თვითმფრინავი იგვიანებს/რეისი გაუქმებულია. |
| The train is delayed/cancelled. | **Mat'arebeli igwianebs/reisi gauqmebulia.**<br>მატარებელი იგვიანებს/რეისი გაუქმებულია. |
| How long will it be delayed? | **Ramdeni khnit igwianebs?**<br>რამდენი ხნით იგვიანებს? |
| There is a delay of ... minutes/hours. | **Igwianebs ... ts'utit/saatit.**<br>იგვიანებს ... წუთით/საათით. |

## —Buying tickets

ბილეთების ყიდვა

| | |
|---|---|
| Excuse me, where is the ticket office? | **Uk'atsravad, sad aris (biletebis) salaro?**<br>უკაცრავად, სად არის (ბილეთების) სალარო? |
| Where can I buy a ticket? | **Sad shemidzlia biletis qidwa?**<br>სად შემიძლია ბილეთის ყიდვა? |

| | |
|---|---|
| I want to go to Batumi. | **(Me) mi-nda ts'a-v-ide Batum-shi.**<br>(მე) მინდა წავიდე ბათუმში. |
| I want a ticket to Batumi. | **(Me) Mi-nda bileti Batum-amde.**<br>(მე) მინდა ბილეთი ბათუმამდე. |
| I would like ... | **(Me) m-inda ...**<br>(მე) მინდა ... |
| a one-way ticket | **bileti erti mimar-tulebit** ბილეთი ერთი მიმართულებით |
| a return ticket | **bileti orive mimar-tulebit** ბილეთი ორივე მიმართულებით |
| first class | **p'irweli k'lasis bileti** პირველი კლასის ბილეთი |
| second class | **meore k'lasis bileti** მეორე კლასის ბილეთი |
| business class | **biznes k'lasis bileti** ბიზნეს კლასის ბილეთი |
| economy class | **ek'onom k'lasis bileti** ეკონომ კლასის ბილეთი |
| Do I pay in lari or dollars? | **Larit gadavikhado tu dolarit?**<br>ლარით გადავიხადო თუ დოლარით? |
| You must pay in lari. | **Unda gadaikhadot larit.**<br>უნდა გადაიხადოთ ლარით. |
| You must pay in dollars. | **Unda gadaikhadot dolarit.**<br>უნდა გადაიხადოთ დოლარით. |

You can pay in either. **Shegidzliat nebismierit.**
შეგიძლიათ
ნებისმიერით
or **Rogorts ge-nebot.**
როგორც გენებოთ.

Can I pay by credit card? **Sheidzleba sak'redit'o baratit gadakhda?**
შეიძლება საკრედიტო
ბარათით გადახდა?

Yes. Please type in your pin number. **Diakh, tu sheidzleba ak'ripet tkweni p'iradi/pin k'odi.**
დიახ, თუ შეიძლება
აკრიფეთ თქვენი
პირადი/პინ კოდი?

Can I reserve a place? **Sheidzleba adgilis da-v-javzhna?**
შეიძლება ადგილის
დავჯავშნა?

How long does the trip take? **Ramdeni khani dasch'irdeba mgzavrobas?**
რამდენი ხანი
დასჭირდება
მგზავრობას?

Is it a direct route? **P'irdap'iri gza a?**
პირდაპირი გზაა?

## —Air travel
საჰაერო
მგზავრობა

Is there a flight to ... ? **Aris reisi ...-s mimartulebit?**
არის რეისი ...-ს
მიმართულებით?

When is the next flight to ...? **Rodis ikneba shemdegi reisi ...-sk'en?**
როდის იქნება
შემდეგი რეისი ...-სკენ?

# TRAVEL

| | |
|---|---|
| How long is the flight? | **Ramdeni khani s-ch'irdeba mgzavrobas?**<br>რამდენი ხანი სჭირდება მგზა-ვრობას? |
| What is the flight number? | **Ra aris reisis nomeri?**<br>რა არის რეისის ნომერი? |
| You must check in at … *(time).* | **(Tkwen) unda gaiarot registratsia …-ze.**<br>(თქვენ) უნდა გაიაროთ რეგისტრა-ცია …-ზე. |
| Is the flight delayed? | **Twitmprinavi igwianebs?**<br>თვითმფრინავი იგვიანებს? |
| How many hours is the flight delayed? | **Ramdeni saatit igwianebs twitmprinavi?**<br>რამდენი საათით იგვიანებს თვითმფრინავი? |
| Is this the flight for … ? | **Es …-s reisi a?**<br>ეს …-ს რეისია? |
| Is that the flight from … ? | **Es reisi …-dan aa?**<br>ეს რეისი …-დანაა? |
| When is the Paris flight arriving? | **Rodis chamodis P'arizis reisi/twitmprinavi?**<br>როდის ჩამოდის პარიზის რეისი/ თვითმფრინავი? |
| Is it on time? | **Dro-ze moprinavs?**<br>დროზე მოფრინავს? |
| Is it late? | **Khom ar igwianebs?**<br>ხომ არ იგვიანებს? |

| | |
|---|---|
| Do I have to change planes? | **Unda gada-v-jde skhwa twitmprinavshi?**<br>უნდა გადავჯდე სხვა თვითმფრინავში? |
| Has the plane left Paris yet? | **Twitmprinavi P'arizi-dan uk'we gamoprinda?**<br>თვითმფრინავი პარიზიდან უკვე გამოფრინდა? |
| What time does the plane take off? | **Romel saat-ze miprinavs twitmprinavi?**<br>რომელ საათზე მიფრინავს თვითმფრინავი? |
| What time do we arrive in Paris? | **Rodis v-iknebi-t P'ariz-shi?**<br>როდის ვიქნებით პარიზში? |
| excess baggage | **zedmet'i ts'ona**<br>ზედმეტი წონა |
| international flight | **saertashoriso reisebi**<br>საერთაშორისო რეისები |
| domestic flight | **kweqnis shida reisebi**<br>ქვეყნის შიდა რეისები |

## —Bus  ავტობუსი

| | |
|---|---|
| bus stop | **avt'obusis gachereba**<br>ავტობუსის გაჩერება |
| Where is the bus stop/station? | **Sad aris avt'obusis gachereba/sadguri?**<br>სად არის ავტობუსის გაჩერება/სადგური? |
| Could you take me to the bus station? | **Ts'a-mi-qwant avt'obusis sadguramde?**<br>წამიყვანთ ავტობუსის სადგურამდე? |

| | |
|---|---|
| Which bus goes to Kutaisi? | **Romeli avt'obusi midis Kutais-shi?** რომელი ავტობუსი მიდის ქუთაისში? |
| Does this bus go to Batumi? | **Es avt'obusi midis Batum-shi?** ეს ავტობუსი მიდის ბათუმში? |
| How often do buses pass by? | **Ramden khan-shi ertkhel dadian avt'obusebi?** რამდენ ხანში ერთხელ დადიან ავტობუსები? |
| How often do buses leave? | **Ra sikhshirit gadian avt'obusebi?** რა სიხშირით გადიან ავტობუსები? *or* **Ramden khanshi ertkhel gadian avt'obusebi?** რამდენ ხანში ერთხელ გადიან ავტო-ბუსები? |
| What time is the ... Gori bus? | **Romel saat-ze gadis Goris ... avt'obusi?** რომელ სათზეა გადის გორის .... ავტობუსი? |
| next | **shemdegi** შემდეგი |
| first | **p'irweli** პირველი |
| last | **bolo** ბოლო |
| Where can I get a bus to Mtskheta? | **Saidan gadis avt'obusi Mtskhetis mimartulebit?** საიდან გადის ავტობუსი მცხეთის მიმართულებით? |

| | |
|---|---|
| When is the first bus to Mtskheta? | **Rodis gadis p'irweli avt'obusi Mtskhetis mimartulebit?** როდის გადის პირველი ავტობუსი მცხეთის მიმართულებით? |
| When is the last bus to Mtskheta? | **Rodis gadis bolo avt'obusi Mtskhetis mimartulebit?** როდის გადის ბოლო ავტობუსი მცხეთის მიმართულებით? |
| When is the next bus to Mtskheta? | **Rodis gadis shemdegi avt'obusi Mtskhetis mimartulebit?** როდის გადის შემდეგი ავტობუსი მცხეთის მიმართულებით? |
| Do I have to change buses? | **Damch'irdeba skhwa avt'obus-ze gadajdoma?** დამჭირდება სხვა ავტობუსზე გადაჯდომა? |
| How long is the journey? | **Ra dro s-ch'irdeba mgzavrobas?** რა დრო სჭირდება მგზავრობას? |
| What is the fare? | **Ra ghirs bileti?** რა ღირს ბილეთი? |
| Where should I sit? | **Sad da-v-jde?** სად დავჯდე? |
| Will you let me know when we get to Zugdidi? | **Shegidzliat mitkhrat rodis cha-v-alt Zugdid-shi?** შეგიძლიათ მითხრათ როდის ჩავალთ ზუგდიდში? |

# TRAVEL

| | |
|---|---|
| I want to get off at Rustaveli Avenue. | **(Me) cha-v-divar Rustavelis p'rosp'ek't-ze.** (მე) ჩავდივარ რუსთაველის პროსპექტზე. |
| Stop, I want to get off! | **Ga-mi-cheret, cha-v-divar!** გამიჩერეთ, ჩავდივარ! |
| Please let me off at the next stop. | **Shemdeg gachereba-ze ga-mi-cheret, cha-v-divar.** შემდეგ გაჩერებაზე გამიჩერეთ, ჩავდივარ. |
| Please let me off here. | **Ak ga-mi-cheret, cha-v-divar.** აქ გამიჩერეთ, ჩავდივარ. |
| I need my luggage, please. | **Chemi bargis agheba m-chirdeba, getaqwa?** ჩემი ბარგის აღება მჭირდება, გეთაყვა? |
| That's my bag. | **Es aris chemi chant'a.** ეს არის ჩემი ჩანთა. |

## —Train რკინიგზა

| | |
|---|---|
| Where can I buy tickets? | **Sad sheidzleba biletebis qidwa?** სად შეიძლება ბილეთების ყიდვა? |
| Where is the ticket office? | **Sad aris biletebis salaro?** სად არის ბილეთების სალარო? |
| Passengers must change trains. | **Mgzavrebi u-nda gadaskhdnen skhwa mat'arebel-shi.** |

| | |
|---|---|
| | მგზავრები უნდა გადასხდნენ სხვა მატარებელში. |
| Passsengers must change platforms. | **Mgzavrebi u-nda gadavidnen skhwa bakan-ze.** მგზავრები უნდა გადავიდნენ სხვა ბაქანზე. |
| Is this the right platform for Baku? | **Am bakanidan gadis mat'arebeli baqos mimartulebit?** ამ ბაქანიდან გადის მატარებელი ბაქოს მიმართულებით? |
| Is there a timetable? | **Sad aris mat'areblebis ganrigi?** სად არის მატარე-ბლების განრიგი? |
| Which platform should I go to? | **Romel bakan-ze unda mi-v-ide?** რომელ ბაქანზე უნდა მივიდე? |
| platform one/two | **p'irweli/meore bakani** პირველი/მეორე ბაქანი |
| The train leaves from platform one/two. | **Mat'arebeli gadis p'irweli/meore bakan-idan.** მატარებელი გადის პირველი/მეორე ბაქანიდან. |
| You must change trains at ... | **Tkwen unda gadajdet skhwa mat'arebel-ze ...-shi.** თქვენ უნდა გადაჯდეთ სხვა მატარებელზე ...-ში. |

| | |
|---|---|
| Will the train leave on time? | **Mat'arebeli danishnul dros ga-va?** მატარებელი დანიშნულ დროს გავა? |
| There will be a delay of ten minutes. | **Mat'arebeli igwianebs ati ts'utit.** მატარებელი იგვიანებს ათი წუთით. |
| There will be a delay of two hours. | **Mat'arebeli daigwianebs ori saatit.** მატარებელი დაიგ-ვიანებს ორი საათით. |

## —Taxi ტაქსი

Not all taxis in Georgia are metered. To avoid unpleasant surprises, agree to fares in advance. It is useful to be able to tell the driver your destination in Georgian or have it written down on a piece of paper. Be warned, however, that some drivers will have as little idea as you as to the precise whereabouts of your destination. A more reliable option is to telephone a radio taxi company.

| | |
|---|---|
| Taxi! | **t'aksi!** ტაქსი! |
| Where can I get a taxi? | **Sad sheidzleba t'aksis gachereba?** სად შეიძლება ტაქსის გაჩერება? |
| Please could you call me a taxi. | **Shegidzliat t'aksi gamo-mi-dzakhot, getaqwa?** შეგიძლიათ ტაქსი გამომიძახოთ გეთაყვა? |
| Can you pick me up at... ? | **Shegidzliat mo-m-akitkhot ... misamart-ze getaqwa?** |

შეგიძლიათ
მომაკითხოთ ...
მისამართზე გეთაყვა?

| | |
|---|---|
| The address is .... | **Chemi misamarti a ..** |
| | ჩემი მისამართია .. |
| What is the address here? | **Ak ra misamarti a?** |
| | აქ რა მისამართია? |
| What is the address there? | **Ik ra misamarti a?** |
| | იქ რა მისამართია? |
| Can you take me to the Opera House? | **Shegidzliat operas-tan mi-mi-qwanot?** |
| | შეგიძლიათ ოპერას-თან მიმიყვანოთ? |
| Please take me to Saburtalo. | **Tu sheidzleba Saburtalo-ze mi-mi-qwanot.** |
| | თუ შეიძლება საბურთალოზე მიმიყვანოთ. |
| How much will it cost to Vak'e? | **Ra eghireba mgzavroba Vak'e-mde?** |
| | რა ეღირება მგზავრობა ვაკემდე? |
| To this address, please. | **Am misamart-ze, getaqwa/tu sheidzleba.** |
| | ამ მისამართზე, გეთაყვა/თუ შეიძლება. |
| Turn left. | **Martskhniv sheukhwiet.** |
| | მარცხნივ შეუხვიეთ. |
| Turn right. | **Marjvniv sheukhwiet.** |
| | მარჯვნივ შეუხვიეთ. |
| Go straight ahead. | **P'irdap'ir iaret.** |
| | პირდაპირ იარეთ. |
| Stop! | **Ga-acheret!** |
| | გააჩერეთ! |

# TRAVEL

| | |
|---|---|
| Don't stop! | **Nu ga-acherebt!**<br>ნუ გააჩერებთ! |
| I'm in a hurry. | **Me-chkareba.**<br>მეჩქარება. |
| Please drive more slowly! | **Tu sheidzleba nela iaret!**<br>თუ შეიძლება ნელა იარეთ! |
| Here is fine, thank you. | **Ai ak gamicheret, g-madlobt.**<br>აი აქ გამიჩერეთ, გმადლობთ. |
| The next corner, please. | **Shemdeg shesakhwev-tan, tu sheidzleba.**<br>შემდეგ შესახვევთან, თუ შეიძლება. |
| The next street to the left. | **Shemdegi kucha martskhniv.**<br>შემდეგი ქუჩა მარცხნივ. |
| The next street to the right. | **Shemdegi kucha marjvniv.**<br>შემდეგი ქუჩა მარჯვნივ. |
| Stop here! | **Ga-acheret!**<br>გააჩერეთ! |
| Stop the car, I want to get out. | **Ga-acheret mankana, cha-v-divar.**<br>გააჩერეთ მანქანა, ჩავდივარ. |
| Please wait here. | **Ak da-me-lodet, tu sheidzleba.**<br>აქ დამელოდეთ, თუ შეიძლება. |
| Take me to the airport. | **Aeroport-shi ts'a-mi-qwanet.**<br>აეროპორტში წამიყვანეთ. |

Take me to the railway station.
**Rk'inigzis sadgur-tan mi-mi-qwanet.**
რკინიგზის სადგურთან მიმიყვანეთ.

## —General phrases

ზოგადი ფრაზები

I want to get off at the next stop.
**Mi-nda cha-v-ide shemdeg gachereba-ze.**
მინდა ჩავიდე შემდეგ გაჩერებაზე.

I want to get off at the next street.
**Mi-nda cha-v-ide shemdeg kucha-ze.**
მინდა ჩავიდე შემდეგ ქუჩაზე.

Excuse me!
**Uk'atsravad!**
უკაცრავად!

Excuse me, may I get by?
**Uk'atsravad, shegidzliat ga-m-at'arot?**
უკაცრავად, შეგიძლიათ გამატაროთ?

These are my bags.
**Eseni chemi chantebi a.**
ესენი ჩემი ჩანთებია

Please put them there.
**G-tkhovt ak daalagot.**
გთხოვთ აქ დაალაგოთ.

Is this seat free?
**Es adgili tavisupali a?**
ეს ადგილი თავისუფალია?

I think that's my seat.
**V-pikrob es chemi adgili a.**
ვფიქრობ ეს ჩემი ადგილია.

# TRAVEL

## —Extra words დამატებითი სიტყვები

| | |
|---|---|
| airport | **aerop'ort'i** აეროპორტი |
| airport tax | **aerop'ort'is gadasakhadi** აეროპორტის გადასახადი |
| ambulance | **sasts'rapo dakhmarebis mankana** სასწრაფო დახმარების მანქანა |
| arrivals | **chamosvla** ჩამოსვლა |
| baggage counter | **bargis misaghebi** ბარგის მისაღები *or* **bargis migheba** ბარგის მიღება |
| bicycle | **velosip'edi** ველოსიპედი |
| boarding pass | **twitmprinav-shi chaskhdomis barati** თვითმფრინავში ჩასხდომის ბარათი |
| boat | **navi** ნავი *or* **gemi** გემი |
| bus stop | **avt'obusis gachereba** ავტობუსის გაჩერება |
| car | **mankana** მანქანა |
| check-in (counter) | **regist'ratsia** რეგისტრაცია |
| closed | **dakhurulia** დახურულია *or* **daket'ilia** დაკეტილია |
| customs | **sabazho** საბაჟო |
| delay | **reisis gadadeba** რეისის გადადება |
| departures | **gamgzavreba** გამგზავრება |
| dining car *on train* | **vagon-rest'orani** ვაგონი-რესტორანი |
| emergency exit | **saavario gasasvleli** საავარიო გასასვლელი |
| entrance | **shesasvleli** შესასვლელი |
| exit | **gasasvleli** გასასვლელი |

| | |
|---|---|
| express train | **eksp'resi/chkari mat'arebeli** ექსპრესი/ჩქარი მატარებელი |
| ferry | **borani** ბორანი |
| on foot | **pekhit** ფეხით |
| 4-wheel drive | **orkhidiani mankana** ორხიდიანი მანქანა |
| helicopter | **vert'mpreni** ვერტმფრენი |
| horse | **tskheni** ცხენი |
| horse and cart | **tskheni da et'li** ცხენი და ეტლი |
| on horseback | **tskhen-ze** ცხენზე |
| information | **inpormatsia** ინფორმაცია |
| local | **adgilobrivi** ადგილობრივი |
| metro | **metr'o** მეტრო |
| motorbike | **mot'otsik'leti** მოტოციკლეტი |
| no entry | **shesvla ak'rdzalulia** შესვლა აკრძალულია |
| no smoking | **mots'eva ak'rdzalulia** მოწევა აკრძალულია |
| open | **ghia** ღია |
| passport control | **sap'asp'ort'o k'ont'roli** საპასპორტო კონ-ტროლი |
| platform number | **bakanis nomeri** ბაქანის ნომერი |
| railway | **rk'inigza** რკინიგზა |
| railway station | **rk'inigzis sadguri** რკინიგზის სადგური |
| reserved | **dajavshnuli** დაჯავშნული or **shek'wetili** შეკვეთილი |
| radio taxi | **radio-t'aksi** რადიო-ტაქსი |
| road | **gza** გზა |

| | |
|---|---|
| road sign | **nishani** ნიშანი |
| roundabout | **moedani** მოედანი |
| sleeping car *on train* | **sadzile vagoni** საძილე ვაგონი |
| station | **sadguri** სადგური |
| subway *metro* | **metr'o** მეტრო |
| telephone | **t'eleponi** ტელეფონი |
| terminus | **bolo gachereba** ბოლო გაჩერება |
| ticket office | **biletebis salaro** ბილეთების სალარო |
| timetable | **ganrigi** განრიგი |
| toilets (ladies/gents) | **sap'irparesho (kalebi/ mamak'atsebi)** საპირფარეშო (ქალები/ მამაკაცები) *or* **t'ualet'i** ტუალეტი |
| town center | **kalakis tsent'ri** ქალაქის ცენტრი |
| traffic lights | **shuknishani** შუქნიშანი |
| train station | **mat'areblebis sadguri** მატარებლების სადგური *or* **rk'inigzis sadguri** რკინიგზის სადგური |
| travel | **mgzavroba** მგზავრობა |
| travel agent | **t'urist'uli saagento** ტურისტული სააგენტო |

# 7. ACCOMMODATION
## დაბინავება

| | |
|---|---|
| I am looking for a hotel/guesthouse. | **V-edzeb sast'umros.**<br>ვეძებ სასტუმროს. |
| Is there anywhere I can stay for the night? | **Sad she-mi-dzlia ghamis gateva?**<br>სად შემიძლია ღამის გათევა? |
| Is there anywhere we can stay for the night? | **Sad she-gwi-dzlia ghamis gateva?**<br>სად შეგვიძლია ღამის გათევა? |
| Where is ... | **Sad aris ...**<br>სად არის ... |
| a cheap hotel | **iapi sast'umro**<br>იაფი სასტუმრო |
| a good hotel | **k'argi sast'umro**<br>კარგი სასტუმრო |
| a nearby hotel | **uakhloesi sast'umro**<br>უახლოესი სასტუმრო |
| a clean hotel | **supta sast'umro**<br>სუფთა სასტუმრო |
| What is the address? | **Ra misamart-ze a?**<br>რა მისამართზეა? |
| Could you write the address please? | **Shegidzliat da-mi-ts'erot misamarti?**<br>შეგიძლიათ დამიწეროთ მისამართი? |

# ACCOMMODATION

## —At the hotel სასტუმროში

| | |
|---|---|
| Do you have any rooms free? | **G-akvt tavisupali nomeri?**<br>გაქვთ თავისუფალი ნომერი? |
| I would like ... | **Me mi-nda ...**<br>მე მინდა ... |
| a single room | **ertadgiliani nomeri**<br>ერთადგილიანი ნომერი |
| a double room | **oradgiliani nomeri**<br>ორადგილიანი ნომერი |
| We'd like a room. | **Chwen gwi-nda erti nomeri.**<br>ჩვენ გვინდა ერთი ნომერი. |
| We'd like two rooms. | **Chwen gwi-nda ori nomeri.**<br>ჩვენ გვინდა ორი ნომერი. |
| I want a room with ... | **Mi-nda otakhi ...**<br>მინდა ოთახი ... |
| a bathroom | **abazan-it** აბაზანით |
| a shower | **shkhap'-it** შხაპით |
| a television | **t'elevizor-it** ტელევიზორით |
| a window | **panjr-it** ფანჯრით |
| a double bed | **oradgiliani sats'ol-it** ორადგილიანი საწოლით |
| a balcony | **aivn-it** აივნით |
| a view | **khed-it** ხედით |
| I want a room that's quiet. | **Me mi-nda ts'qnari otakhi.**<br>მე მინდა წყნარი ოთახი. |

## —Checking in  რეგისტრაცია

| | |
|---|---|
| How long will you be staying? | **Ramdeni khani darchebit?** რამდენი ხანი დარჩებით? |
| How many nights? | **Ramdeni ghame?** რამდენი ღამე? |
| I'm going to stay for ... | **V-ap'ireb davrche ...** ვაპირებ დავრჩე ... |
| one day | **erti dghe** ერთი დღე |
| two days | **ori dghe** ორი დღე |
| one week | **erti k'wira** ერთი კვირა |
| two weeks | **ori k'wira** ორი კვირა |
| Sorry, we're full. | **Samts'ukharod adgilebi ar gw-akvs.** სამწუხაროდ ადგ-ილები არ გვაქვს. |
| I have a reservation. | **Dajavshnuli m-akvs.** დაჯავშნული მაქვს. |
| I have to meet someone here. | **Ak m-akvs shekhwedra danishnuli.** აქ მაქვს შეხვედრა დანიშნული. |
| Do you have any I.D.? | **G-akvt raime p'iradobis damadast'urebeli mots'moba?** გაქვთ რაიმე პირადობის დამადას-ტურებელი მოწმობა? |
| My name is ... | **Chemi sakheli a ...** ჩემი სახელია ... |
| May I speak to the manager please? | **Sheidzleba menejers da-v-elap'arako?** შეიძლება მენეჯერს დაველაპარაკო? |

| | |
|---|---|
| How much is it per night? | **Ra ghirs erti ghame?**<br>რა ღირს ერთი ღამე? |
| How much is it per person? | **Ra ghirs erti adgili?**<br>რა ღირს ერთი ადგილი? |
| How much is it per week? | **Ra ghirs erti k'wira?**<br>რა ღირს ერთი კვირა? |
| It's ... per day. | **Erti dghe ghirs ...**<br>ერთი დღე ღირს ... |
| It's ... per person. | **Erti adgili ghirs ...**<br>ერთი ადგილი ღირს ... |
| It's ... per week. | **Erti k'wira ghirs ...**<br>ერთი კვირა ღირს ... |
| Can I see it? | **Sheidzleba v-nakho?**<br>შეიძლება ვნახო? |
| Are there any others? | **Aris skhwa nomrebi?**<br>არის სხვა ნომრები? |
| Is there ... ? | **Aris ak ... ?**<br>არის აქ ... ? |
| air conditioning | **k'onditsioneri**<br>კონდიციონერი |
| laundry service | **samretskhao**<br>სამრეცხაო |
| room service | **otakh-shi**<br>**momsakhureba**<br>ოთახში<br>მომსახურება |
| a telephone | **t'eleponi** ტელეფონი |
| hot water | **tskheli ts'qali**<br>ცხელი წყალი |
| No, I don't like it. | **Ara, me es ar**<br>**mo-m-ts'ons.**<br>არა, მე ეს არ<br>მომწონს. |

It's too ...
**Es dzalian ... a.**
ეს ძალიან ...-ა.

| | |
|---|---|
| cold | **tsivi** ცივი |
| hot | **tskheli** ცხელი |
| big | **didi** დიდი |
| small | **p'at'ara** პატარა |
| dark | **bneli** ბნელი |
| noisy | **khmauriani** ხმაურიანი |
| dirty | **ch'uch'qiani** ჭუჭყიანი |

It's fine, I'll take it.
**Es k'argi a, amas a-v-igheb.**
ეს კარგია, ამას ავიღებ.

Where is the bathroom?
**Sad aris abazana?**
სად არის აბაზანა?

Is there hot water all day?
**Tskheli ts'qali mteli dghe modis?**
ცხელი წყალი მთელი დღე მოდის?

Do you have a safe?
**Seipi ga-akvt?**
სეიფი გააქვთ?

Is there anywhere to wash clothes?
**Sheidzleba sadme t'ansatsmlis garetskhwa?**
შეიძლება სადმე ტანსაცმლის გარეცხვა?

Can I use the telephone?
**Sheidzleba t'eleponit sargebloba?**
შეიძლება ტელეფონით სარგებლობა?

## —Needs საჭიროებანი

| | |
|---|---|
| I need ... | **Me mi-nda ...** მე მინდა ... |
| candles | **santlebi** სანთლები |
| toilet paper | **t'ualet'is kaghaldi** ტუალეტის ქაღალდი |
| soap | **sap'oni** საპონი |
| clean sheets | **supta tetreuli** სუფთა თეთრეული |
| an extra blanket | **k'idev erti sabani** კიდევ ერთი საბანი |
| drinking water | **sasmeli ts'qali** სას-მელი წყალი |
| a light bulb | **natura** ნათურა |
| Please change the sheets. | **Tu sheidzleba tetreuli gamo-mi-tsvalet.** თუ შეიძლება თეთრეული გამომიცვალეთ. |
| I have lost my key. | **Gasaghebi da-v-k'arge.** გასაღები დავკარგე. |
| Can I have the key to my room? | **Shegidzliat mo-m-tset chemi otakhis gasaghebi?** შეგიძლიათ მომცეთ ჩემი ოთახის გასაღები? |
| I can't open/close the window. | **Panjaras ver v-agheb/ v-khurav.** ფანჯარას ვერ ვაღებ/ვხურავ. |
| I can't open/close the door. | **Kars ver v-agheb/ v-khurav.** კარს ვერ ვაღებ/ ვხურავ. |
| The toilet won't flush. | **T'ualet'i ar iretskheba.** ტუალეტი არ ირეცხება. |

| The water has been cut off. | **Ts'qali shets'qda.** წყალი შეწყდა. |
|---|---|
| The electricity has been cut off. | **Elektroenergiis mots'odeba shets'qda** ელექტროენერგიის მოწოდება შეწყდა. *or* **Sinatle chaqra.** სინათლე ჩაქრა. |
| The gas has been cut off. | **Gazis mots'odeba shets'qda.** გაზის მოწოდება შეწყდა. |
| The heating has been cut off. | **Gatboba gamoirto.** გათბობა გამოირთო. |
| The heater doesn't work. | **Gamatbobeli ar mushaobs.** გამათბობელი არ მუშაობს. |
| The airconditioning doesn't work. | **K'onditsioneri ar mushaobs.** კონდიციონერი არ მუშაობს. |
| The phone doesn't work. | **T'eleponi ar mushaobs.** ტელეფონი არ მუშაობს. |
| I can't flush the toilet. | **T'ualet's ver v-retskhav.** ტუალეტს ვერ ვრეცხავ. |
| The toilet is blocked. | **T'ualet'-is milia gach'edili.** ტუალეტის მილია გაჭედილი. |
| The shower doesn't work. | **Shkhap'i ar mushaobs.** შხაპი არ მუშაობს. |

| | |
|---|---|
| Do you have a plug for the bath? | **G-akvt abazanis satsobi?** გააქვთ აბაზანის საცობი? |
| I can't turn off the tap. | **Onk'ans ver v-ket'av.** ონკანს ვერ ვკეტავ. |
| The television doesn't work. | **T'elevizori ar mushaobs.** ტელევიზორი არ მუშაობს. |
| How do I change channels? | **Rogor gada-v-rto skhwa arkh-ze?** როგორ გადავრთო სხვა არხზე? |
| How do I switch this on? | **Rogor cha-v-rto?** როგორ ჩავრთო? |
| Where is the remote control? | **Sad aris gadamrtweli?** სად არის გადამრთველი? |
| Where is the electric socket? | **Sad aris chamrtweli?** სად არის ჩამრთველი? |
| wake-up call | **gasaghwidzebeli zari** გასაღვიძებელი ზარი |
| Could you please wake me up at ... o'clock. | **Tu sheidzleba, ... saat-ze ga-m-aghwidzet?** თუ შეიძლება, ... საათზე გამაღვიძეთ? |
| I am leaving now. | **Me akhla mi-v-divar/ ga-v-divar.** მე ახლა მივდივარ/ გავდივარ. |
| We are leaving now. | **Chwen akhla mi-v-divar-t.** ჩვენ ახლა მივდივართ. |
| May I pay the bill now? | **Sheidzleba gada-v-ikhado?** შეიძლება გადავიხადო? |

## —Extra words

დამატებითი სიტყვები

| | |
|---|---|
| balcony | **aivani** აივანი |
| bar | **bari** ბარი |
| bathroom | **abazana** აბაზანა |
| bed | **sats'oli** საწოლი |
| | or **logini** ლოგინი |
| bill | **angarishi** ანგარიში |
| blanket | **sabani** საბანი |
| candle | **santeli** სანთელი |
| chair | **sk'ami** სკამი |
| clean | **supta** სუფთა |
| cold | **tsiwi** ცივი |
| cold water | **tsivi ts'qali** |
| | ცივი წყალი |
| cupboard | **ch'urch'lis k'arada** |
| | ჭურჭლის კარადა |
| dark | **bneli** ბნელი |
| dirty | **ch'uch'qiani** ჭუჭყიანი |
| door lock | **k'aris sak'et'i** |
| | კარის საკეტი |
| electricity | **elek't'rooba** |
| | ელექტროობა |
| | or **deni** დენი |
| excluded | **ar shedis** არ შედის |
| fridge | **matsivari** მაცივარი |
| hot | **tskheli** ცხელი |
| hot water | **tskheli ts'qali** |
| | ცხელი წყალი |
| included | **shedis** შედის |
| key | **gasaghebi** გასაღები |
| laundry | **samretskhao** სამრეცხაო |
| laundry service | **samretskhao momsakhureba** |
| | სამრეცხაო მომსახურება |
| mattress | **leibi** ლეიბი |

| | |
|---|---|
| meal | **sach'meli** საჭმელი |
| mirror | **sark'e** სარკე |
| name | **sakheli** სახელი |
| noisy | **khmauri** ხმაური |
| padlock | **bok'lomi** ბოქლომი |
| | or **k'lit'e** კლიტე |
| pillow | **balishi** ბალიში |
| plug | **elek't'ro chasartveli** |
| | ელექტრო ჩასართველი |
| quiet | **ts'qnari** წყნარი |
| room | **otakhi** ოთახი |
| room number | **otakhis nomeri** |
| | ოთახის ნომერი |
| room service | **otakh-shi momsahureba** |
| | ოთახში მომსახურება |
| sheet | **zets'ari** ზეწარი |
| shower | **shkhap'i** შხაპი |
| suitcase | **chemodani** ჩემოდანი |
| surname | **gwari** გვარი |
| table | **magida** მაგიდა |
| towel | **p'irsakhotsi** პირსახოცი |
| water | **ts'qali** წყალი |
| window | **panjara** ფანჯარა |

## —Using the Roman alphabet to write Georgian

When using the Roman alphabet, especially in texting or emails, Georgians use a similar system of writing as used in this book. There are several preferences for some of the letters. The apostrophes in **ch'**, **k'**, **p'**, **t'** and **ts'** are universally dropped, and the following extra modifications are the most popular: **k** or **y** instead of **q**, **q** instead of **k**, **c** instead of **ts**, **x** instead of **kh**, **z** instead of **dz**. The letter **j** also covers **dz** and **zh**. Capital letters (following the way Georgian is keyed in on a Roman keyboard) can also be used, such as **S** for **sh**, **Z** for **dz**, **T** for **t** (meaning that small **t** stands for **t'**), **C** for **ch** – and and **W** can stand for **ch'** and **w** for **ts'**. So: "Where can I hear local folk music?" სად შეიძლება მოვუსმინო ხალხურ მუსიკას? becomes **sad SeiZleba movusmino xalxur musikas?** and "turn left" მარცხნივ მოუხვიეთ is **marcxniv mouxvieT**.

# 8. FOOD & DRINK
## საჭმელ-სასმელი

Food plays a central part of Georgian life, and important events in all aspects of life and the seasons are marked with a feast of one form or another. Expect to be offered a dazzling variety of dishes, delicacies and drinks, which vary from region to region and from season to season.

## —Meals საჭმელი

| | |
|---|---|
| breakfast | **sauzme** საუზმე |
| lunch | **sadili** სადილი |
| dinner/supper | **vakhshami/samkhari** ვახშამი/სამხარი |
| snack | **ts'akhemseba** წახემსება |
| dessert | **deserti** დესერტი |
| I'm hungry. | **M-shia.** მშია. *or* **Mshieri var.** მშიერი ვარ. |
| I'm thirsty. | **M-ts'quria.** მწყურია. |

## —Eating out საჭმელად გასვლა

| | |
|---|---|
| Have you eaten yet? | **Isadile uk'we?** ისადილე უკვე? |
| Do you know a good restaurant? | **Itsi(t) k'argi rest'orani?** იცი(თ) კარგი რესტორანი? |
| Do you have a table available, please? | **Aris tavisupali magida?** არის თავისუფალი მაგიდა? |

# FOOD & DRINK

I would like a table for one person, please.

**Tu sheidzleba, magida erti adamianis-twis.**

თუ შეიძლება, მაგიდა ერთი ადამიანისთვის.

I would like a table for two people, please.

**Tu sheidzleba, magida ori adamianis-twis.**

თუ შეიძლება, მაგიდა ორი ადამიანისთვის.

I would like a table for three/four people, please.

**Tu sheidzleba, magida sami/otkhi adamianis-twis.**

თუ შეიძლება, მაგიდა სამი/ოთხი ადამიანის-თვის.

Can I see the menu please?

**Meniu tu sheidzleba?**

მენიუ თუ შეიძლება?

I'm still looking at the menu.

**Jer isev v-archev.**

ჯერ ისევ ვარჩევ.

May I order now?

**Sheidzleba she-v-uk'weto?**

შეიძლება შევუკვეთო?

What's this?

**Es ra aris?**

ეს რა არის?

Is it spicy?

**Es mts'are a?**

ეს მწარეა?

Does it have meat in it?

**Khortsiani a?**

ხორციანია?

Does it have alcohol in it?

**Es alk'oholiani a?**

ეს ალკოჰოლიანია?

Do you have ...?

**Ga-akvt ...?**

გააქვთ ...?

We don't have ...

**Chwen ar gw-akvs ...**

ჩვენ არ გვაქვს ...

| | |
|---|---|
| What would you recommend? | **Ras gwi-rchevdit?**<br>რას გვირჩევდით? |
| Do you want ...? | **Gi-ndat ...?**<br>გინდათ ...? |
| I am a vegetarian. | **(Me) veget'arianeli var.**<br>(მე) ვეგეტარიანელი ვარ. |
| I don't eat meat. | **(Me) khortss ar v-ch'am.**<br>(მე) ხორცს არ ვჭამ. |
| I don't eat pork. | **(Me) ghoris khorts ar v-ch'am.**<br>(მე) ღორის ხორცს არ ვჭამ. |
| I don't eat chicken or fish. | **(Me) ar v-ch'am katmis khortss an tevzs.**<br>(მე) არ ვჭამ ქათმის ხორცს ან თევზს. |
| I don't drink alcohol. | **(Me) alkohols ar v-svam.**<br>(მე) ალკოჰოლს არ ვსვამ. |
| Can I order some more ... ? | **Sheidzleba k'idev ...**<br>შეიძლება კიდევ ... |
| That's all, thank you. | **G-madlobt, sak'marisi a.**<br>გმადლობთ საკმარისია. |
| That's enough, thanks. | **Sak'marisi a, g-madlobt.**<br>საკმარისია, გმადლობთ. |
| I haven't finished yet. | **Jer ar da-mi-mtavrebia.**<br>ჯერ არ დამიმთავრებია. |
| I have finished eating. | **Mo-v-rchi ch'amas.**<br>მოვრჩი ჭამას |

# FOOD & DRINK

| | |
|---|---|
| I am full! | **Da-v-naqrdi!**<br>დავნაყრდი!<br>or **Danaqrebuli var!**<br>დანაყრებული ვარ! |
| I don't smoke. | **(Me) ar v-ets'evi.**<br>(მე) არ ვეწევი. |
| Where are the toilets? | **Sad aris t'ualet'i?**<br>სად არის ტუალეტი? |

## —At the restaurant

რესტორანში

| | |
|---|---|
| I would like ... | **Me mi-nda ...**<br>მე მინდა ... |
| an ashtray | **saperple** საფერფლე |
| the bill | **angarishi** ანგარიში |
| a glass of water | **erti ch'ika ts'qali**<br>ერთი ჭიქა წყალი |
| a bottle of water | **erti botli ts'qali** ერთი<br>ბოთლი წყალი |
| a bottle of wine | **erti botli ghwino**<br>ერთი ბოთლი ღვინო |
| a bottle of beer | **erti botli ludi** ერთი<br>ბოთლი ლუდი |
| another bottle | **k'idev erti botli** კიდევ<br>ერთი ბოთლი |
| a bottle-opener | **botlis gasakhsneli**<br>ბოთლის გასახსნელი |
| a corkscrew | **gasakhsneli**<br>გასახსნელი |
| dessert | **desert'i** დესერტი |
| a drink | **sasmeli** სასმელი |
| a fork | **changali** ჩანგალი |
| another chair | **k'idev erti sk'ami**<br>კიდევ ერთი სკამი |
| another plate | **k'idev erti tepshi**<br>კიდევ ერთი თეფში |

| | |
|---|---|
| another glass | **k'idev erti ch'iqa** |
| | კიდევ ერთი ჭიქა |
| another cup | **k'idev erti pinjani** |
| | კიდევ ერთი ფინჯანი |
| a glass | **ch'ika** ჭიქა |
| a knife | **dana** დანა |
| a napkin | **khelsakhotsi** |
| | ხელსახოცი |
| a plate | **tepshi** თეფში |
| a samovar | **samovari** სამოვარი |
| a spoon | **k'ovzi** კოვზი |
| a table | **magida** მაგიდა |
| a teaspoon | **chais k'ovzi** ჩაის |
| | კოვზი |
| a toothpick | **k'bilsachichqni** |
| | კბილსაჩიჩქნი |

| | |
|---|---|
| fresh | **akhali** ახალი |
| spicy (hot) | **tskhare** ცხარე |
| stale | **dzweli** ძველი |
| sour | **mzhave** მჟავე |
| sweet | **t'k'bili** ტკბილი |
| bitter | **mts'are** მწარე |
| hot | **tskheli** ცხელი |
| cold | **tsivi** ცივი |
| salty | **mariliani** მარილიანი |
| tasteless | **ugemuri** უგემური |
| bad | **tsudi** ცუდი |
| tasty | **gemrieli** გემრიელი |
| too much | **dzalian bevri** ძალიან |
| | ბევრი |
| too little | **dzalian tsot'a** ძალიან |
| | ცოტა |
| not enough | **ara sakmarisi** არა |
| | საკმარისი |
| bread | **p'uri** პური |

# FOOD & DRINK

| candy | **t'k'bileuli** ტკბილეული |
|---|---|
| caviar | **khizilala** ხიზილალა |
| cheese | **qweli** ყველი |
| chewing gum | **sagech'i resini** საღეჭი რეზინი |
| cottage cheese | **khach'o** ხაჭო |
| egg | **k'wertskhi** კვერცხი |
| flour | **pq'wili** ფქვილი |
| french fries | **shemts'wari k'art'opili** შემწვარი კარტოფილი |
| hamburger | **hamburgeri** ჰამბურგერი |
| herbs | **mts'wanili** მწვანილი |
| honey | **tapli** თაფლი |
| ice-cream | **naqini** ნაყინი |
| ketchup | **k'echupi** კეჩუპი |
| mustard | **mdogwi** მდოგვი |
| nut | **tkhili** თხილი or **k'ak'ali** კაკალი |
| oil | **zeti** ზეთი |
| pasta | **p'ast'a** პასტა |
| pepper  green/red | **ts'ist'ak'a** წიწაკა |
| black | **p'ilp'ili** პილპილი |
| pizza | **p'itsa** პიცა |
| rice | **brinji** ბრინჯი |
| salad | **salata** სალათა |
| salt | **marili** მარილი |
| sandwich | **but'erbrodi** ბუტერბროდი or **sendwichi** სენდვიჩი |
| soup | **ts'vniani** წვნიანი |
| sugar | **shak'ari** შაქარი |
| vinegar | **dzmari** ძმარი |
| yogurt | **mats'oni** მაწონი |

## —Vegetables ბოსტნეული

| beans | **lobio** ლობიო |
|---|---|
| beetroot | **ch'arkhali** ჭარხალი |

# FOOD & DRINK

| | |
|---|---|
| cabbage | **k'ombost'o** კომბოსტო |
| carrot | **st'apilo** სტაფილო |
| cucumber | **k'it'ri** კიტრი |
| garlic | **niori** ნიორი |
| onion | **khakhwi** ხახვი |
| potato | **k'art'opili** კარტოფილი |
| sweet pepper | **ts'its'aka** წიწაკა |
| tomato | **p'amidori** პამიდორი |
| vegetables | **bost'neuli** ბოსტნეული |

## —Fruit ხილი

| | |
|---|---|
| apple | **vashli** ვაშლი |
| banana | **banani** ბანანი |
| cherry | **bali** ბალი |
| sour cherry | **alubali** ალუბალი |
| fruit | **khili** ხილი |
| grape(s) | **qurdzeni** ყურძენი |
| hazelnut(s) | **tkhili** თხილი |
| lemon | **limoni** ლიმონი |
| melon | **neswi** ნესვი |
| watermelon | **sazamtro** საზამთრო |
| orange | **portokhali** ფორთოხალი |
| peach | **at'ami** ატამი |
| pear | **mskhali** მსხალი |
| persimmon | **khurma** ხურმა |
| plum | **kliavi** ქლიავი |
| sour plum | **t'qemali** ტყემალი |
| strawberry | **khendro** ხენდრო |
| wild strawberry | **marts'qwi** მარწყვი |
| walnut(s) *with shell* | **k'ak'ali** კაკალი |
| *without shell* | **nigozi** ნიგოზი |

## —Meat ხორცი

| | |
|---|---|
| beef | **dzrokhis khortsi** ძროხის ხორცი |
| chicken | **katami** ქათამი |

| | |
|---|---|
| fish | **tevzi** თევზი |
| kebab | **mts'wadi** მწვადი |
| | or **kababi** ქაბაბი |
| lamb | **tskhvris khortsi** ცხვრის ხორცი |
| meat | **khortsi** ხორცი |
| pork | **ghoris khortsi** ღორის ხორცი |
| sausage | **dzekhwi** ძეხვი |

## —Drink სასმელი

| | |
|---|---|
| alcohol | **alk'oholi** ალკოჰოლი |
| beer | **ludi** ლუდი |
| bottle | **botli** ბოთლი |
| brandy | **brandi** ბრენდი |
| can (tin) | **rk'inis k'ila** რკინის ქილა |
| champagne | **shamp'anuri** შამპანური |
| coffee | **qawa** ყავა |
| coffee with milk | **qawa rdz-it** ყავა რძით |
| cognac | **k'oniak'i** კონიაკი |
| fruit juice | **khilis ts'weni** ხილის წვენი |
| ice | **qinuli** ყინული |
| milk | **rdze** რძე |
| mineral water | **mineraluri ts'qali** მინერალური წყალი |
| tea | **chai** ჩაი |
| tea with lemon | **chai limon-it** ჩაი ლიმონით |
| tea with milk | **chai rdz-it** ჩაი რძით |
| no sugar, please | **ushakrod, tu sheidzle-ba** უშაქროდ, თუ შეიძლება |
| green tea | **mts'wane chai** მწვანე ჩაი |
| vodka | **araqi** არაყი |
| water | **ts'qali** წყალი |

| | |
|---|---|
| fizzy water | **gaziani ts'qali** გაზიანი წყალი |
| whisky | **visk'i** ვისკი |
| wine | **ghwino** ღვინო |
| red | **ts'iteli** წითელი |
| rosé | **vardisperi** ვარდისფერი |
| white | **tetri** თეთრი |
| sparkling | **tskriala** ცქრიალა or **shushkhuna** შუშხუნა |

## —More on food and drink...

Food in Georgia is a great discovery for the visitor. Each part of Georgia has its unique cuisine with its own special flavor. There is a wide variety of meat, fowl or fish-based stews and grills, surrounded with nuts and vegetables and garnished with coriander, mint, pepper and basil. Some common specialities include:

**khinkali** ხინკალი – dumplings stuffed with herbs and mince. Eaten piping hot these are the perfect remedy for a tired traveller. The special restaurant where you can eat them is called a **sakhinkle** სახინკლე.
**khach'ap'uri** ხაჭაპური – bread stuffed with cheese.
**mts'wadi** მწვადი – shashlik kebabs.
**kharcho** ხარჩო – a highly spiced soup made with meat and rice.
**satsivi** საცივი – chicken or turkey chunks served in a walnut sauce.
**lobio** ლობიო – crushed kidney beans cooked with herbs.
**churchkhela** ჩურჩხელა – strips of walnuts set in solidified grape juice.

Accompanying the above will be seasonal salads, and the ubiquitous **tqemali** ტყემალი—best when home made, it is a potent sauce made from sour plums. Finish off your meal with fruit, all washed down with the ubiquitous tea or mineral water bottled from one of the country's many natural sources.

**ALCOHOL** – Alcohol is drunk everywhere, and the tradition of toasting plays a prominent part in feasts, as in other parts of the Caucasus. Wine (**ghwino** ღვინო) is a speciality, and every region has its own variety: white, red, champagne. You'll find locally produced cognacs at the fine end of the spirits spectrum, and at the other is **ch'ach'a** ჭაჭა – made from grapes, like Italy's grappa.

# 9. DIRECTIONS
მიმართულებები

| Where is ... ? | **Sad aris ...?** |
|---|---|
| | სად არის ...? |
| the academy | **ak'ademia** აკადემია |
| the airport | **aerop'ort'i** |
| | აეროპორტი |
| the art gallery | **samkhatvro galerea** |
| | სამხატვრო გალერეა |
| a bank | **bank'i** ბანკი |
| the nearest ATM | **uakhloesi bank'omat'i** |
| | უახლოესი ბანკომატი |
| the cathedral | **sak'atedro tadzari** |
| | საკათედრო ტაძარი |
| the church | **ek'lesia** ეკლესია |
| the city/town center | **kalakis tsent'ri** |
| | ქალაქის ცენტრი |
| the consulate | **sak'onsulo** |
| | საკონსულო |
| the ... embassy | **...-is saelcho** |
| | ...-ის საელჩო |
| my hotel | **chemi sastumro** |
| | ჩემი სასტუმრო |
| the information office | **tsnobata biuro** |
| | ცნობათა ბიურო |
| the main square | **mtavari moedani** |
| | მთავარი მოედანი |
| the market | **bazari** ბაზარი |
| the ministry of ... | **...-is saminist'ro** |
| | ...-ის სამინისტრო |
| the monastery | **monast'eri** |
| | მონასტერი |
| the mosque | **mechet'i** მეჩეთი |
| the motorway | **avt'obani** ავტობანი |

| | |
|---|---|
| the museum | **muzeumi** მუზეუმი |
| parliament | **p'arlament'i** პარლამენტი |
| the police station | **p'olitsia** პოლიცია |
| the post office | **p'ost'a** ფოსტა |
| the station | **sadguri** სადგური |
| the synagogue | **sinagoga** სინაგოგა |
| a toilet | **t'ualet'i** ტუალეტი |
| a travel agency | **turistuli saagento** ტურისტული სააგენტო |
| the university | **universit'et'i** უნივერსიტეტი |

| | |
|---|---|
| What ... is this? | **Es ra ... a?** ეს რა ...-ა? |
| borough | **ubani** უბანი |
| bridge | **khidi** ხიდი |
| building | **shenoba** შენობა |
| district | **ubani** უბანი |
| | *or* **raioni** რაიონი |
| river | **mdinare** მდინარე |
| road | **gza** გზა |
| street | **kucha** ქუჩა |
| suburb | **mits'isk'wesha gadasasvleli** მიწისქვეშა გადასასვლელი |
| town/city | **kalaki** ქალაქი |
| village | **sopeli** სოფელი |

| | |
|---|---|
| What is this building? | **Es ra shenoba a?** ეს რა შენობაა? |
| What is that building? | **Is ra shenoba a?** ის რა შენობაა? |
| What time does it open? | **Romel saat-ze ikhsneba?** რომელ საათზე იხსნება? |

# DIRECTIONS

| | |
|---|---|
| What time does it close? | **Romel saat-ze ik'et'eba?** რომელ საათზე იკეტება? |
| Can I park here? | **Ak sheidzleba mankanis gachereba?** აქ შეიძლება მანქანის გაჩერება? |
| Are we on the right road for ... ? | **...-shi sts'orad mi-v-divar-t?** ...-ში სწორად მივდივართ? |
| How many kilometers is it to ... ? | **Ramdeni k'ilomet'ri a ...-mde?** რამდენი კილომეტრია ...-მდე? |
| It is ... kilometers away. | **... k'ilomet'ris dashorebit.** ... კილომეტრის დაშორებით. |
| How far is the next village? | **Ra mandzilia momdevno sopla-mde?** რა მანძილია მომდევნო სოფლამდე? |
| Where can I find this address? | **Rogor mi-v-agno am misamarts?** როგორ მივაგნო ამ მისამართს? |
| Can you show me (on the map)? | **Shegidzliat (ruk'a-ze) machwenot?** შეგიძლიათ (რუკაზე) მაჩვენოთ? |
| How do I go to ... ? | **Rogor unda mi-v-ide ... -mde?** როგორ უნდა მივიდე ...-მდე? |

| | |
|---|---|
| I want to go to ... | **(Me) mi-nda ts'a-v-ide ...-shi.**<br>(მე) მინდა წავიდე ...-ში. |
| Can I walk there? | **Shemidzlia pekhit mivide?**<br>შემიძლია ფეხით მივიდე? |
| Is the road passable? | **Gza aris?**<br>გზა არის? |
| Yes. | **Diakh.**<br>დიახ. |
| No, there is a landslide. | **Ara, mets'qeria chamots'olili.**<br>არა, მეწყერია ჩამოწოლილი. |
| No, it is flooded. | **Ara, ts'qaldidoba a/ dat'borili a.**<br>არა, წყალდიდობაა/ დატბორილია. |
| No, there is too much ice. | **Ara, dzalian moqinuli a.**<br>არა, ძალიან მოყინულია. |
| No, it is blocked by snow. | **Ara, tovlit-aa chakhergili.**<br>არა, თოვლითაა ჩახერგილი |
| Is it far? | **Shors aris?**<br>შორს არის? |
| Is it near? | **Akhlos aris?**<br>ახლოს არის? |
| Is it far from/near here? | **Ak-edan shors aa/akhlos aa?**<br>აქედან შორსაა/ ახლოსაა? |

# DIRECTIONS

It is not far. | **Shors ar aris.**
შორს არ არის.

Go straight ahead. | **P'irdap'ir iaret.**
პირდაპირ იარეთ.

It's one block down. | **Aris erti kuchis/
k'wart'lis iket aris.**
ერთი ქუჩის/კვარტლის
იქეთ არის.

It's two streets down. | **Ori kuchis shemdeg aris.**
ორი ქუჩის შემდეგ
არის.

Turn left. | **Martskhniv moukhwiet.**
მარცხნივ მოუხვიეთ.

Turn right. | **Marjvniv moukhwiet.**
მარჯვნივ მოუხვიეთ.

at the next corner | **momdevno k'utkhe-shi/
-stan**
მომდევნო კუთხეში/
-სთან

at the traffic lights | **shuk'nishan-tan**
შუქნიშანთან

behind | **uk'an** უკან
far | **shors** შორს
in front of | **... ts'in** ... წინ
left | **martskhniv** მარცხნივ
near | **akhlos** ახლოს
opposite side | **mop'irdap'ire mkhare**
მოპირდაპირე მხარე
or **sats'inaaghmdego
mkhare** საწინააღმდეგო
მხარე

right | **marjvniv** მარჯვნივ
straight on | **p'irdap'ir** პირდაპირ

## —In the street ქუჩაში

| | |
|---|---|
| bridge | **khidi** ხიდი |
| corner | **sheskhwevi** შესახვევი |
| | or **k'utkhe** კუთხე |
| crossroads | **gzajwaredini** |
| | გზაჯვარედინი |
| junction | **gzagasaqari** |
| | გზაგასაყარი |
| one-way street | **tsalmkhriwi modzraoba** |
| | ცალმხრივი მოძრაობა |
| roundabout | **moedani** მოედანი |
| traffic lights | **shuknishani** შუქნიშანი |

## —Points of the compass კომპასის მხარეები

| | |
|---|---|
| north | **chrdiloeti** |
| | ჩრდილოეთი |
| south | **samkhreti** |
| | სამხრეთი |
| east | **aghmosavleti** |
| | აღმოსავლეთი |
| west | **dasavleti** |
| | დასავლეთი |
| | |
| northwest | **chrdilo dasavleti** |
| | ჩრდილო დასავლეთი |
| southwest | **samkhret dasavleti** |
| | სამხრეთ დასავლეთი |
| northeast | **chrdilo aghmosavleti** |
| | ჩრდილო აღმოსავლეთი |
| southeast | **samkhret aghmosavleti** |
| | სამხრეთ აღმოსავლეთი |

# 10. SHOPPING
საყიდლები

| | |
|---|---|
| Where can I find a ...? | **Sad sheidzleba v-nakho ...?**<br>სად შეიძლება ვნახო ...? |
| Where can I buy ...? | **Sad sheidzleba v-iqido ...?**<br>სად შეიძლება ვიყიდო ...? |
| Where's the market? | **Sad aris bazari?**<br>სად არის ბაზარი? |
| Where's the nearest ... ? | **Sad aris uakhloesi ... ?**<br>სად არის უახლოესი ... ? |
| Can you help me? | **She-gi-dzliat da-me-khmarot?**<br>შეგიძლიათ დამეხმაროთ? |
| Can I help you? | **Rit she-mi-dzlia ge-msakhurot?**<br>რით შემიძლია გემსახუროთ? |
| I'm just looking. | **Me mkholod v-atvaliereb**<br>მე მხოლოდ ვათვალიერებ |
| I'd like to buy ... | **Mi-nda v-iqido ...**<br>მინდა ვიყიდო ... |
| I'm interested in ... | **Mi-nda v-iqido ...**<br>მინდა ვიყიდო ... |
| Could you show me some ...? | **She-gi-dzliat m-ach'wenot ...?**<br>შეგიძლიათ მაჩვენოთ ...? |

| | |
|---|---|
| Can I look at that? | **M-ach'wenet tu sheidzleba?**<br>მაჩვენეთ თუ შეიძლება? |
| Do you have any ...? | **G-akvt ...?**<br>გაქვთ ...? |
| This. | **Es.** ეს. |
| That. | **Is.** ის. |
| I don't like it. | **Es ar mo-m-ts'ons.**<br>ეს არ მომწონს. |
| I like it. | **Es mo-m-ts'ons.**<br>ეს მომწონს. |
| Do you have anything cheaper? | **G-akvt raime shedarebit iapi?**<br>გაქვთ რაიმე შედარებით იაფი? |
| Do you have anything better? | **G-akvt raime uk'etesi?**<br>გაქვთ რაიმე უკეთესი? |
| Do you have anything smaller? | **G-akvt raime upro p'at'ara?**<br>გაქვთ რაიმე უფრო პატარა? |
| Do you have anything bigger? | **G-akvt raime upro didi?**<br>გაქვთ რაიმე უფრო დიდი? |
| Do you have anything else? | **Skhwa ra g-akvt?**<br>სხვა რა გაქვთ? |
| Do you have any others? | **Skhwa/k'idev g-akvt?**<br>სხვა/კიდევ გაქვთ? |
| Sorry, this is the only one. | **Samts'ukharod mkholod es erti gwa-kvs.**<br>სამწუხაროდ მხოლოდ ეს ერთი გვაქვს. |

# SHOPPING

I'll take it.
**Amas a-v-igheb.**
ამას ავიღებ.

How much/many do you want?
**Ramdeni mo-g-artvat?**
რამდენი მოგართვათ?

How much is it?
**Ra ghirs?**
რა ღირს?

Can you write down the price?
**She-gi-dzliat pasi da-mi-ts'erot?**
შეგიძლიათ ფასი დამიწეროთ?

Could you lower the price?
**She-gi-dzliat pasi da-mi-k'lot?**
შეგიძლიათ ფასი დამიკლოთ?

I don't have much money.
**Tan ar m-akvs sakmarisi tankha.**
თან არ მაქვს საკმარისი თანხა.

Do you take credit cards?
**She-mi-dzlia sak'redit'o baratit gada-v-ikhado?**
შემიძლია საკრედიტო ბარათით გადავიხადო?

Would you like it wrapped?
**Gi-ndat ga-gi-khwiot?**
გინდათ გაგიხვიოთ?

Can you wrap it for me?
**Shegizliat ga-mi-khwiot?**
შეგიძლიათ გამიხვიოთ?

carrier bag
**p'ark'i** პარკი

Do you have a carrier bag?
**P'ark'i ga-akvt?**
პარკი გააქვთ?

Will that be all?
**Sul es aris?**
სულ ეს არის?

Thank you, goodbye.
**G-madlobt, nakhwamdis.**
გმადლობთ, ნახვამდის.

| | |
|---|---|
| I want to return this. | **Amis dabruneba mi-nda.**<br>ამის დაბრუნება<br>მინდა. |

## —Shops     მაღაზიები

| | |
|---|---|
| bakery | **sat'skhobi** საცხობი |
| bank | **bank'i** ბანკი |
| barber shop | **sadalak'o** სადალაქო<br>*or* **sap'arik'makhero**<br>საპარიკმახერო |
| I'd like a haircut please. | **Tmis shech'ra mi-nda, getaqwa.**<br>თმის შეჭრა მინდა, გეთაყვა. |
| bookshop | **ts'ignis maghazia**<br>წიგნის მაღაზია |
| butcher's | **khortsis maghazia**<br>ხორცის მაღაზია |
| car parts store | **avt'onats'ilebis maghazia**<br>ავტონაწილების მაღაზია |
| clothes shop | **t'ansatsmlis maghazia**<br>ტანსაცმლის მაღაზია |
| dairy | **rdzis nats'armi**<br>რძის ნაწარმი |
| department store | **univermaghi**<br>**(universaluri magazia)**<br>უნივერმაღი<br>(უნივერსალური<br>მაღაზია) |
| dressmaker | **mk'eravi** მკერავი |
| electrical goods store | **elek't'rosak'oneli**<br>ელექტროსაქონელი |
| florist | **qwavilebis maghazia**<br>ყვავილების მაღაზია |
| greengrocer | **xilisa da bost'neulis maghazia**<br>ხილისა და ბოსტნეულის<br>მაღაზია |

# SHOPPING

| | |
|---|---|
| hairdresser's salon | **p'arik'makheri** პარიკმახერი |
| | or **st'ilist'i** სტილისტი |
| hardware store | **sameurneo maghazia** სამეურნეო მაღაზია |
| hospital | **saavadmqopo** საავადმყოფო |
| jewelry store | **saiuveliro maghazia** საიუველირო მაღაზია |
| *craftsman's store* | **saokromch'edlo** საოქრომჭედლო |
| kiosk | **k'iosk'i** კიოსკი |
| | or **jikhuri** ჯიხური |
| laundry *(place)* | **samreckhao** სამრეცხაო |
| market | **bazari** ბაზარი |
| newsstand | **zhurnal-gazetebis jikhuri** ჟურნალ-გაზეთების ჯიხური |
| petrol station | **benzingasamarti sadguri** ბენზინგასამართი სადგური |
| pharmacy | **aptiak'i** აფთიაქი |
| shoeshop | **pekhsatsmlis maghazia** ფეხსაცმლის მაღაზია |
| shop/store | **maghazia** მაღაზია |
| souvenir shop | **suvenirebis maghazia** სუვენირების მაღაზია |
| | or **sachukrebi** საჩუქრები |
| stationery shop | **sak'antselario nivtebi** საკანცელარიო ნივთები |
| supermarket | **sup'ermark'et'i** სუპერმარკეტი |
| travel agent | **t'urist'uli saagent'o** ტურისტული სააგენტო |
| watchmaker's | **mesaate** მესაათე |
| | or **saatebis khelosani** საათების ხელოსანი |

## —Gifts საჩუქრები

ARTS & CRAFTS — Georgia is renowned for its metal work, jewelry and wood carvings and it boasts numerous artists of quality. In the capital Tbilisi in particular you will find many antique shops and art or craft galleries, notably around Rustaveli Avenue. Some items may have export restrictions on them and they may need official paperwork to be taken out of the country, while other items may not be permitted to leave at all, so be careful to check first. Buying artwork is little problem as it seems that every Georgian has a friend who is an artist. So you can spend many a pleasant afternoon as you are taken round various houses to examine mini collections. Quality art is also sold in the street and parks.

| | |
|---|---|
| bag | **chanta** ჩანთა |
| box | **quti** ყუთი |
| bracelet | **samajuri** სამაჯური |
| brooch | **gulsabnevi** გულსაბნევი |
| | *or* **broshi** ბროში |
| candlestick | **sasantle** სასანთლე |
| carpet | **khalicha** ხალიჩა |
| chain | **jach'wi** ჯაჭვი |
| clock | **saati** საათი |
| copper | **sp'ilendzi** სპილენძი |
| crystal | **broli** ბროლი |
| earrings | **saqure** საყურე |
| embroidery | **qargwa** ქარგვა |
| | *or* **nakargi** ნაქარგი |
| enamel | **emali** ემალი |
| | *or* **minankari** მინანქარი |
| gold | **okro** ოქრო |
| golden | **okros** ოქროს |
| handicraft | **khelnak'etoba** ხელნაკეთობა |
| iron *metal* | **rk'ina** რკინა |
| jade | **neprit'i** ნეფრიტი |
| jewelry | **samk'auli** სამკაული |
| kilim | **k'ilimi** კილიმი |
| leather | **t'qavi** ტყავი |
| metal | **litoni** ლითონი |

| | |
|---|---|
| modern | **tanamedrove** თანამედროვე |
| necklace | **jach'wi** ჯაჭვი *or* **qelsabami** ყელსაბამი |
| old | **dzweli** ძველი |
| pottery | **tikhis nak'etobani** თიხის ნაკეთობანი *or* **k'eramik'a** კერამიკა |
| ring | **bech'edi** ბეჭედი |
| rug | **pardagi** ფარდაგი *or* **nokhi** ნოხი |
| silver | **vertskhli** ვერცხლი |
| steel | **poladi** ფოლადი |
| stone | **kwa** ქვა |
| traditional | **t'raditsiuli** ტრადიციული |
| vase | **larnak'i** ლარნაკი |
| walking stick | **kheljokhi** ხელჯოხი *or* **qavarjeni** ყავარჯენი |
| watch (wrist/pocket) | **(majis/jibis) saati** (მაჯის/ჯიბის) საათი |
| wood | **khe** ხე |
| wooden | **khis** ხის |

## —Clothes ტანსაცმელი

| | |
|---|---|
| belt | **k'amari** ქამარი |
| boots | **chek'ma** ჩექმა |
| brassiere; bra | **biusthalteri** ბიუსტჰალტერი *or* **lipi** ლიფი |
| button | **ghili** ღილი |
| cap | **kudi** ქუდი *or* **k'epi** კეპი |
| cloth | **nach'eri** ნაჭერი |
| clothes | **t'ansatsmeli** ტანსაცმელი |
| cotton | **bamba** ბამბა |
| dress *(women's)* | **k'aba** კაბა |

| | |
|---|---|
| gloves | **kheltatmani** ხელთათმანი |
| handbag | **khelchanta** ხელჩანთა |
| handkerchief | **tskhwirsakhotsi** ცხვირსახოცი |
| hat | **kudi** ქუდი |
| headscarf | **tavshali** თავშალი |
| jacket | **zhak'et'i** ჟაკეტი or **kurtuk'i** ქურთუკი |
| jeans | **jinsi** ჯინსი |
| necktie; tie | **halst'ukhi** ჰალსტუხი |
| overcoat | **p'alt'o** პალტო |
| pin | **kindzistavi** ქინძისთავი |
| pocket | **jibe** ჯიბე |
| sandals | **sandali** სანდალი |
| scarf | **qelsakhwevi** ყელსახვევი |
| shawl | **shali** შალი |
| shirt | **p'erangi** პერანგი |
| shoes | **pekhsatsmeli** ფეხსაცმელი |
| silk | **abreshumi** აბრეშუმი |
| socks | **ts'inda** წინდა |
| suit (jacket, trousers and waistcoat) | **k'ost'umi (p'ijak'i, sharwali da zhilet'i)** კოსტუმი (პიჯაკი, შარვალი და ჟილეტი) |
| sweater/jumper | **swit'eri/jemp'ri** სვიტერი/ჯემპრი |
| tights | **k'olgot'i** კოლგოტი or **grdzeli ts'inda** გრძელი წინდა |
| trousers | **sharwali** შარვალი |
| umbrella | **k'olga** ქოლგა |
| underwear | **satswali** საცვალი |
| uniform | **porma** ფორმა |
| military uniform | **samkhedro porma** სამხედრო ფორმა |

# SHOPPING

| | |
|---|---|
| school uniform | **saskolo porma** |
| | სასკოლო ფორმა |
| waistcoat | **zhilet'i** ჟილეტი |
| wool | **mat'qli** მატყლი |
| | or **shali** შალი |
| zipper | **shesak'ravi "elwa"** |
| | შესაკრავი "ელვა" |

## —Toiletries პირადი ჰიგიენის ნივთები

| | |
|---|---|
| aspirin | **asp'irini** ასპირინი |
| Band-Aid | **leik'o p'last'iri** ლეიკო |
| | პლასტირი |
| comb | **savartskheli** |
| | სავარცხელი |
| condom | **p'rezervat'ivi** |
| | პრეზერვატივი |
| cotton wool | **bamba** ბამბა |
| deodorant | **dezodori** დეზოდორი |
| hairbrush | **savartskheli** |
| | სავარცხელი |
| lipstick | **p'omada** პომადა |
| mascara | **t'ushi** ტუში |
| mouthwash | **(p'iris) savlebi** |
| | (პირის) სავლები |
| nail-clippers | **prchkhilebis k'libi** |
| | ფრჩხილების ქლიბი |
| painkillers | **t'kiwilgamaquchebeli** |
| | ტკივილგამაყუჩებელი |
| perfume | **sunamo** სუნამო |
| powder | **perumarili** ფერუმარილი |
| razor | **samartebeli** |
| | სამართებელი |
| razorblade | **ts'weris sap'arsi** |
| | წვერის საპარსი |
| safety pin | **inglisuri kindzistavi** |
| | ინგლისური ქინძისთავი |

| | |
|---|---|
| sanitary pads | **higienuri sapeni**<br>ჰიგიენური საფენი |
| shampoo | **shamp'uni** შამპუნი |
| shaving cream | **sap'arsi k'remi**<br>საპარსი კრემი |
| sleeping pills | **sadzile abebi/t'ablet'ebi**<br>საძილე აბები/ტაბლეტები<br>or **sadzile sashualeba**<br>საძილე საშუალება |
| soap | **sap'oni** საპონი |
| sponge | **abazanis ghrubeli**<br>აბაზანის ღრუბელი |
| sunblock cream | **mzissats'inaaghmdego k'remi**<br>მზისსაწინააღმდეგო კრემი |
| tampons | **t'amp'onebi** ტამპონები |
| thermometer | **termomet'ri**<br>თერმომეტრი |
| tissues | **k'aghaldis tskhwirsakhot-sebi** ქაღალდის ცხვირ-სახოცები |
| toilet paper | **t'ualet'is kaghaldi**<br>ტუალეტის ქაღალდი |
| toothbrush | **k'bilis jagrisi**<br>კბილის ჯაგრისი |
| toothpaste | **k'bilis p'ast'a**<br>კბილის პასტა |
| washing powder<br>*(detergent)* | **saretskhi pkhvnili**<br>**(saretskhi sashualeba)**<br>სარეცხი ფხვნილი<br>(სარეცხი) საშუალება |

## —Stationery   საკანცელარიო ნივთები

| | |
|---|---|
| ballpoint | **k'alami** კალამი |
| book | **ts'igni** წიგნი |
| dictionary | **leksik'oni** ლექსიკონი |

| | |
|---|---|
| envelope | **k'onvert'i** კონვერტი |
| guidebook | **ts'igni-megzuri** წიგნი-მეგზური |
| ink | **melani** მელანი |
| magazine | **zhurnali** ჟურნალი |
| map | **ruk'a** რუკა |
| road map | **gzebis ruk'a** გზების რუკა |
| a map of Tbilisi | **kalak Tbilisis ruk'a** ქალაქ თბილისის რუკა |
| newspaper | **gazeti** გაზეთი |
| a newspaper in English | **inglisuri gazeti** ინგლისური გაზეთი |
| notebook | **rveuli** რვეული |
| novel | **romani** რომანი |
| novels in English | **romanebi inglisurad** რომანები ინგლისურად |
| paper | **k'aghaldi** ქაღალდი |
| a piece of paper | **purtseli** ფურცელი |
| writing paper | **sats'eri k'aghaldi** საწერი ქაღალდი |
| pen | **k'alami** კალამი |
| pencil | **pankari** ფანქარი |
| postcard | **sap'ost'o barati** საფოსტო ბარათი |
| scissors | **mak'rat'eli** მაკრატელი |
| Do you have any foreign publications? | **G-akvt raime utskhouri gamotsema?** გაქვთ რაიმე უცხოური გამოცემა? |

## —Photography ფოტოგრაფია

| | |
|---|---|
| How much is it to print these photos? | **Ra ghirs am pot'oebis dabech'dwa?** რა ღირს ამ ფოტოების დაბეჭდვა? |

| | |
|---|---|
| When will they be ready? | **Rodis ikneba mzad?** როდის იქნება მზად? |
| B&W (film) | **shav-tetri piri** შავ-თეთრი ფირი |
| camera | **pot'oap'arat'i** ფოტოაპარატი |
| film | **piri** ფირი |
| color film | **peradi piri** ფერადი ფირი |
| I'd like film for this camera. | **Me minda piris qidwa am pot'oap'arat'i-stwis.** მე მინდა ფირის ყიდვა ამ ფოტო- აპარატისთვის. |
| flash | **ts'amieri ganateba** წამიერი განათება |
| lens | **linza** ლინზა *or* **op'tik'uri mina** ოპტიკური მინა |
| light meter | **eksp'ozimet'ri** ექსპოზიმეტრი *or* **eksp'onomet'ri** ექსპონომეტრი |
| memory card | **mekhsierebis barati** მეხსიერების ბარათი *or* **mekhsierebis chip'i** მეხსიერების ჩიპი |
| I'd like a memory card for this camera. | **Mi-nda mekhsierebis baratis/chip'is qidwa.** მინდა მეხსიერების ბარათის/ჩიპის ყიდვა. |
| battery | **batarea** ბატარეა |
| I'd like a battery for this camera. | **Me mi-nda bat'areis element'is qidwa am pot'oap'arat'is-twis.** მე მინდა ბატარეის ყიდვა ამ ფოტოაპარატისთვის. |

# SHOPPING

## —Electrical equipment
ელექტრო ხელსაწყოები

| | |
|---|---|
| adapter | **gadamqwani** გადამყვანი *or* **adap't'ori** ადაპტორი |
| battery | **bat'area** ბატარეა |
| cassette | **kaset'a** კასეტა |
| CD | **k'omp'akt' disk'i** კომპაქტ დისკი/სიდი |
| CD player | **k'omp'akt' disk'is sak'ravi** კომპაქტ დისკის საკრავი |
| charger | **damt'eni** დამტენი |
| DVD | **tsipruli video disk'i (divi-di)** ციფრული ვიდეო დისკი (დივიდი) |
| DVD player | **tsipruli video disk'i (divi-di) sak'ravi** ციფრული ვიდეო დისკი (დივიდი) საკრავი |
| fan | **vent'ilat'ori** ვენტილიატორი |
| hairdryer | **tmis sashrobi/peni** თმის საშრობი/ფენი |
| heating coil | **gamatskhelebeli** გამაცხელებელი |
| iron *for clothing* | **uto** უთო |
| kettle | **chaidani** ჩაიდანი |
| plug *electric* | **(elek't'ro)chasartweli** (ელექტრო)ჩასართველი |
| portable TV | **samgzavro t'elevizori** სამგზავრო ტელევიზორი |
| radio | **radio** რადიო |
| record | **pirpit'a** ფირფიტა *or* **chanats'eri** ჩანაწერი |
| socket *(electric)* | **elekt'rochamrtwelis bude/masra** ელექტროჩამრთველის ბუდე/მასრა |

| | |
|---|---|
| tape *(cassette)* | **audio k'aset'a** აუდიო კასეტა |
| tape recorder | **magnit'oponi** მაგნიტოფონი |
| television | **t'elevizori** ტელევიზორი |
| transformer | **gadamqwani** გადამყვანი *or* **t'ranspormat'ori** ტრანსფორმატორი |
| video player | **video-magnit'oponi** ვიდეო-მაგნიტოფონი |
| videotape | **video k'aset'a** ვიდეო კასეტა |
| voltage regulator | **elek't'ro regulat'ori** ელექტრო რეგულატორი *or* **denis regulat'ori** დენის რეგულატორი |

## —Sizes ზომები

| | |
|---|---|
| small | **p'at'ara** პატარა |
| big | **didi** დიდი |
| heavy | **mdzime** მძიმე |
| light | **msubuk'i** მსუბუქი |
| more | **met'i** მეტი |
| less | **nak'lebi** ნაკლები |
| many | **bevri** ბევრი |
| too much | **zoma-ze met'i** ზომაზე მეტი |
| too many | **dzalian bevri** ძალიან ბევრი |
| enough | **sak'marisi** საკმარისი |
| that's enough | **sak'marisi a** საკმარისია |
| also | **agretwe** აგრეთვე |
| a little bit | **tsot'aodeni** ცოტაოდენი *or* **mtsireodeni** მცირეოდენი |

# SHOPPING

## —Colors ფერები

| | |
|---|---|
| black | **shavi** შავი |
| blue | **tsisperi** ცისფერი |
| | *or* **lurji** ლურჯი |
| brown | **qavisperi** ყავისფერი |
| green | **mts'wane** მწვანე |
| orange | **narinjisperi** |
| | ნარინჯისფერი |
| pink | **vardisperi** ვარდისფერი |
| purple | **mets'amuli** მეწამული |
| | *or* **iisperi** იისფერი |
| red | **ts'iteli** წითელი |
| white | **tetri** თეთრი |
| yellow | **qwiteli** ყვითელი |

# 11. WHAT'S TO SEE
## ღირსშესანიშნაობები

Do you have a guidebook?
**G-akvt ts'igni-megzuri?**
გაქვთ წიგნი-მეგზური?

Do you have a local map?
**G-akvt adgilobrivi ruk'a?**
გაქვთ ადგილობრივი რუკა?

Is there a guide who speaks English?
**G-qavt Inglisuris mtsodne megzuri/gidi?**
გყავთ ინგლისურის მცოდნე მეგზური/ გიდი?

What are the main attractions?
**Ra aris umtavresi ghirsshesanishnaobebi?**
რა არის უმთავრესი ღირსშესნიშნაობები?

## — Sightseeing
### ღირსშესანიშნავი ადგილების დათვალიერება

What is that?
**Is ra aris?**
ის რა არის?

How old is it?
**Es ra khnis aris?**
ეს რა ხნის არის?

May I take a photograph?
**Sheidzleba suratis gadagheba?**
შეიძლება სურათის გადაღება?

What time does it open?
**Romel saat-ze ikhsneba?**
რომელ საათზე იხსნება?

What time does it close?
**Romel saat-ze ik'eteba?**
რომელ საათზე იკეტება?

| What is this monument/statue? | **Es ra dzegli a?** |
| | ეს რა ძეგლია? |
| What does that say? | **Ak ra ts'eria?** |
| | აქ რა წერია? |
| Who is that statue of? | **Visi dzegli a?** |
| | ვისი ძეგლია? |
| Is there an entrance fee? | **Shesvla pasiani a?** |
| | შესვლა ფასიანია? |
| How much? | **Ra girs?** |
| | რა ღირს? |

## —Events ღონისძიებები

| What's there to do in the evening? | **Sad sheidzleba ts'avidet saghamos?** |
| | სად შეიძლება წავიდეთ საღამოს? |
| Is there a concert? | **T'ardeba rame k'ontsert'i?** |
| | ტარდება რამე კონ-ცერტი? |
| Is there a festival? | **T'ardeba rame pest'ivali?** |
| | ტარდება რამე ფესტივალი? |
| What's happening? | **Ra khdeba?** |
| | რა ხდება? |
| Are there any nightclubs? | **Aris ak ghamis k'lubebi?** |
| | არის აქ ღამის კლუბები? |
| Where can I hear local folk music? | **Sad sheidzleba mo-v-usmino khalkhur musik'as?** |
| | სად შეიძლება მოვუსმინო ხალხურ მუსიკას? |

| | |
|---|---|
| How much does it cost to get in? | **Ra ghirs ak shesvla?** რა ღირს აქ შესვლა? |
| When is the wedding? | **Rodis aris k'orts'ili?** როდის არის ქორწილი? |
| What time does it begin? | **Romel saat-ze its'qeba?** რომელ საათზე იწყება? |
| Can we swim here? | **Ak sheidzleba tsurwa?** აქ შეიძლება ცურვა? |

| | |
|---|---|
| ballet | **balet'i** ბალეტი |
| band | **jgupi** ჯგუფი *or* **ork'est'ri** ორკესტრი |
| blues | **bluzi** ბლუზი |
| classical music | **k'lasik'uri musik'a** კლასიკური მუსიკა |
| concert | **k'ontsert'i** კონცერტი |
| dancing | **tsek'wa** ცეკვა |
| disco | **disk'otek'a** დისკოთეკა |
| disk-jockey | **disk'-zhok'ei** დისკ-ჟოკეი *or* **di-jei** დი-ჯეი |
| elevator | **lipt'i** ლიფტი |
| ensemble | **ansambli** ანსამბლი |
| escalator | **esk'alat'ori** ესკალატორი |
| exhibition | **gamopena** გამოფენა |
| festival | **pest'ivali** ფესტივალი |
| folk dancing | **khalkhuri tsekwa** ხალხური ცეკვა |
| folk music | **khalkhuri musik'a** ხალხური მუსიკა |
| group | **jgupi** ჯგუფი |
| jazz | **jazi** ჯაზი |
| invitation | **mosats'wevi** მოსაწვევი |
| lift | **lipt'i** ლიფტი |
| music festival | **musik'aluri pest'ivali** მუსიკალური ფესტივალი |
| musical *(theatre show)* | **muzik'li** მუზიკლი |

nightclub     **ghamis k'lubi** ღამის კლუბი

opera     **op'era** ოპერა

orchestra     **ork'est'ri** ორკესტრი

party     **ts'weuleba** წვეულება

play (theatre)     **p'iesa** პიესა
*or* **sp'ekt'ak'li** სპექტაკლი
*or* **ts'armodgena (teat'ri)** წარმოდგენა (თეატრი)

pop music     **p'op' musik'a** პოპ მუსიკა

pub     **lud-khana** ლუდ-ხანა
*or* **ludis bari** ლუდის ბარი

rock concert     **rok' musik'is k'ontsert'i** როკ მუსიკის კონცერტი

rock'n'roll     **rok'enroli** როკენროლი

show     **sanakhaoba** სანახაობა
*or* **gamopena** გამოფენა
*or* **sp'ekt'ak'li** სპექტაკლი
*or* **ts'armodgena** წარმოდგენა
*or* **shou** შოუ

take-away food     **sach'meli tants'asaghebad** საჭმელი თანწასაღებად
*or* **sach'meli gamodzakhebit** საჭმელი გამოძახებით

theatre festival     **teat'raluri pest'ivali** თეატრალური ფესტივალი

trade fair     **gamopena-gaqidwa** გამოფენა-გაყიდვა

## —Buildings ნაგებობები

academy of sciences     **metsnierebata ak'ademia** მეცნიერებათა აკადემია

apartment     **bina** ბინა

| | |
|---|---|
| apartment block | **satskhovrebeli sakhli** საცხოვრებელი სახლი |
| archeological | **ark'eologiuri** არქეოლოგიური |
| archeology | **ark'eologia** არქეოლოგია |
| art gallery | **samkhatvro galerea** სამხატვრო გალერეა |
| bakery | **satskhobi** საცხობი *or* **tone** თონე *or* **p'urpuntusheuli** პურფუნთუშეული |
| bar | **bari** ბარი |
| building | **shenoba** შენობა |
| café | **k'ape** კაფე |
| casino | **k'azino** კაზინო |
| castle | **tsikhesimagre** ციხესიმაგრე |
| cemetery | **sasaplao** სასაფლაო |
| church | **ek'lesia** ეკლესია |
| cinema | **k'ino** კინო |
| college | **k'oleji** კოლეჯი |
| concert hall | **sak'ontsert'o darbazi** საკონცერტო დარბაზი |
| embassy | **saelcho** საელჩო |
| flat | **bina** ბინა |
| hospital | **saavadmqopo** საავადმყოფო |
| house | **sakhli** სახლი |
| housing estate | **dasakhleba** დასახლება |
| library | **bibliotek'a** ბიბლიოთეკა |
| main square | **mtavari moedani** მთავარი მოედანი |
| market | **bazari** ბაზარი |
| monastery | **monast'eri** მონასტერი |
| monument | **dzegli** ძეგლი *or* **monument'i** მონუმენტი |
| mosque | **mecheti** მეჩეთი |

| | |
|---|---|
| museum | **muzeumi** მუზეუმი |
| nightclub | **ghamis k'lubi** |
| | ღამის კლუბი |
| old city | **dzweli kalaki** ძველი |
| | ქალაქი |
| opera house | **op'era** ოპერა |
| park | **p'ark'i** პარკი |
| | or **baghi** ბაღი |
| parliament (building) | **p'arlament'i (-s shenoba)** |
| | პარლამენტი (-ს შენობა) |
| restaurant | **rest'orani** რესტორანი |
| ruins | **nangrewebi** ნანგრევები |
| saint's tomb | **ts'minda samarkhi** |
| | წმინდა სამარხი |
| school | **sk'ola** სკოლა |
| shop; store | **maghazia** მაღაზია |
| shrine | **ts'minda salotsavi/adgili** |
| | წმინდა სალოცავი/ |
| | ადგილი |
| stadium | **stadioni** სტადიონი |
| statue | **dzegli** ძეგლი |
| synagogue | **sinagoga** სინაგოგა |
| temple | **t'adzari** ტაძარი |
| theater | **teat'ri** თეატრი |
| tomb | **saplavi** საფლავი |
| | or **samarkhi** სამარხი |
| tower | **k'oshk'i** კოშკი |
| university | **universit'et'i** |
| | უნივერსიტეტი |
| zoo | **zoop'ark'i** ზოოპარკი |

## —Places ადგილები

| | |
|---|---|
| city | **kalaki** ქალაქი |
|    city borough | **ubani** უბანი |
|    city map | **kalakis ruk'a** ქალაქის |
| | რუკა |
| capital city | **dedakalaki** დედაქალაქი |
|    regional capital | **regionaluri tsent'ri** |
| | რეგიონალური ცენტრი |

| town | **kalaki** ქალაქი |
| village | **sopeli** სოფელი |
| park | **p'ark'i** პარკი |
| national park | **erovnuli p'ark'i** ეროვნული პარკი |

## —Occasions მნიშვნელოვანი თარიღები

| birth | **dabadeba** დაბადება |
| death | **sik'vdili** სიკვდილი |
| funeral | **gasweneba** გასვენება *or* **dasaplaveba** დასაფლავება |
| marriage | **k'orts'ili** ქორწილი |
| baptism | **natloba** ნათლობა |

## —A note on religious heritage...

The Georgians are for the most part traditionally Orthodox Christians. They have their own separate church, the Georgian Orthodox Church. Many Georgians in the southwest, particularly in Ajara and Batumi, are traditionally Muslim. There are also small groups of Jews, Catholics and Protestants, as well as congregations belonging to other Orthodox churches, such as the Armenian, Russian and Ukrainian.

Churches and monasteries have always played an important part in the development of the Georgian people and state, and the church still makes its presence felt through the often stunning religious buildings perched on mountain tops throughout the country – and beyond. Of particular significance are the churches/cathedrals of Jvari (**Jwari** ჯვარი) and the Church of the Living Pillar (**Swet'itskhoveli** სვეტიცხოველი) at Mtskheta, and the huge church at Gelati (**Gelati** გელათი).

Every church or monastery will have an up-to-date calendar of the year's religious feast days and holy days. Important festivals in the religious year include Easter (**Aghdgoma** აღდგომა), Christmas (**Shoba** შობა) and New Year (**Akhali Ts'eli** ახალი წელი). Note that the Orthodox calendar currently runs thirteen days later than the Western calendar.

# 12. FINANCE

ფინანსები

The official currency in Georgia is the **lari** ლარი, divided into 100 **tetri** თეთრი.

| | |
|---|---|
| Where can I change some money? | **Sad sheidzleba pulis gadatsvla?**<br>სად შეიძლება ფულის გადაცვლა? |
| I want to change some lari. | **(Me) mi-nda laris gadatsvla.**<br>(მე) მინდა ლარის გადაცვლა. |
| I want to change some dollars. | **(Me) mi-nda dolaris gadatsvla.**<br>(მე) მინდა დოლარის გადაცვლა. |
| I want to change some euros. | **(Me) mi-nda evros gadatsvla.**<br>(მე) მინდა ევროს გადაცვლა. |
| I want to change some pounds. | **(Me) mi-nda punt'is (girwanka st'erlingis) gadatsvla.**<br>(მე) მინდა ფუნტის (გირვანქა სტერლინგის) გადაცვლა. |
| What is the exchange rate? | **Ra aris gatsvlis k'ursi?**<br>რა არის გაცვლის კურსი? |

| | |
|---|---|
| What is the commission? | **Ramdeni a sak'omisio danaritskhi?**<br>რამდენია საკომისიო დანარიცხი? |
| Could you please check that again? | **Shegidzliat k'idev ertkhel gadaamots'mot?**<br>შეგიძლიათ კიდევ ერთხელ გადაამოწმოთ? |
| Where is the nearest ATM? | **Sad aris uakhloesi ban'komat'i?**<br>სად არის უახლოესი ბანკომატი? |
| Can you change this note please? | **Shegdzliat am kup'iuris gadakhurdaveba?**<br>შეგიძლიათ ამ კუპიურის გადახურდავება? |
| The denomination is too high. | **Dzalian didi k'up'iura a.**<br>ძალიან დიდი კუპიურაა. |
| The denomination is too low. | **Dzalian dabali k'up'iura a.**<br>ძალიან დაბალი კუპიურაა. |
| This note is not good. | **Es k'upiura ar varga.**<br>ეს კუპიურა არ ვარგა. |
| This note is ripped. | **Es k'up'iura gakheuli a.**<br>ეს კუპიურა გახეულია. |
| Do you have change? | **Khurda ga-kvt?**<br>ხურდა გაქვთ? |
| Please sign here. | **Ak moats'eret kheli getaqwa.**<br>აქ მოაწერეთ ხელი გეთაყვა. |

# FINANCE

| | |
|---|---|
| ATM | **bank'omat'i** ბანკომატი |
| bank notes | **sabank'o nishani** საბანკო ნიშანი |
| calculator | **gamomtvleli mankana** გამომთვლელი მანქანა *or* **kalkulatori** კალკულატორი |
| cashier | **molare** მოლარე |
| change | **jibis puli** ჯიბის ფული |
| coins | **khurda puli** ხურდა ფული |
| commission | **sak'omisio danaritskhi** საკომისიო დანარიცხი |
| credit card | **sak'redit'o barati** საკრედიტო ბარათი |
| dollar | **dolari** დოლარი |
| euro | **evro** ევრო |
| exchange | **gadatsvla** გადაცვლა |
| lari | **lari** ლარი |
| money | **puli** ფული |
| money changer | **pulis gatsvlis biuro** ფულის გაცვლის ბიურო *or* **gadakhurdavebis biuro** გადახურდავების ბიურო |
| pound (sterling) | **punt'i (girvank'a st'erlingi)** ფუნტი (გირვანქა სტერლინგი) |
| receipt | **chek'i** ჩეკი *or* **angarishi** ანგარიში *or* **gadakhdis kwitari** გადახდის ქვითარი |
| ruble | **rubli** რუბლი |
| signature | **khelmots'era** ხელმოწერა |

# 13. COMMUNICATIONS
კომუნიკაციები

## —At the post office
საფოსტო ოფისში

| Where is the post office? | **Sad aris sapost'o opisi?** სად არის საფოსტო ოფისი? *or* **Sad aris post'a?** სად არის ფოსტა? |
|---|---|
| What time does the post office open? | **Romel saat-ze igheba post'a?** რომელ საათზე იღება ფოსტა? |
| What time does the post office close? | **Romel saat-ze ik'et'eba post'a?** რომელ საათზე იკეტე- ბა ფოსტა? |
| Where is the mail box? | **Sad aris sapost'o quti?** სად არის საფოსტო ყუთი? |
| Is there any mail for me? | **Aris ts'erilebi chem-twis?** არის წერილები ჩემთვის? |
| How long will it take for this to get there? | **Ramden khan-shi miva?** რამდენი ხანში მივა? |
| How much does it cost to send this to ...? | **Ra ghirs amis gagzavna ...-mde?** რა ღირს ამის გაგზავ- ნა ...-მდე? |
| I would like some stamps. | **Me mi-nda sapost'o mark'ebis qidwa.** მე მინდა საფოსტო მარკების ყიდვა. |

| | |
|---|---|
| I would like to send ... | **Mi-nda gavagzavno ...** მინდა გავაგზავნო ... |
| a letter | **ts'erili** წერილი |
| a postcard | **sapost'o barati** საფოსტო ბარათი |
| a parcel | **amanati** ამანათი |
| air mail | **sahaero post'a** საჰაერო ფოსტა |
| envelope | **k'onvert'i** კონვერტი |
| mailbox | **sapost'o quti** საფოსტო ყუთი |
| registered mail | **dazghweuli gzavnili** დაზღვეული გზავნილი |
| stamp | **sapost'o mark'a** საფოსტო მარკა |

## —Telephoning სატელეფონო კავშირი

| | |
|---|---|
| I would like to make a phone call. | **Me mi-nda darekva.** მე მინდა დარეკვა. |
| I would like to send a fax. | **Me mi-nda paksis gagzavna.** მე მინდა ფაქსის გაგზავნა. |
| Where is the telephone? | **Sad aris t'eleponi?** სად არის ტელეფონი? |
| May I use your phone? | **Sheidzleba v-isargeblo tkweni t'elepon-it?** შეიძლება ვისარგე-ბლო თქვენი ტელეფონით? |
| Can I telephone from here? | **Sheidzleba ak-edan da-v-reko?** შეიძლება აქედან დავრეკო? |

| | | |
|---|---|---|
| Can you help me get this number? | **She-gi-dzliat da-me-khmarot am nomris ak'repashi?** | შეგიძლიათ დამეხმაროთ ამ ნომრის აკრეფაში? |
| Can I dial direct? | **She-mi-dzlia p'irdap'ir a-v-k'ripo?** | შემიძლია პირდაპირ ავკრიფო? |
| What number must I dial for an outside line? | **Ra nomeri unda a-v-k'ripo kalak-shi/ sazghwargaret dasarek'ad?** | რა ნომერი უნდა ავკრიფო ქალაქში/ საზღვარგარეთ დასარეკად? |
| I want to call ... | **Me mi-nda ...-stan da-v-rek'o.** | მე მინდა ... -სთან დავრეკო. |
| What is the code for ...? | **Ra aris ...-(i)s sat'elepono k'odi?** | რა არის ...-(ი)ს სატელეფონო კოდი? |
| What is the international code for ...? | **Ra aris ...-(i)s saertashoriso k'odi?** | რა არის ...-(ი)ს საერთაშორისო კოდი? |
| The number is ... | **Nomeri aris ...** | ნომერი არის ... |
| The extension is ... | **Shida nomeri a ...** | შიდა ნომერია ... |

| | |
|---|---|
| May I speak to Mr. ...? | **Bat'on ...-s s-tkhovet?** |
| | ბატონ ...-ს სთხოვეთ? |
| May I speak to Ms./ Mrs. ...? | **Kalbat'on ...-s s-tkhovet?** |
| | ქალბატონ ...ს სთხოვეთ? |
| May I speak to ...? | **Sheidzleba ...-s da-v-elap'arak'o?** |
| | შეიძლება ...-ს დაველაპარაკო? |
| Who is calling please? | **Vin kitkhulobs?** |
| | ვინ კითხულობს? |
| Who are you calling? | **Sad rek'avt?** |
| | სად რეკავთ? |
| Can I leave a message? | **Sheizleba shet'qobineba da-v-utovo?** |
| | შეიძლება შეტყობინება დავუტოვო? |
| Which number are you dialing? | **Ra nomer-ze rek'avt?** |
| | რა ნომერზე რეკავთ? |
| Which number did you want to dial? | **Ra nomeri g-indodat agek'ripat?** |
| | რა ნომერი გინდოდათ აგეკრიფათ? |
| I'm calling this number. | **Am nomer-ze v-rek'av.** |
| | ამ ნომერზე ვრეკავ. |
| What's your number? | **Tkweni ra nomeri a?** |
| | თქვენი რა ნომერია? |
| My number is ... | **Chemi nomeri a ...** |
| | ჩემი ნომერია ... |
| Would you like to leave a message? | **Gnebavt datovot shetkobineba?** |
| | გნებავთ დატოვოთ შეტყობინება? |

| | |
|---|---|
| Sorry, wrong number. | **Uk'atsravad, skhwagan mokhvdit.**<br>უკაცრავად, სხვაგან მოხვდით |
| You have dialed the wrong number. | **Arasts'orad ak'ripet nomeri.**<br>არასწორად აკრიფეთ ნომერი. |
| This is not ... | **Es ar aris ...**<br>ეს არ არის ... |
| This is the office of ... | **Es ...-is opisi a.**<br>ეს ...-ის ოფისია |
| Can I ring you back? | **Sheidzleba gadmo-gi-rek'ot?**<br>შეიძლება გადმოგირეკოთ? |
| It's engaged/busy. | **Dak'avebuli a.**<br>დაკავებულია. |
| There's no dial tone. | **Zumeri ar aris.**<br>ზუმერი არ არის |
| I've been cut off. | **Gaitisha.**<br>გაითიშა.<br>or **Ga-me-tisha.**<br>გამეთიშა. |
| The phone is switched off. | **T'eleponi gamortuli a.**<br>ტელეფონი გამორთულია |
| The phone is off the hook. | **Qurmili gadadebuli a.**<br>ყურმილი გადადებულია. |
| The battery has run out. | **Batarea dajda.**<br>ბატარეა დაჯდა. |
| The lines have been cut. | **Khazi gats'qda/sadenebia chach'rili.**<br>ხაზი გაწყდა/ სადენებია ჩაჭრილი. |

COMMUNICATIONS

Where is the nearest public phone? **Sad aris uakhloesi t'eleponis jikhuri?** სად არის უახლოესი ტელეფონის ჯიხური?

May I make a call on your cellphone? **Sheidzleba tkweni mobiluri-dan da-v-reko?** შეიძლება თქვენი მობილურიდან დავრეკო?

**TELE-ETIQUETTE** — When picking up the phone, there are special ways to say "hello?" or "yes?": **da!** და! is (originally Russian) for "yes", **alo!** ალო! ("hello!") is more neutral, while **gi-sment!** გისმენთ! ("I hear you!") could be more emphatic, although in practice these are are generally interchangeable. If answering a call, **diakh!** დიახ! "yes!" can be used as a response to confirm to a caller that you can hear them. If the line is poor, **alo!** ალო! is handier.

## —Technical words ტექნიკური სიტყვები

channel *(TV)* **arkhi (satelevizio)** არხი (სატელევიზიო)

digital **tsipruli** ციფრული

e-mail **elek't'ronuli post'a** ელექტრონული ფოსტა *or* **imeili** იმეილი

e-mail address **elekt'ronuli post'is** ელექტრონული ფოსტის მისამართი *or* **imeilis misamarti** იმეილის მისამართი

extension number **shida nomeri** შიდა ნომერი

fax **paksi** ფაქსი

fax machine **paksis mankana** ფაქსის მანქანა

handset **qurmili** ყურმილი

internet **int'ernet'i** ინტერნეტი

| | |
|---|---|
| internet café | **internet k'ape** ინტერნეტ კაფე |
| line | **khazi** ხაზი |
| land line | **piksirebuli sat'elepono khazi** ფიქსირებული სატელეფონო ხაზი *or* **piksirebuli t'eleponi** ფიქსირებული ტელეფონი |
| mobile phone/ cell phone | **mobiluri t'eleponi** მობილური ტელეფონი |
| modem | **modemi** მოდემი |
| operator | **op'erat'ori** ოპერატორი |
| international operator | **saertashoriso op'erat'ori** საერთაშორისო ოპერატორი |
| radio | **radio** რადიო |
| radio station | **radio sadguri** რადიო სადგური |
| satellite phone | **sat'elit'uri t'eleponi** სატელიტური ტელეფონი |
| scanner | **sk'aneri** სკანერი |
| telecommunications | **t'elek'omunik'atsiebi** ტელეკომუნიკაციები |
| telephone | **t'eleponi** ტელეფონი |
| telephone center | **sat'elepono tsent'ri** სატელეფონო ცენტრი |
| television | **t'elevizia** ტელევიზია |
| transmitter | **gadamtsemi mekanizmi** გადამცემი მექანიზმი *or* **radio gadamtsemi** რადიო გადამცემი |
| to transfer/put through | **t'eleponit dak'avshireba** ტელეფონით დაკავშირება |
| website | **webgwerdi** ვებგვერდი *or* **internet gwerdi** ინტერნეტ გვერდი |

## —Faxing & e-mailing

ფაქსი და
ელექტრონული
ფოსტა

Where can I send a fax from?

**Saidan sheidzleba pak'sis gagzavna?**
საიდან შეიძლება ფაქ-
სის გაგზავნა?

Can I fax from here?

**Sheidzleba ak-edan pak'sis gagzavna?**
შეიძლება აქედან ფაქ-
სის გაგზავნა?

How much is it to fax?

**Ra ghirs pak'sis gagzavna?**
რა ღირს ფაქსის
გაგზავნა?

Where can I find a place to e-mail from?

**Saidan sheidzleba imeilis gagzavna?**
საიდან შეიძლება
იმეილის გაგზავნა?

Is there an internet café near here?

**Ak akhlos aris int'ernet' k'ape?**
აქ ახლოს არის
ინტერნეტ კაფე?

Can I e-mail from here?

**Sheidzleba ak-edan imeilis gagzavna?**
შეიძლება აქედან
იმეილის გაგზავნა?

How much is it to use a computer?

**Ra ghirs k'omp'iut'erit sargebloba?**
რა რღირს
კომპიუტერით
სარგებლობა?

How do you turn on this computer?

**Rogor irtweba es k'omp'iut'eri?**
როგორ ირთვება ეს კომპიუტერი?

The computer has crashed.

**K'omp'iut'eri gapuch'da.**
კომპიუტერი გაფუჭდა.

I need help with this computer.

**Am k'omp'iut'er-ze dakhmareba m-ch'irdeba.**
ამ კომპიუტერზე დახმარება მჭირდება.

I don't know how to use this program.

**Am p'rogramis gamoqeneba ar v-itsi.**
ამ პროგრამის გამოყენება არ ვიცი.

I know how to use this program.

**(Me) v-itsi am p'rogramis gamoqeneba.**
(მე) ვიცი ამ პროგრამის გამოყენება.

I want to print.

**Minda amo-v-bech'do/ da-v-bech'do.**
მინდა ამოვბეჭდო/ დავბეჭდო.

Do you have any paper?

**Kaghaldi ga-akvt?**
ქაღალდი გააქვთ?

# 14. THE OFFICE
ოფისი

| | |
|---|---|
| cable | **k'abeli** კაბელი |
| chair | **sk'ami** სკამი |
| computer | **k'omp'iut'eri** კომპიუტერი |
| desk | **samushao magida** სამუშაო მაგიდა |
| diary | **dghiuri** დღიური |
| drawer | **ujra** უჯრა |
| fax | **paksi** ფაქსი |
| file | **dok'ument'i** დოკუმენტი |
| filing cabinet | **saqaghalde k'abineti** საქაღალდე კაბინეტი |
| keyboard | **k'laviatura** კლავიატურა |
| meeting | **shekhwedra** შეხვედრა |
| monitor *(computer)* | **(k'omp'iut'eris) monit'ori** (კომპიუტერის) მონიტორი |
| paper | **kaghaldi** ქაღალდი |
| pen | **k'alami** კალამი |
| pencil | **pankari** ფანქარი |
| photocopier | **aslis gadamgebi mankana** ასლის გადამგები მანქანა *or* **kseroksi** ქსეროქსი |
| photocopy | **pot'o-asli** ფოტო-ასლი *or* **kserok'op'ia** ქსეროკოპია |
| printer | **p'rint'eri** პრინტერი |
| reception | **misaghebi** მისაღები *or* **migheba** მიღება |
| report | **mokhseneba** მოხსენება *or* **angarishi** ანგარიში |
| ruler | **sakhazavi** სახაზავი |
| secretary | **mdivani** მდივანი |
| security guard | **datswa** დაცვა |
| telephone | **t'eleponi** ტელეფონი |

# 15. THE CONFERENCE
### კონფერენცია

| | |
|---|---|
| article *(written)* | **statia** სტატია |
| a break (for refreshments) | **shesveneba (gamagrilebeli sasmelebit)** შესვენება (გამაგრილებელი სასმელებით) |
| conference room | **sakonperentsio darbazi** საკონფერენციო დარბაზი |
| copy | **gadagheba** გადაღება *or* **aslis gadagheba** ასლის გადაღება |
| discussion | **gankhilwa** განხილვა *or* **disk'usia** დისკუსია |
| forum | **porumi** ფორუმი |
| guest speaker | **mots'weuli momkhsenebeli** მოწვეული მომხსენებელი |
| interpreter | **tarjimani** თარჯიმანი |
| a paper *(written/ spoken)* | **mokhseneba** მოხსენება |
| podium | **k'atedra** კათედრა |
| projector | **p'roek't'ori** პროექტორი |
| session | **sesia** სესია |
|    a session chaired by ... |    **sesias tavmjdomareobs ...** სესიას თავმჯდომა- რეობს ... |
| speaker | **momkhsenebeli** მომხსენებელი |
| subject | **sak'itkhi** საკითხი |
| to translate | **targmna** თარგმნა *or* **gadatargmna** გადათარგმნა |
| translation | **targmani** თარგმანი |
| translator | **tarjimani** თარჯიმანი |

# 16. AGRICULTURE
## სოფლის მეურნეობა

| | |
|---|---|
| agriculture | **soplis meurneoba** სოფლის მეურნეობა |
| barley | **keri** ქერი |
| barn | **begheli** ბეღელი *or* **ambari** ამბარი |
| cattle | **rkosani sakoneli** რქოსანი საქონელი *or* **p'irut'qwi** პირუტყვი |
| to clear land | **mits'is gasuptaveba** მიწის გასუფთავება |
| combine harvester | **k'ombaini** კომბაინი |
| corn | **martsvleuli** მარცვლეული *or* **simindi** სიმინდი |
| crops | **mosavali** მოსავალი *or* **mk'a** მკა |
| earth | **mits'a** მიწა *or* **dedamits'a** დედამიწა |
| fallowland | **nasweni mits'a (savarguli)** ნასვენი მიწა (სავარგული) |
| farm | **meurneoba** მეურნეობა *or* **perma** ფერმა |
| farmer | **permeri** ფერმერი *or* **glekhi** გლეხი *or* **meurne** მეურნე |
| farming | **soplis meurneoba** სოფლის მეურნეობა |
| (*animal*) feed | **tskhovelebis sak'webi** ცხოველების საკვები |
| fence | **ghobe** ღობე |

| | |
|---|---|
| fertilizer | **sasuki** სასუქი |
| field | **qana** ყანა |
| fruit | **khili** ხილი |
| garden | **baghi** ბაღი |
| gate | **k'ari** კარი |
| | *or* **ch'ishk'ari** ჭიშკარი |
| to grow crops | **martsvleulis moqwana** მარცვლეულის მოყვანა |
| harvest | **mosavlis agheba** მოსავლის აღება |
| hay | **tiva** თივა |
| haystack | **bja** ბჯა |
| irrigation | **morts'qwa** მორწყვა |
| | *or* **irigatsia** ირიგაცია |
| marsh | **ch'aobi** ჭაობი |
| mill | **ts'isk'wili** წისქვილი |
| | *or* **pkwa** ფქვა |
| orchard | **(khekhilis) baghi** (ხეხილის) ბაღი |
| planting | **dargwa (mtsenaris mosheneba)** დარგვა (მცენარის მოშენება) |
| plow | **gutani** გუთანი |
| to plow | **khvna** ხვნა |
| to reap | **mk'a** მკა |
| rice | **brinji** ბრინჯი |
| season | **sezoni** სეზონი |
| seed | **tesli** თესლი *or* **martsvali** მარცვალი *or* **teswa** თესვა |
| sowing | **dateswa** დათესვა |
| spring *(of water)* | **ts'qaro** წყარო |
| tractor | **t'rakt'ori** ტრაქტორი |
| wheat | **khorbali** ხორბალი *or* **martswali** მარცვალი *or* **tavtavi** თავთავი |
| well *(of water)* | **ch'a** ჭა |

# 17. ANIMALS

ცხოველები

## — Mammals — ძუძუმწოვრები

| | |
|---|---|
| bear | **datwi** დათვი |
| bull | **khari** ხარი |
| cat | **k'at'a** კატა |
| cow | **dzrokha** ძროხა |
| deer | **iremi** ირემი |
| dog | **dzaghli** ძაღლი |
| donkey | **viri** ვირი |
| flock | **jogi** ჯოგი *or* **gundi** გუნდი *or* **para** ფარა |
| fox | **mela** მელა |
| goat | **tkha** თხა |
| hedgehog | **zgharbi** ზღარბი |
| herd | **jogi** ჯოგი *or* **fara** ფარა |
| horse | **tskheni** ცხენი |
| lamb | **k'ravi** კრავი *or* **bat'k'ani** ბატკანი |
| mare | **ch'ak'i** ჭაკი *or* **pashati** ფაშატი *or* **khrdali (tskheni)** ხრდალი (ცხენი) |
| mouse | **tagwi** თაგვი |
| mule | **jori** ჯორი |
| pig | **ghori** ღორი |
| pony | **p'oni** პონი |
| rabbit | **botsweri** ბოცვერი |
| ram | **verdzi** ვერძი *or* **qochi** ყოჩი *or* **erk'emali** ერკე-მალი |
| rat | **virtkha** ვირთხა *or* **virtagwa** ვირთაგვა |
| sheep | **tskhwari** ცხვარი |

| | |
|---|---|
| sheepdog | **metskhware dzaghli** |
| | მეცხვარე ძაღლი |
| stallion | **ulaqi** ულაყი |
| wolf | **mgeli** მგელი |

## —Birds ფრინველები

| | |
|---|---|
| bird | **chit'i** ჩიტი |
| chicken/hen | **ts'its'ila/k'atami** |
| | წიწილა/ქათამი |
| crow | **qwavi** ყვავი |
| duck | **ikhwi** იხვი |
| eagle | **arts'iwi** არწივი |
| goose | **bat'i** ბატი |
| owl | **bu** ბუ |
| partridge | **k'ak'abi** კაკაბი |
| pigeon | **mt'redi** მტრედი |
| rooster | **mamali** მამალი |
| turkey | **indauri** ინდაური |

## —Insects & amphibians მწერები და ამფიბიები

| | |
|---|---|
| ant | **ch'ianch'wela** |
| | ჭიანჭველა |
| bee | **put'k'ari** ფუტკარი |
| butterfly | **p'ep'ela** პეპელა |
| caterpillar | **mukhlukhi** მუხლუხი |
| cockroach | **t'arak'ani** ტარაკანი |
| fish | **tevzi** თევზი |
| flea | **rts'qili** რწყილი |
| fleas | **rts'qilebi** რწყილები |
| fly | **buzi** ბუზი |
| frog | **baqaqi** ბაყაყი |
| insect | **mts'eri** მწერი |
| lizard | **khvlik'i** ხვლიკი |
| louse/lice | **t'ili** ტილი *or* **mk'benari** |
| | მკბენარი |
| mosquito | **kogho** კოღო |

| | |
|---|---|
| snail | **lok'ok'ina** ლოკოკინა |
| snake | **gweli** გველი |
| spider | **oboba** ობობა |
| termite | **t'ermit'i** ტერმიტი |
| tick | **t'k'ipa** ტკიპა |
| wasp | **k'razana** კრაზანა *or* |
| | **bzik'i** ბზიკი |
| worm | **ch'ia** ჭია *or* **ch'iaqela** |
| | ჭიაყელა |

# 18. COUNTRYSIDE
ქალაქგარეთ

| | |
|---|---|
| avalanche | **zwavi** ზვავი |
| canal | **arkhi** არხი |
| cave | **mghwime** მღვიმე |
| copse | **raqa** რაყა |
| | *or* **buchknari** ბუჩქნარი |
| dam | **k'ashkhali** კაშხალი |
| earthquake | **mits'isdzvra** მიწისძვრა |
| fire | **tsetskhli** ცეცხლი |
| | *or* **khandzari** ხანძარი |
| flood | **ts'qaldidoba** |
| | წყალდიდობა |
| foothills | **mtists'ineti** |
| | მთისწინეთი |
| footpath | **satsalpekho gza** |
| | საცალფეხო გზა |
| forest | **t'qe** ტყე |
| hill | **gora** გორა |
| lake | **t'ba** ტბა |
| landslide | **mets'qeri** მეწყერი |
| mountain | **mta** მთა |
| mountain pass | **ugheltekhili** |
| | უღელტეხილი |
| peak | **mts'wervali** მწვერვალი |
| plain | **vak'e** ვაკე |
| plant | **mtsenare** მცენარე |
| range *(mountain)* | **kedi** ქედი |
| ravine | **khrami** ხრამი |
| river | **mdinare** მდინარე |
| river bank | **mdinaris nap'iri** |
| | მდინარის ნაპირი |
| rock | **k'lde** კლდე |
| slope | **perdobi** ფერდობი |
| stream | **dineba** დინება |

# COUNTRYSIDE

| | |
|---|---|
| summit | **mts'werwali** მწვერვალი |
| swamp | **ch'aobi** ჭაობი |
| tree | **khe** ხე |
| valley | **veli** ველი |
| | *or* **kheoba** ხეობა |
| waterfall | **chanchk'eri** ჩანჩქერი |
| wood/woods | **t'qe** ტყე |

# 19. THE WEATHER
ამინდი

In the coastal plains in the western part of Georgia towards the coast the winters are mild and the summers hot and sticky. In the forested hill country to the east, all four seasons tend to be clearly defined, with brilliant springs, balmy summers, golden autumns and crisp winters. The mountain slopes have cool summers and harsh winters which result in some areas being snowed in for several months in the year.

| | |
|---|---|
| What's the weather like? | **Rogori amindi a?** როგორი ამინდია? |
| The weather is ... today. | **Dghes ... amindi a.** დღეს ... ამინდია. |
| cold | **tsiwi** ცივი |
| cool | **grili** გრილი |
| cloudy | **ghrubliani** ღრუბლიანი |
| foggy | **nisliani** ნისლიანი |
| freezing | **suskhiani** სუსხიანი or **qinwiani** ყინვიანი |
| hot | **tskheli** ცხელი |
| very hot | **dzalian tskheli** ძალიან ცხელი |
| misty | **nisliani** ნისლიანი or **burusiani** ბურუსიანი |
| windy | **kariani** ქარიანი |
| It's going to rain. | **Ts'wimas ap'irebs.** წვიმას აპირებს. |
| It is raining. | **Ts'wims.** წვიმს. |
| It's going to snow. | **Motovs.** მოთოვს. |

| | |
|---|---|
| It is snowing. | **Tovs.**<br>თოვს. |
| It is sunny. | **Mziani dghe a.**<br>მზიანი დღეა.<br>*or* **Mziani amindi a.**<br>მზიანი ამინდია. |
| air | **haeri** ჰაერი |
| blizzard | **karbuki** ქარბუქი |
| cloud | **ghrubeli** ღრუბელი |
| fog | **nisli** ნისლი<br>*or* **burusi** ბურუსი |
| frost | **qinva** ყინვა |
| heatwave | **p'ap'anakeba sitskhe**<br>პაპანაქება სიცხე |
| ice | **qinuli** ყინული |
| midsummer | **zapkhulis nabuniaoba**<br>ზაფხულის ნაბუნიაობა |
| midwinter | **shua zamtris nabuniaoba**<br>ზამთრის ნაბუნიაობა |
| mild winter | **rbili zamtari**<br>რბილი ზამთარი |
| moon | **mtware** მთვარე |
| new moon | **akhali mtware**<br>ახალი მთვარე |
| full moon | **savse mtware**<br>სავსე მთვარე |
| rain | **ts'wima** წვიმა |
| severe winter | **mk'atsri zamtari**<br>მკაცრი ზამთარი |
| sky | **tsa** ცა |
| sleet | **tovlts'qapi** თოვლჭყაპი |
| snow | **tovli** თოვლი |
| solstice | **nabunioba** ნაბუნიობა |
| star | **varsk'vlavi** ვარსკვლავი |
| stars | **varsk'vlavebi**<br>ვარსკვლავები |
| sun | **mze** მზე |

| | |
|---|---|
| sunny | **mziani** მზიანი |
| thaw | **dnoba** დნობა |
| | *or* **lghoba** ლღობა |
| weather | **amindi** ამინდი |
| wind | **kari** ქარი |

## —Seasons

წელიწადის დროები

| | |
|---|---|
| spring | **gazapkhuli** |
| | გაზაფხული |
| summer | **zapkhuli** |
| | ზაფხული |
| autumn | **shemodgoma** |
| | შემოდგომა |
| winter | **zamtari** |
| | ზამთარი |

# 20. WINTER SPORTS
# ზამთრის სპორტი

Skiing is especially popular in Georgia, centered mainly around major resorts such as Bakuriani (ბაკურიანი) and Gudauri (გუდაური) as well as the peaks of Svaneti (სვანეთი) and Ajara (აჭარა).

| | |
|---|---|
| blizzard | **karbuki** ქარბუქი |
| cap | **kudi** ქუდი |
| gloves | **kheltatmani** ხელთათმანი |
| ice | **qinuli** ყინული |
| ice-skates | **tsigurebi** ციგურები |
| ice-skating | **tsiguraoba** ციგურაობა |
| misty | **nisliani** ნისლიანი *or* **burusiani** ბურუსიანი |
| piste | **satkhilamuro perdobi** სათხილამურო ფერდობი |
| ski | **tkhilamuri** თხილამური |
| skiing | **satkhilamuro sp'ort'i** სათხილამურო სპორტი *or* **tkhilamuroba** თხილამურობა |
| ski boots | **satkhilamuro chekma** სათხილამურო ჩექმა |
| ski jacket | **satkhilamuro kurtuk'i/ zhak'et'i** სათხილამურო ქურთუკი/ჟაკეტი |
| ski-lift | **sabagiro** საბაგირო *or* **k'anat'k'a** კანატკა |
| ski-pole/ski-stick | **satkhilamuro jokhi** სათხილამურო ჯოხი |
| ski-slope | **satkhilamuro perdobi** სათხილამურო ფერდობი |

| | |
|---|---|
| snow | **tovli** თოვლი |
| snowboard | **snoubordi** სნოუბორდი |
| snow boots | **qeliani pekhsatsmeli** ყელიანი ფეხსაცმელი |
| sunglasses | **mzis satwale** მზის სათვალე |

| | |
|---|---|
| I know how to ski. | **Vitsi tkhilamuroba.** ვიცი თხილამურობა. |
| I'm a beginner. | **Damts'qebi var.** დამწყები ვარ. |
| I'm intermediate. | **K'argad ar v-itsi.** კარგად არ ვიცი. |
| I'm advanced. | **K'argad v-itsi.** კარგად ვიცი. |
| Where is the ski-lift? | **Sad aris sabagiro?** სად არის საბაგირო? |
| I want a lift pass please. | **Samgzavro mi-nda, tu sheidzleba.** სამგზავრო მინდა, თუ შეიძლება. |
| A family lift pass please. | **Ojakhuri samgzavro mi-nda, tu sheidzleba.** ოჯახური სამგზავრო მინდა, თუ შეიძლება. |
| Is the slope open? | **Satkhilamuro gza gakhsnili a?** სათხილამურო გზა გახსნილია? |
| Is it working? | **Mushaobs?** მუშაობს? |
| What's the snow like? | **Rogori tovli a?** როგორი თოვლია? |

| | |
|---|---|
| It is good/icy/ powdery/slushy. | **K'argi/moqinuli/ pkhwieri/damdnari a.** კარგი/მოყინული/ ფხვიერი/დამდნარი-ა. |
| I've lost my poles/ skis/boots. | **Jokhebs/tkhilamurebs/ pekhsatsmelebs ver v-p'oulob.** ჯოხებს/თხილამურებს/ ფეხსაცმელებს ვერ ვპოულობ. |
| I've lost my ski pass. | **Samgzavros ver v-p'oulob.** სამგზავროს ვერ ვპოულობ. |
| Someone has fallen. | **Vighatsa ts'a-iktsa.** ვიღაცა წაიქცა. |
| Are you okay? | **Rogor khar?** როგორ ხარ? |
| Please get help. | **M-ashwelebs sheat'qobinet.** მაშველებს შეატყობინეთ. |
| Help! | **Mi-shwelet!** მიშველეთ! |
| Danger! | **Sashishi!** საშიში! |
| Avalanche! | **Zvavi!** ზვავი! |
| Rocks! | **K'lde!** კლდე! |
| Look out!/Careful! | **Prtkhilad!** ფრთხილად! |
| Slowly! | **Nela!** ნელა! |

# 21. CAMPING
კემპინგი

| | |
|---|---|
| Where can we camp? | **Sad she-gw-ilia dabanakeba?** სად შეგვილია დაბანაკება? |
| Can we camp here? | **She-gw-idzlia ak da-v-banakdet?** შეგვიძლია აქ დავბანაკდეთ? |
| Is it safe to camp here? | **Ak dabanak'eba usaprtkho a?** აქ დაბანაკება უსაფრთხოა? |
| Is there drinking water? | **Aris ak sasmeli ts'qali?** არის აქ სასმელი წყალი? |
| May we light a fire? | **Sheidzleba k'otsonis danteba?** შეიძლება კოცონის დანთება? |

| | |
|---|---|
| axe | **tsuli** ცული *or* **najakhi** ნაჯახი |
| backpack | **zurg-chanta** ზურგ-ჩანთა |
| bucket | **satli** სათლი |
| camping | **banak'i** ბანაკი *or* **k'emp'ingi** კემპინგი |
| campsite | **k'emp'ingi** კემპინგი |
| can opener | **k'onservis gasakhsneli** კონსერვის გასახსნელი |
| compass | **k'omp'asi** კომპასი |
| firewood | **shesha** შეშა |
| flashlight | **parani** ფარანი |

# CAMPING

| | |
|---|---|
| hammer | **chakuchi** ჩაქუჩი |
| ice axe | **ts'eraqini** წერაყინი |
| lamp | **natura** ნათურა |
| | or **lamp'a** ლამპა |
| mattress | **leibi** ლეიბი |
| penknife | **jaqwa** ჯაყვა |
| | or **jibis dana** ჯიბის დანა |
| propane gas canister | **(gazis) baloni** |
| | (გაზის) ბალონი |
| rope | **tok'i** თოკი |
| sleeping bag | **sadzile t'omara** |
| | საძილე ტომარა |
| stove | **ghumeli** ღუმელი |
| | or **kura** ქურა |
| tent | **k'aravi** კარავი |
| tent pegs | **k'arwis p'aloebi** |
| | კარვის პალოები |
| water bottle | **ts'qlis kila** წყლის ქილა |

# 22. IN CASE OF EMERGENCY
# საგანგებო შემთხვევებში

## —Disabled უნარშეზღუდული

| | |
|---|---|
| wheelchair | **unarshezghululta etli** უნარშეზღულულთა ეტლი *or* **unarshezghululta savardzeli** უნარშეზღულულთა სავარძელი |
| disabled | **unarshezghuduli** უნარშეზღუდული |
| Is there access for the disabled? | **Unarshezghudulta-twis misasvleli aris?** უნარშეზღუდულთა-თვის მისასვლელი არის? |
| Do you have facilities for the disabled? | **G-akvt p'irobebi unarshezghudulta-twis?** გაქვთ პირობები უნარშეზღუდულთა-თვის? |
| Do you have seating for the disabled? | **G-akvt adgilebi unarshezghudulta-twis?** გაქვთ სკამები უნარშეზღუდულთა-თვის? |

# EMERGENCY

## —Help დახმრება

Help!
**Mi-shwele-t!**
მიშველეთ!
*or* **Da-me-khmare-t!**
დამეხმარეთ!

Could you help
me please?
**Tu sheidzleba,
da-me-khmare-t?**
თუ შეიძლება,
დამეხმარეთ?
*or* **She-gi-dzlia-t
da-me-khmaro-t?**
შეგიძლიათ
დამეხმაროთ?

Do you have a
telephone?
**T'eleponi g-akv-t?**
ტელეფონი გაქვთ?

Can I use your
telephone?
**Sheidzleba da-v-reko?**
შეიძლება დავრეკო?

Where is the nearest
telephone?
**Sad aris uakhloesi
t'eleponi?**
სად არის უახლოესი
ტელეფონი?

Does the phone
work?
**T'eleponi mushaobs?**
ტელეფონი მუშაობს?

Get help quickly!
**Sasts'rapod
da-me-khmare-t!**
სასწრაფოდ
დამეხმარეთ!

Call the police.
**Da-reke-t p'olitsia-shi.**
დარეკეთ პოლიციაში.

I'll call the police!
**P'olitsia-shi da-v-rekav!**
პოლიციაში დავრეკავ!

Is there a doctor
near here?
**Ek'imi aris ak sadme
akhlos?**
ექიმი არის აქ სადმე
ახლოს?

| | |
|---|---|
| Call a doctor. | **Ek'ims gamo-u-dzaxe-t.** ექიმს გამოუძახეთ. |
| Call an ambulance. | **Sasts'rapo dakhmarebas gamoudzakhe-t!** სასწრაფო დახმარებას გამოუძახეთ! |
| I'll get medical help! | **Mo-v-iqwan sasts'rapo dakhmarebas!** მოვიყვან სასწრაფო დახმარებას! |
| Where is the doctor? | **Sad aris ek'imi?** სად არის ექიმი? |
| Where is the hospital? | **Sad aris saavadmqopo?** სად არის საავადმყოფო? |
| Where is the pharmacy? | **Sad aris aptiak'i?** სად არის აფთიაქი? |
| Where is the dentist? | **Sad aris st'omat'ologiuri k'linik'a?** სად არის სტომა-ტოლოგიური კლინიკა? |
| Where is the health center? | **Sad aris p'olik'linik'a?** სად არის პოლიკლინიკა? |
| Where is the police station? | **Sad aris p'olitsia?** სად არის პოლიცია? |

## —Accident შემთხვევა

| | |
|---|---|
| Take me to a doctor. | **Ek'im-tan ts'a-mi-qwanet.** ექიმთან წამიყვანეთ. |
| There has been an accident! | **Ak ubeduri shemtkhweva mokhda!** აქ უბედური შემთხვევა მოხდა! |
| There has been a crash! | **Avaria a!** ავარიაა! |

| Is anyone hurt? | **Aris vinme dashavebuli?** |
| | არის ვინმე დაშავებული? |
| This person is hurt. | **Es adamiani dashavda.** |
| | ეს ადამიანი დაშავდა. |
| There are people injured. | **Dashavebulebi arian.** |
| | დაშავებულები არიან. |
| There are people wounded. | **Dats'rilebi arian.** |
| | დაჭრილები არიან. |
| Don't move! | **Nu ga-indzrevi-t!** |
| | ნუ გაინძრევით! |
| Go away! | **Gadit ak-edan!** |
| | გადით აქედან! |
| Stand back! | **Uk'an daikhiet/daits'iet.** |
| | უკან დაიხიეთ/ დაიწიეთ. |
| Is help coming? | **Modian dasakhmareblad/ sashwelad?** |
| | მოდიან დასახმარებლად/ საშველად? |
| Help is coming. | **Mashwelebi modian.** |
| | მაშველები მოდიან. |
| I am lost. | **Da-v-ikarge.** |
| | დავიკარგე. |
| I am ill. | **Avad var.** |
| | ავად ვარ. |

## —Theft  ქურდობა

| I've been robbed. | **Ga-m-k'urdes** |
| | გამქურდეს. |
| Thief! | **Kurdi!** |
| | ქურდი! |
| Stop, thief! | **Sheacheret, kurdi!** |

# EMERGENCY

შეაჩერეთ ქურდი!

| My ... has been stolen. | **... mo-m-pares.**<br>... მომპარეს. |
|---|---|
| I have lost ... | **Me da-v-k'arge ...**<br>მე დავკარგე ... |
| my bag | **chemi chanta** ჩემი ჩანთა |
| my bags | **chemi chantebi** ჩემი ჩანთები |
| my camera | **chemi pot'oap'arat'i**<br>ჩემი ფოტოაპარატი |
| my handbag | **chemi khelchanta**<br>ჩემი ხელჩანთა |
| my laptop computer | **chemi port'at'iuli k'omp'iut'eri**<br>ჩემი პორტატიული კომპიუტერი<br>*or* **chemi lep't'op'i**<br>ჩემი ლეპტოპი |
| my money | **chemi puli** ჩემი ფული |
| my passport | **chemi p'asp'ort'i** ჩემი პასპორტი |
| my sound equipment | **chemi khmis chamts'eri ap'arat'ura**<br>ჩემი ხმის ჩამწერი აპარატურა |
| my travelers' checks | **chemi samgzavro chek'i** ჩემი სამგზავრო ჩეკი |
| my wallet | **chemi sapule** ჩემი საფულე |
| My possessions are insured. | **Cemi koneba dazghweuli a.**<br>ჩემი ქონება დაზღვეულია. |

# EMERGENCY

## —Sorting problems

პრობლემის გადაჭრა

| | |
|---|---|
| I have a problem. | **P'roblema m-akvs.**<br>პრობლემა მაქვს. |
| I didn't do it. | **Me es ar gamik'etebia.**<br>მე ეს არ გამიკეთებია. |
| I'm sorry. | **Bodishit.**<br>ბოდიშით. |
| I apologize. | **Bodishs gikhdit.**<br>ბოდიშს გიხდით. |
| I didn't realize anything was wrong. | **Ver m-v-khvdi/ga-v-iazre raime tsudi tu khdeboda.**<br>ვერ მივხვდი/გავიაზრე რაიმე ცუდი თუ ხდებოდა. |
| I want to contact my embassy. | **Chems saelchos mi-nda da-v-uk'avshirde.**<br>ჩემს საელჩოს მინდა დავუკავშირდე. |
| I want to contact my consulate. | **Chems sak'onsulos mi-nda da-v-ukavshirde.**<br>ჩემს საკონსულოს მინდა დავუკავშირდე. |
| I speak English. | **Inglisuri v-itsi.**<br>ინგლისური ვიცი. |
| I need an interpreter. | **Tarjimani mch'irdeba.**<br>თარჯიმანი მჭირდება. |
| Where are the toilets? | **Sad aris t'ualet'i?**<br>სად არის ტუალეტი? |
| clinic | **klinika** კლინიკა |
| doctor | **ekimi** ექიმი |
| nurse | **ektani** ექთანი |
| hospital | **saavadmqopo**<br>საავადმყოფო |

| | |
|---|---|
| policeman | **politsieli** პოლიციელი |
| police | **politsia** პოლიცია |
| police station | **politsia** პოლიცია *or* **politsiis ganqopileba** პოლიციის განყოფილება |

## —Common expressions

Georgian courtesy is reflected in the many expressions they use for guests and other members of society deserving respect. Some related expressions you'll commonly hear are:

| | |
|---|---|
| **(tkwen) rogor brdzandebit?** (თქვენ) როგორ ბრძანდებით? | how are you? |
| **shemobrdzandit!** შემობრძანდით! | come in! |
| **mobrdzandit!** მობრძანდით! | please come in!; this way please! |

**YES** – There are three words for yes: **diakh** დიახ – a neutral, polite form; **ki** კი – perhaps most commonly used; and **kho** ხო – which is more informal. Although not strictly the same thing, it might help you to think of the difference of English "yes," "yeah" and "yep!"

**NO** – Georgians have only one word for "no": **ara** არა – but you'll sometimes hear it doubled: **ara-ara** არა-არა!

Other useful expressions you will hear (note that some of these are hard to translate with just one word or expression in English):

| | |
|---|---|
| **gilotsavt!** გილოცავთ! | congratulations! |
| **qochagh!** ყოჩაღ! | well done! |
| **sitsotskhle!** სიცოცხლე! | bless you! *(said to a sneezer)* |
| *or* **janmrteloba!** ჯანმრთელობა! | |
| **shemodi(t)!** შემოდი(თ)! | come in! |
| **shekhede!** შეხედე! | look at that! (wow!) |
| **gilotsavt dabadebis dghes!** გილოცავ დაბადების დღეს! | happy birthday! |
| **Gilotsavt Akhal Ts'els!** გილოცავთ ახალ წელს! | Happy New Year! |
| **k'argad iqavit!** კარგად იყავით! | goodbye! |
| **uk'atsravad!** უკაცრავად! | excuse me?/please? |

# 23. HEALTHCARE
ჯანდაცვა

| | |
|---|---|
| What's the trouble? | **Ra g-ats'ukhebt?**<br>რა გაწუხებთ? |
| I am sick. | **Sheudzlod var.**<br>შეუძლოდ ვარ.<br>*or* **Tsudad var.**<br>ცუდად ვარ. |
| My companion is sick. | **Chemi megobari tsudad aris.**<br>ჩემი მეგობარი ცუდად არის. |
| May I see a female doctor? | **She-mi-dzlia v-nakho k'ali ek'imi?**<br>შემიძლია ვნახო ქალი ექიმი? |
| I have medical insurance. | **Me m-akvs sameditsino dazghweva.**<br>მე მაქვს სამედიცინო დაზღვევა. |

## —Check-up
შემოწმება

| | |
|---|---|
| How long have you had this problem? | **Ramdeni khani a rats es g-ats'ukhebt?**<br>რამდენი ხანია რაც ეს გაწუხებთ? |
| How long have you been feeling sick? | **Ramdeni khani a sheudzlod g-rdznobt tavs?**<br>რამდენი ხანია შეუძლოდ გრძნობთ თავს? |
| Please undress. | **G-aikhadet, ge-taqwa.**<br>გაიხადეთ, გეთაყვა. |

| Where does it hurt? | **Ra g-ats′ukhebt?** |
| | რა გაწუხებთ? |
| | *or* **Sad g-t′k′ivat?** |
| | სად გტკივათ? |
| It hurts here. | **Ak m-t′k′iva.** |
| | აქ მტკივა. |

## —Diagnosis დიაგნოზი

| I have been vomiting. | **Guli me-reoda.** |
| | გული მერეოდა. |
| I feel dizzy. | **Tavbru me-khweva.** |
| | თავბრუ მეხვევა. |
| I can't eat. | **Ver v-ch′am.** |
| | ვერ ვჭამ. |
| I can't sleep. | **Udziloba m-ats′ukhebs.** |
| | უძილობა მაწუხებს. |
| I feel worse. | **Uaresad v-grdznob tavs.** |
| | უარესად ვგრძნობ თავს. |
| I feel better. | **Uk′et var.** |
| | უკეთ ვარ. |
| I have ... | **Me ... m-akvs.** |
| | მე ... მაქვს. |
| Do you have ... ? *familiar** | **Shen ... g-akvs?** |
| | შენ ... გაქვს? |
| *polite** | **Tkwen ... g-akvt?** |
| | თქვენ ... გაქვთ? |
| diabetes | **diabet′i** დიაბეტი |
| epilepsy | **ep′ilepsia** ეპილეფსია |
| asthma | **astma** ასთმა |

* All the phrases in this section give the familiar and formal
forms for "you".

# HEALTHCARE

| | |
|---|---|
| I'm pregnant. | **Me pekhmdzimed var.**<br>მე ფეხმძიმედ ვარ.<br>*or* **Orsulad var.**<br>ორსულად ვარ. |
| I have a cold. | **Gatsiebuli var.**<br>გაციებული ვარ. |
| I have a cough. | **M-akhwelebs.**<br>მახველებს. |
| I have a headache. | **Tavi m-t'k'iva.**<br>თავი მტკივა. |
| I have a pain. | **M-t'k'iva.**<br>მტკივა. |
| I have a pain in my leg. | **Pekhi m-t'k'iva.**<br>ფეხი მტკივა. |
| I have a sore throat. | **Qeli m-t'k'iva.**<br>ყელი მტკივა. |
| I have a temperature. | **Sitskhe m-akvs.**<br>სიცხე მაქვს. |
| I have an allergy. | **Alergia m-akvs.**<br>ალერგია მაქვს. |
| I have an infection. | **Inpek'tsia m-akvs.**<br>ინფექცია მაქვს. |
| I have an itch. | **Me-kaveba.**<br>მექავება. |
| I have backache. | **Bech'ebi m-t'k'iva.**<br>ბეჭები მტკივა.<br>*or* **Ts'eli m-t'k'iva.**<br>წელი მტკივა. |
| I am constipated. | **K'uch'is shek'ruloba m-akvs.**<br>კუჭის შეკრულობა მაქვს. |
| I have diarrhea. | **K'uch'i m-akvs ashlili.**<br>კუჭი მაქვს აშლილი. |

250 • ქართული ლექსიკონი და სასაუბრო

| | |
|---|---|
| | *or* **Diarea/Pagharati m-akvs.**<br>დიარეა/ფაღარათი მაქვს. |
| I have a fever. | **Maghali sitskhe m-akvs.**<br>მაღალი სიცხე მაქვს. |
| I have hepatitis. | **Hep'at'it'i (bot'k'ini) m-akvs.**<br>ჰეპატიტი (ბოტკინი) მაქვს. |
| I have indigestion. | **K'uch'is mounelebloba m-akvs.**<br>კუჭის მოუნელებლობა მაქვს. |
| I have influenza. | **Grip'i m-akvs.**<br>გრიპი მაქვს. |
| I have a heart condition. | **Guli m-ats'ukhebs.**<br>გული მაწუხებს. |
| I have numbness here. | **Ak dabuzhebuli m-akvs.**<br>აქ დაბუჟებული მაქვს. |
| I have "pins and needles". | **Dabuzhebuli m-akvs.**<br>დაბუჟებული მაქვს. |
| I have stomach-ache. | **Mutseli m-t'k'iva.**<br>მუცელი მტკივა. |
| I have a fracture. | **Mot'ekhiloba m-akvs.**<br>მოტეხილობა მაქვს. |
| My ... is fractured. | **... makvs mot'ekhili**<br>...მაქვს მოტეხილი |
| I have toothache. | **K'bili mt'k'iva.**<br>კბილი მტკივა. |
| You have a cold. | **Gatsiebuli khar(t).\***<br>გაციებული ხარ(თ). |

| | |
|---|---|
| You have a cough. | **G-akhwelebs/G-akhwelebt.** გახველებს/გახველებთ. |
| You have a headache. | **Tavi g-t'k'iva(t).** თავი გტკივა(თ). |
| You have a pain. | **G-t'k'iva(t).** გტკივა(თ). |
| You have a pain in your leg. | **Pekhi g-t'k'iva(t).** ფეხი გტკივათ(თ) |
| You have a sore throat. | **Qeli g-t'k'iva(t).** ყელი გტკივა(თ). |
| You have a temperature. | **Sitskhe g-akvs/g-akvt.** სიცხე გაქვს/გაქვთ. |
| You have an allergy. | **Alergia g-akvs/g-akvt.** ალერგია გაქვს/გაქვთ. |
| You have an infection. | **Inpek'tsia g-akvs/g-akvt.** ინფექცია გაქვს/გაქვთ. |
| You have an itch. | **Ge-k'aveba(t).** გექავება(თ). |
| You have backache. | **Ts'eli g-t'k'iva(t).** წელი გტკივა(თ). |
| You are constipated. | **K'uch'is shek'ruloba g-akvs/g-akvt.** კუჭის შეკრულობა გაქვს/გაქვთ. |
| You have diarrhea. | **K'uch'i g-akvs/g-akvt ashlili.** კუჭი გაქვს/გაქვთ აშლილი |
| You have a fever. | **Maghali sitskhe g-akvs/g-akvt.** მაღალი სიცხე გაქვს/გაქვთ. |

| | |
|---|---|
| You have hepatitis. | **Hep'at'it'i/bot'k'ini g-akvs/g-akvt.**<br>ჰეპატიტი/ბოტკინი გაქვს/გაქვთ. |
| You have indigestion. | **K'uch'is mounelebloba g-akvs/g-akvt.**<br>კუჭის მოუნელებლობა გაქვს/გაქვთ. |
| You have influenza. | **Grip'i g-akvs/g-akvt.**<br>გრიპი გაქვს/გაქვთ. |
| You have a heart condition. | **Guli g-ats'ukhebs/ g-ats'ukhebt.**<br>გული გაწუხებს/თ. |
| You have numbness there. | **Ak dabuzhebuli g-akvs/ g-akvt.**<br>აქ დაბუჟებული გაქვს/თ. |
| You have "pins and needles". | **Dabuzhebuli g-akvs/ g-akvt.**<br>დაბუჟებული გაქვს/გაქვთ. |
| You have a stomach-ache. | **Mutseli g-t'k'iva(t).**<br>მუცელი გტკივა(თ). |
| You have a fracture. | **Mot'ekhiloba g-akvs/ g-akvt.**<br>მოტეხილობა გაქვს/გაქვთ. |
| Your ... is fractured. | **Tkweni ... mot'eikhilia.**<br>თქვენი ... მოტეხილია |
| You have toothache. | **K'bili g-t'k'iva(t).**<br>კბილი გტკივა(თ) |

## —Medication მკურნალობა/ წამლები

| | |
|---|---|
| I take this medication. | **Am ts'amals mi-v-igheb.**<br>ამ წამალს მივიღებ. |
| I need medication for... | **Me mi-nda ... is ts'amali.**<br>მე მინდა ... ის წამალი. |
| What type of medication is this? | **Es ra sakhis ts'amali a?**<br>ეს რა სახის წამალია? |
| How many times a day must I take it? | **Dghe-shi ramdenjer unda mi-v-igho?**<br>დღეში რამდენჯერ უნდა მივიღო? |
| When should I stop? | **Rodis unda she-v-ts'qwit'o ts'amlis migheba?**<br>როდის უნდა შევწყვიტო წამლის მიღება? |
| I'm on antibiotics. | **Ant'ibiot'ik'ebs v-igheb.**<br>ანტიბიოტიკებს ვიღებ. |
| I'm allergic to ... | **Me ... alergia m-akvs/ alergiuli var....**<br>მე ... ალერგია მაქვს/ალერგიული ვარ. |
| antibiotics | **ant'ibiot'ik'eb-ze**<br>ანტიბიოტიკებზე |
| penicillin | **p'enitsilin-ze** პენი-ცილინზე |
| I have been vaccinated. | **Atsrili var.**<br>აცრილი ვარ. |
| I have my own syringe. | **Chemi shp'ritsi m-akvs.**<br>ჩემი შპრიცი მაქვს |

| | |
|---|---|
| Is it possible for me to travel? | **Chem-twis mgzavroba sheidzleba?** ჩემთვის მგზავრობა შეიძლება? |

## —Health words

ჯანმრთელობასთან დაკავშირებული სიტყვები

| | |
|---|---|
| AIDS | **shidsi** შიდსი |
| alcoholic *person* | **loti** ლოთი *or* **alk'oholik'i** ალკოჰო-ლიკი |
| alcoholism | **lotoba** ლოთობა *or* **alk'oholizmi** ალკოჰოლიზმი |
| amputation | **amp'ut'atsia** ამპუტაცია |
| anemia | **siskhlnak'luloba** სისხლნაკლულობა *or* **anemia** ანემია |
| anesthesiologist | **anesteziologi** ანესთეზიოლოგი |
| anesthesia | **gaut'k'ivareba** გაუტკივარება *or* **anestezia** ანესთეზია |
| antibiotic | **ant'ibiot'ik'i** ანტიბიოტიკი |
| antiseptic | **ant'isep't'ik'i** ანტისეპტიკი |
| aspirin | **asp'irini** ასპირინი |
| blood | **siskhli** სისხლი |
| blood group | **siskhlis jgupi** სისხლის ჯგუფი |
| blood pressure | **ts'neva** წნევა |
| low blood pressure | **dabali ts'neva** დაბალი წნევა |
| high blood pressure | **maghali ts'neva** მაღალი წნევა |
| blood transfusion | **siskhlis gadaskhma** სისხლის გადასხმა |

# HEALTHCARE

| | | |
|---|---|---|
| bone | | **dzwali** ძვალი |
| cancer | | **k'ibo** კიბო |
| clinic | | **k'linik'a** კლინიკა |
| dental surgery | | **st'omat'ologiuri k'linik'a** სტომატოლოგიური კლინიკა |
| dentist | | **k'bilis ek'imi** კბილის ექიმი |
| dizzy | | **tavbruskhweva** თავბრუსხვევა |
| I feel dizzy. | | **Tavbru me-skhmis.** თავბრუ მესხმის |
| Do you feel dizzy? | | **Tavbru ge-skhmit?** თავბრუ გესხმით? |
| drug | *medical* | **ts'amali** წამალი |
| | *narcotic* | **narkotikebi** ნარკოტიკები |
| epidemic | | **ep'idemia** ეპიდემია |
| fever | | **sitskhe** სიცხე |
| flu | | **grip'i** გრიპი |
| frostbite | | **moqinva** მოყინვა |
| germs | | **batsilebi** ბაცილები *or* **mik'robebi** მიკრობები |
| heart attack | | **gulis shet'eva** გულის შეტევა |
| hygiene | | **higiena** ჰიგიენა |
| infection | | **inpek'tsia** ინფექცია |
| limb | | **k'idurebi** კიდურები |
| medicine drug | | **ts'amali** წამალი |
| subject | | **midrek'ileba** მიდრეკილება *or* **dakwemdebareba** დაქვემდებარება |
| needle | | **nemsi** ნემსი |
| nurse | | **medda** მედდა |
| operating theater | | **saop'eratsio** საოპერაციო |

| | |
|---|---|
| *(surgical)* operation | **(k'irurgiuli) op'eratsia** (ქირურგიული) ოპერაცია |
| oxygen | **zhangbadi** ჟანგბადი |
| painkiller | **t'k'ivilgamaquchebeli (ts'amali)** ტკივილგამაყუჩებელი (წამალი) |
| physiotherapy | **pizioterap'ia** ფიზიოთერაპია |
| rabies | **tsopi** ცოფი |
| shrapnel | **ch'urwis anaskhlet'i** ჭურვის ანასხლეტი |
| sleeping pill | **sadzile sashualeba** საძილე საშუალება |
| snake bite | **gwelis nak'beni** გველის ნაკბენი |
| stethoscope | **ponendosk'op'i** ფონენდოსკოპი |
| surgeon | **k'irurgi** ქირურგი |
| (act of) surgery | **k'irurgiuli chareva** ქირურგიული ჩარევა |
| syringe | **nemsi** ნემსი *or* **shp'ritsi** შპრიცი |
| thermometer | **termomet'ri** თერმომეტრი |
| torture | **ts'ameba** წამება |
| tranquilizer | **t'rank'wilizat'ori** ტრანკვილიზატორი *or* **damamshwidebeli** დამამშვიდებელი *or* **damats'knarebeli** დამაწყნარებელი |

## — Eyesight მხედველობა

| | |
|---|---|
| I have broken my glasses. | **Satwale ga-v-t'ekhe/ ga-mi-t'qda.**<br>სათვალე გავტეხე/ გამიტყდა. |
| Can you repair them? | **She-gi-dzliat sheak'etot?**<br>შეგიძლიათ შეაკეთოთ? |
| I need new lenses. | **Akhali linzebi m-ch'irdeba.**<br>ახალი ლინზები მჭირდება. |
| When will they be ready? | **Rodis ik'neba mzad?**<br>როდის იქნება მზად? |
| How much do I owe you? | **Ramdeni unda gada-gi-khadot?**<br>რამდენი უნდა გადაგიხადოთ? |
| glasses | **satwale** სათვალე |
| sunglasses | **mzis satwale**<br>მზის სათვალე |
| contact lenses | **k'ont'ak't'linzebi**<br>კონტაქტლინზები |
| contact lens solution | **k'ont'ak't'linzebis khsnari**<br>კონტაქტლინზების ხსნარი |

# 24. RELIEF AID
გადაუდებელი
დახმარება

## —Fact-finding ფაქტის დადგენა

| | |
|---|---|
| Can you help me? | **She-gi-dzliat da-me-khmarot?** შეგიძლიათ დამეხმაროთ? |
| Do you speak English? | **Itsit Inglisuri?** იცით ინგლისური? |
| Who is in charge? | **Vin aris p'asukhismgebeli?** ვინ არის პასუხისმგებელი? |
| Please fetch the main person in charge. | **Mo-iqwanet khelmdzghwaneli p'iri.** მოიყვანეთ ხელმძღვანელი პირი. |
| What's the name of this town? | **Es ra kalaki a?** ეს რა ქალაქია? |
| How many people live here/there? | **Ra aris am kalakis mosakhleoba?** რა არის ამ ქალაქის მოსახლეობა? *or* **Am kalak-shi ramdeni adamiani tskhovrobs?** ამ ქალაქში რამდენი ადამიანი ცხოვრობს? |
| What's the name of that river? | **Is ra mdinare a?** ის რა მდინარეა? |
| How deep is it? | **Ramdenad ghrma a?** რამდენად ღრმაა? *or* **Ramsighrmea?** რამსიღრმეა? |

| | |
|---|---|
| Is the bridge still standing? | **Khidi jer kidev dgas?** ხიდი ჯერ კიდევ დგას? |
| Is the bridge down? | **Khidi changreuli a?** ხიდი ჩანგრეულია? |
| Where can we ford the river? | **Sad shegwidzlia gada-v-k'weto-t mdinare?** სად შეგვიძლია გადავკვეთოთ მდინარე? |
| Is the road blocked? | **Gza chakhergili a?** გზა ჩახერგილია? |
| Is there another way? | **Skhwa gza aris?** სხვა გზა არის? *or* **Shemovliti gza aris?** შემოვლითი გზა არის? |
| What is the name of that mountain? | **Es ra mta a?** ეს რა მთაა? |
| How high is it? | **Ramsimaghlea?** რამსიმაღლეა? |
| Where is the border? | **Sad aris sazghwari?** სად არის საზღვარი? |
| Is it safe? | **Es usaprtkhoa?** ეს უსაფრთხოა? *or* **Ar aris sashishi?** არ არის საშიში? |
| Show me. | **M-achwenet.** მაჩვენეთ. |

## —Earthquake მიწისძვრა

| | |
|---|---|
| tremor | **rqevebi** რყევები |
| earthquake | **mits'isdzvra** მიწისძვრა |
| after-shock | **miwisdzvris shemdgomi bidzgebi** მიწისძვრის შემდგომი ბიძგები |

| | |
|---|---|
| sniffer dog | **dageshili dzaghli** |
| | დაგეშილი ძაღლი |
| | *or* **mashweli dzaghli** |
| | მაშველი ძაღლი |
| Is there anyone injured? | **Vinme dashavda?** |
| | ვინმე დაშავდა? |
| | *or* **Dashavebulia vinme?** |
| | დაშავებულია ვინმე? |
| Is there anyone trapped? | **Kwesh moqva vinme?** |
| | ქვეშ მოყვა ვინმე? |
| How many survivors are there? | **Ramdenia gadarchenili?** |
| | რამდენია გადარჩენილი? |
| Where? | **Sad?** |
| | სად? |
| How many are missing? | **Ramdenia dak'arguli?** |
| | რამდენია დაკარგული? |
| Who? | **Vin?** |
| | ვინ? |
| What are their names? | **Itsit mati sakhelebi?** |
| | იცით მათი სახელები? |
| Keep quiet! | **Chumad!** |
| | ჩუმად! |
| Can you hear a sound? | **Khma ge-smit?** |
| | ხმა გესმით? |
| I can hear a sound. | **Khma me-smis.** |
| | ხმა მესმის. |
| Under that building. | **Am shenobis kwesh.** |
| | ამ შენობის ქვეშ. |
| Can you help me clear the rubble? | **She-gi-dzliat da-me-khmarot nangrevebis gats'mendashi?** |
| | შეგიძლიათ დამეხმაროთ ნანგრევების გაწმენდაში? |

# RELIEF AID

| | |
|---|---|
| Danger! | **Prtkhilad!** |
| | ფრთხილად! |
| It's going to collapse! | **Ingreva** |
| | ინგრევა |

## —Checkpoints საკონტროლო პუნქტი

| | |
|---|---|
| checkpoint | **sak'ont'rolo punkt'i** |
| | საკონტროლო პუნქტი |
| | or **post'i** პოსტი |
| roadblock | **gadaghobili gza** |
| | გადაღობილი გზა |
| Stop! | **Gacherdit!** |
| | გაჩერდით! |
| Do not move! | **Ar gaindzret!** |
| | არ გაინძრეთ! |
| Go! | **Ts'adit!** |
| | წადით! |
| Who are you? | **Tkwen vin khart?** |
| | თქვენ ვინ ხართ? |
| Don't shoot! | **Ar isrolot!** |
| | არ ისროლოთ! |
| Help!/Help me! | **Da-me-khmaret!** |
| | დამეხმარეთ! |
| Help us! | **Da-gve-khmaret!** |
| | დაგვეხმარეთ! |
| no entry | **shesasvleli ar aris** |
| | შესასვლელი არ არის |
| emergency exit | **saavario gasasvleli** |
| | საავარიო გასასვლელი |
| straight on | **p'irdap'ir** პირდაპირ |
| turn left | **martskhniv sheukhwiet** |
| | მარცხნივ შეუხვიეთ |
| turn right | **marjvniv sheukhwiet** |
| | მარჯვნივ შეუხვიეთ |

| | |
|---|---|
| this way | **am gzit** ამ გზით<br>*or* **es gza** ეს გზა |
| that way | **im gzit** იმ გზით<br>*or* **is gza** ის გზა |
| Keep quiet, please! | **Chumad iqavit, getaqwa!**<br>ჩუმად იყავით, გეთაყვა! |
| You are correct. | **Martali khart.**<br>მართალი ხართ. |
| You are wrong. | **(Tkwen) tsdebit.**<br>(თქვენ) ცდებით. |
| I am ready. | **Mzad var.**<br>მზად ვარ. |
| I am in a hurry. | **Mechkareba.**<br>მეჩქარება. |
| Well, thank you! | **K'argi a, gmadlobt!**<br>კარგია, გმადლობთ! |
| What's that? | **Ra aris es?**<br>რა არის ეს? |
| Come in! | **Shemodit!**<br>შემოდით! |
| That's all! | **Sul es aris!**<br>სულ ეს არის! |

## —Road repair გზის შეკეთება

| | |
|---|---|
| Is the road passable? | **Es k'argi gza a?**<br>ეს კარგი გზაა? |
| Is the road blocked? | **Gza gadakhergili a?**<br>გზა გადახერგილია? |
| We are repairing the road. | **Am gzis shek'eteba-ze v-mushaob-t.**<br>ამ გზის შეკეთებაზე ვმუშაობთ. |

# RELIEF AID

| | |
|---|---|
| We are repairing the bridge. | **Am khidis shek'eteba-ze v-mushaob-t.**<br>ამ ხიდის შეკეთებაზე ვმუშაობთ. |
| We need ... | **Gwesach'iroeba...** |
| wood | **khe** ხე |
| rock | **k'lde** კლდე |
| gravel | **khreshi** ხრეში |
| sand | **k'wisha** ქვიშა |
| fuel | **sats'wavi masala**<br>საწვავი მასალა |
| Lift! | **Ats'ie(t)!**<br>აწიე(თ)! |
| Drop it! | **Chamots'ie(t)!**<br>ჩამოწიე(თ)! |
| Now! | **Akhla!**<br>ახლა! |
| Up! | **Maghla!**<br>მაღლა! |
| Down! | **Dabla!**<br>დაბლა! |
| Sideways! | **Gwerdze!**<br>გვერდზე! |
| All together!<br>(pull/lift) | **Qwelam ertad!**<br>ყველამ ერთად! |

## —Mines ნაღმები

| | |
|---|---|
| mine *noun* | **naghmi** ნაღმი |
| mines | **naghmebi** ნაღმები |
| mine *adjective* | **danaghmuli** დანაღმული |
| minefield | **danaghmuli adgili**<br>დანაღმული ადგილი |
| to lay mines | **danaghmwa** დანაღმვა |
| to hit a mine | **naghm-ze apetk'eba**<br>ნაღმზე აფეთქება |

| | |
|---|---|
| to clear a mine | **ganaghmwa** განაღმვა |
| mine detector | **naghmsadzebni** ნაღმსაძებნი |
| mine disposal | **naghmis gauvnebloba** ნაღმის გაუვნებლობა |
| Are there any mines near here? | **Sadme akhlos aris naghmebi?** სადმე ახლოს არის ნაღმები? |
| What type are they? | **Ra t'ip'is naghmebi a?** რა ტიპის ნაღმებია? |
| anti-vehicle | **t'ank'-sats'inaaghmdego** ტანკ-საწინააღმდეგო |
| anti-personnel | **k'weiti jaris sats'inaagh-mdego** ქვეითი ჯარის საწინააღმდეგო |
| plastic | **p'last'ik'uri** პლასტიკური |
| floating | **mot'ivt'ive** მოტივტივე |
| magnetic | **magnit'uri** მაგნიტური |
| What size are they? | **Ra zoma a?** რა ზომაა? |
| What color are they? | **Ra peri a?** რა ფერია? |
| Are they marked? | **Danishnuli a?** დანიშნულია? |
| How? | **Rogor aris danishnuli?** როგორ არის დანიშნული? |
| How many mines are there? | **Ramdeni naghmi a?** რამდენი ნაღმია? |
| When were they laid? | **Rodis aris danaghmuli?** როდის არის დანაღმული? |
| Can you take me to the minefields? | **She-gi-dzlia-t ts'a-mi-qwano-t danaghmul vel-ze?** |

შეგიძლიათ
წამიყვანოთ
დანაღმულ ველზე?

| | |
|---|---|
| Are there any (exploded) booby traps near there? | **Aris sadme akhlos (apetkebuli) naghmis makheebi?** |

არის სადმე ახლოს (აფეთქებული) ნაღმის მახეები?

| | |
|---|---|
| Are the mines in a building? | **Naghmebi shenoba-shi a?** |

ნაღმები შენობაშია?

| | |
|---|---|
| on tracks? | **liandageb-ze a?** |

ლიანდაგებზეა?

| | |
|---|---|
| on roads? | **gzeb-ze a?** |

გზებზეა?

| | |
|---|---|
| on bridges? | **khideb-ze a?** |

ხიდებზეა?

| | |
|---|---|
| or elsewhere? | **tu sadme skhwa-gan?** |

თუ სადმე სხვაგან?

| | |
|---|---|
| Can you show me? | **She-gi-dzlia-t m-achweno-t?** |

შეგიძლიათ მაჩვენოთ?

| | |
|---|---|
| Don't touch that! | **Kheli ar mokidot!** |

ხელი არ მოკიდოთ!

| | |
|---|---|
| Don't go near that! | **Akhlos ar mikhwidet!** |

ახლოს არ მიხვიდეთ!

# 25. WAR

ომი

| | |
|---|---|
| airdrop | **twitmprinavi-dan chamoqra** თვითმფრინავიდან ჩამოყრა |
| airforce | **samkhedro-sahaero dzalebi** სამხედრო-საჰაერო ძალები |
| airplane | **twitmprinavi** თვითმფრინვი |
| air-raid | **sahaero tavdaskhma** საჰაერო თავდასხმა |
| ambulance | **sasts'rapo dakhmarebis etli/manqana** სასწრაფო დახმარების ეტლი/მანქანა |
| ambush | **sapari** საფარი *or* **chasapreba** ჩასაფრება |
| ammunition | **sabrdzolo masala** საბრძოლო მასალა *or* **ch'urvi** ჭურვი *or* **qumbara** ყუმბარა *or* **wazna** ვაზნა |
| anti-aircraft gun | **haersats'inaaghmdego** ჰაერსაწინააღმდეგო *or* **sazenit'o** საზენიტო *or* **zenit'uri iaraghi** ზენიტური იარაღი |
| anti-tank | **tank'sats'inaaghmdego (iaraghi)** ტანკსაწინააღმდეგო (იარაღი) |
| armored car | **be-te-eri** ბე-ტე-ერი (= **b.t.r.** ბ.ტ.რ.) *or* **javshniani t'ransp'ort'i** ჯავშნიანი ტრანსპორტი |

| | |
|---|---|
| arms | **iaraghi** იარაღი |
| army | **armia** არმია *or* **jari** ჯარი |
| artillery | **art'ileria** არტილერია |
| assault; attack | **tavdaskhma** თავდასხმა |
| | *or* **sheteva** შეტევა |
| | *or* **ierishi** იერიში |
| aviation | **aviatsia** ავიაცია |
| barbed wire | **ek'liani mavtuli** ეკლიანი |
| | მავთული |
| | *or* **mavtulkhlarti** |
| | მავთულხლართი |
| bayonet | **khisht'i** ხიშტი |
| to beat *overcome* | **(shetevit) dadzleva** |
| | (შეტევით) დაძლევა |
| | *or* **mogeba** მოგება |
| belt | **sart'qeli** სარტყელი |
| | *or* **ghwedi** ღვედი |
| bomb | **bombi** ბომბი |
| bomb disposal | **bombis gauvnebelqopa** |
| | ბომბის გაუვნებელყოფა |
| bomb disposal squad | **bombis gamauvnebel-** |
| | **qopeli razmi** ბომბის |
| | გამაუვნებელყოფელი |
| | რაზმი |
| bombardment | **dabombwa** დაბომბვა |
| | *or* **qumbarebis dashena** |
| | ყუმბარების დაშენა |
| bomber plane | **bombdamsheni** |
| | ბომბდამშენი |
| | *or* **qumbarmsheni** |
| | ყუმბარმშენი |
| buffer zone | **buperuli zona** |
| | ბუფერული ზონა |
| bullet | **t'qwia** ტყვია |
| butt of rifle | **topis kondakhi** თოფის |
| | კონდახი |
| to camouflage | **shenighbwa** შენიღბვა |
| | *or* **kamuplazhi** |
| | კამუფლაჟი |

# WAR

| | |
|---|---|
| cannon | **zarbazani** ზარბაზანი<br>or **t'qwiamprkwevi** ტყვიამფრქვევი |
| captain | **k'apit'ani** კაპიტანი |
| ceasefire | **tsetskhlis shets'qwet'a** ცეცხლის შეწყვეტა |
| chief of staff | **metauri** მეთაური<br>or **sardali** სარდალი<br>or **jaris uprosi** ჯარის უფროსი |
| cluster bomb | **prkwevadi bombi** ფრქვევადი ბომბი<br>or **k'last'eruli bombi** კლასტერული ბომბი |
| to command | **gank'argulebis gatsema** განკარგულების გაცემა<br>or **brdzanebis gatsema** ბრძანების გაცემა |
| commander | **metauri** მეთაური<br>or **uprosi** უფროსი<br>or **sardali** სარდალი |
| commander-in-chief | **mtavarsardali** მთავარსარდალი |
| to conquer | **dapqroba** დაპყრობა<br>or **damorchileba** დამორჩილება |
| convoy | **badragi** ბადრაგი<br>or **konvoi** კონვოი |
| dagger | **khanjali** ხანჯალი<br>or **sat'evari** სატევარი |
| to defeat | **damartskheba** დამარცხება<br>or **martskhi** მარცხი |
| to destroy | **dangreva** დანგრევა<br>or **ganadgureba** განადგურება |
| detonation | **apetkeba** აფეთქება<br>or **det'onireba** დეტონირება |

| | |
|---|---|
| disaster | **ubedureba** უბედურება *or* **k'at'ast'ropa** კატასტროფა |
| displaced person | **idzulebit gadaadgilebuli p'iri** იძულებით გადაადგილებული პირი |
| displaced persons | **idzulebit gadaadgilebuli p'irebi** იძულებით გადაადგილებული პირები |
| drought | **gwalwa** გვალვა |
| enemy | **mt'eri** მტერი |
| to evacuate | **evak'uatsia** ევაკუაცია |
| to explode | **apetkeba** აფეთქება |
| explosion | **apetkeba** აფეთქება |
| to fight | **brdzola** ბრძოლა |
| fighter *soldier* | **mebrdzoli** მებრძოლი *or* **meomari** მეომარი |
| *plane* | **aviagamanadgurebeli** ავიაგამანადგურებელი |
| to free | **gantavisupleba** განთავისუფლება |
| freedom | **tavisupleba** თავისუფლება *or* **damouk'idebloba** დამოუკიდებლობა |
| general | **generali** გენერალი *or* **sardali** or სარდალი |
| grenade | **khelqumbara** ხელყუმბარა *or* **ch'urwi** ჭურვი |
| gun | **topi** თოფი |
| gun barrel | **topis lula** თოფის ლულა |
| headquarters | **satao opisi/shtabi** სათაო ოფისი/შტაბი *or* **shtabbina** შტაბბინა |
| helicopter | **shweulmpreni** შვეულმფრენი *or* **vertmpreni** ვერტმფრენი |

| | |
|---|---|
| hostage | **mdzevali** მძევალი |
| internally displaced person/persons | **idzulebit gadaadgilebuli p'iri/p'irebi** იძულებით გადაადგილებული პირი/პირები |
| to invade | **dapqroba** დაპყრობა or **shemoch'ra** შემოჭრა |
| invasion | **dapqroba** დაპყრობა or **shemoch'ra** შემოჭრა |
| to kill | **mok'vla** მოკვლა or **ganadgureba** განადგურება |
| to liberate | **gantavisupleba** განთავისუფლება |
| liberty | **tavisupleba** თავისუფლება |
| lieutenant | **leit'enant'i** ლეიტენანტი |
| lieutenant-colonel | **podpolk'ovnik'I** პოდპოლკოვნიკი |
| lieutenant-general | **general leit'enant'i** გენერალ ლეიტენანტი |
| to loot | **dzartswa** ძარცვა or **maradioroba** მარადიორობა |
| to lose a conflict | **konplikt'shi damartskheba** კონფლიქტში დამარცხება |
| machine gun | **t'qwiamprk'wevi** ტყვიამფრქვევი |
| major-general | **generalmaiori** გენერალმაიორი |
| military school | **samkhedro sk'ola** სამხედრო სკოლა |
| military academy | **samkhedro ak'ademia** სამხედრო აკადემია |
| mine: anti-personnel | **kweitsatsinaaghmdego naghmi** ქვეითსაწინააღმდეგო ნაღმი |

| | |
|---|---|
| missile | **rak'et'a** რაკეტა |
| missiles | **rak'et'ebi** რაკეტები |
| mortar | **naghmsat'qortsni** ნაღმსატყორცნი |
| munitions | **samkhedro maragi** სამხედრო მარაგი *or* **aghch'urviloba** აღჭურვილობა |
| natural disaster | **st'ik'iuri ubedureba** სტიქიური უბედურება |
| navy | **samkhedro-sazghwao plot'i** სამხედრო-საზღვაო ფლოტი |
| nuclear energy | **at'omuri energia** ატომური ენერგია |
| nuclear power station | **at'omuri elekt'ro sadguri** ატომური ელექტროსადგური |
| objective | **mizani** მიზანი *or* **samkhedro obiekt'i** სამხედრო ობიექტი |
| occupied territory | **dapkrobili/ok'upirebuli t'erit'oria** დაპყრობილი/ოკუპირებული ტერიტორია |
| occupation | **dap'qroba** დაპყრობა *or* **okupatsia** ოკუპაცია |
| occupying forces | **dampqrobeli/okup'atsiuri dzalebi** დამპყრობელი/ოკუპაციური ძალები |
| officer | **opitseri** ოფიცერი |
| opponent | **mots'inaaghmdege** მოწინააღმდეგე |
| parachute | **p'arashut'i** პარაშუტი |
| patrol | **badragi** ბადრაგი *or* **p'at'ruli** პატრული |

| | |
|---|---|
| peace | **mshwidoba** მშვიდობა |
| to make peace | **sherigeba** შერიგება |
| | *or* **mshwidobis damqareba** მშვიდობის დამყარება |
| peace-keeping troops | **samshwidobo jarebi** სამშვიდობო ჯარები |
| people | **khalkhi** ხალხი |
| personnel *military* | **samkhedro personali** სამხედრო პერსონალი |
| | *or* **p'iradi shemadgenloba** პირადი შემადგენლობა |
| pilot | **mprinavi** მფრინავი |
| | *or* **p'ilot'i** პილოტი |
| pistol | **p'ist'olet'i** პისტოლეტი |
| plane | **twitmprinavi** თვითმფრინავი |
| prisoner | **t'usaghi** ტუსაღი |
| | *or* **samkhedro t'qwe** სამხედრო ტყვე *or* **p'at'imari** პატიმარი |
| to take prisoner | **mdzevlad/tqwed aqwana** მძევლად/ტყვედ აყვანა |
| | *or* **dap'at'imreba** დაპატიმრება |
| to pursue | **devna** დევნა |
| raid | **ierishi** იერიში |
| | *or* **reidi** რეიდი |
| refugee | **lt'olvili** ლტოლვილი |
| refugees | **lt'olvilebi** ლტოლვილები |
| refugee camp | **lt'olvilta banak'i** ლტოლვილთა ბანაკი |
| refugee aid | **lt'olvolta dakhmareba** ლტოლვილთა დახმარება |
| regiment | **samkhedro p'olk'i/legioni** სამხედრო პოლკი/ლეგიონი |

| | |
|---|---|
| reinforcements | **gadzliereba** გაძლიერება *or* **ganmt'k'itseba** განმტკიცება |
| to resist | **ts'inaaghmdegobis gats'eva** წინააღმდეგობის გაწევა |
| to retreat | **uk'an dakheva** უკან დახევა |
| rifle | **shashkhana** შაშხანა |
| rocket | **rak'et'a** რაკეტა |
| rocket launcher | **raket'mt'qortsni** რაკეტმტყორცნი |
| sack | **t'omara** ტომარა *or* **p'ark'i** პარკი |
| shell *of gun* | **ch'urwi** ჭურვი |
| shelter | **tavshesapari** თავშესაფარი |
| to take shelter | **tavis shepareba** თავის შეფარება |
| shrapnel | **ch'urwis anaskhlet'i** ჭურვის ანასხლეტი |
| to shoot | **srola** სროლა |
| to shoot down | **qumbarit chamogdeba** ყუმბარით ჩამოგდება |
| siege | **alqa** ალყა |
| soldier | **jarisk'atsi** ჯარისკაცი |
| spy | **jashushi** ჯაშუში *or* **saidumlo agent'i** საიდუმლო აგენტი |
| staff *army* | **armiis sht'abi** არმიის შტაბი |
| submachine gun | **avt'omat'i** ავტომატი |
| surrender | **chabareba** ჩაბარება *or* **kapitulatsia** კაპიტულაცია |
| to surround | **garshemort'qma** გარშემორტყმა |
| tank | **t'ank'i** ტანკი |

| | |
|---|---|
| tracer bullet | **mgezavi t'qwia** მგეზავი ტყვია |
| troop carrier | **jaris gadamqwani** ჯარის გადამყვანი |
| troops | **jari** ჯარი |
| truce | **zavi** ზავი <br> *or* **dazaveba** დაზავება |
| UN/United Nations | **Gaero** გაერო/ <br> **Gaertianebuli Erebis Organizatsia** გაერთიანებული ერების ორგანიზაცია |
| unexploded bomb | **aupetkebeli bombi** აუფეთქებელი ბომბი |
| victory | **gamarjweba** გამარჯვება |
| war | **omi** ომი |
| war crime | **samkhedro danashauli** სამხედრო დანაშაული |
| war crimes tribunal | **samkhedro tribunali** სამხედრო ტრიბუნალი |
| war criminal | **samkhedro damnashave** სამხედრო დამნაშავე |
| weapon | **iaraghi** იარაღი |
| to win | **gamarjweba** გამარჯვება |
| to wound | **dach'ra** დაჭრა |

# 26. TOOLS
ხელსაწყოები

| | |
|---|---|
| binoculars | **ch'ogrit'i** ჭოგრიტი |
| | *or* **durbindi** დურბინდი |
| | *or* **binok'li** ბინოკლი |
| brick | **aguri** აგური |
| brush | **jagrisi** ჯაგრისი |
| | *or* **punji** ფუნჯი |
| cable | **k'abeli** კაბელი |
| (gas) cooker | **(gaz) k'ura** (გაზ) ქურა |
| drill | **burghi** ბურღი |
| gas bottle | **(gazis) baloni** (გაზის) ბალონი |
| hammer | **chak'uchi** ჩაქუჩი |
| handle | **sakheluri** სახელური |
| hose | **shlangi** შლანგი |
| insecticide | **insek't'itsidi** ინსექტიციდი |
| ladder | **k'ibe** კიბე |
| machine | **mankana** მანქანა *or* |
| | **charkhi** ჩარხი |
| microscope | **mik'rosk'op'i** მიკროსკოპი |
| nail | **lursmani** ლურსმანი |
| padlock | **bok'lomi** ბოქლომი |
| paint | **saghebavi** საღებავი |
| pickax | **ts'erak'wi** წერაქვი |
| plank | **pitsari** ფიცარი |
| plastic | **p'last'masi** პლასტმასი |
| rope | **tok'i** თოკი |
| rubber | **rezini** რეზინი |
| rust | **zhangi** ჟანგი |
| | *or* **zhangwa** ჟანგვა |
| saw | **kherkhi** ხერხი |
| scissors | **mak'rat'eli** მაკრატელი |

| | |
|---|---|
| screw | **khrakhni** ხრახნი |
| screwdriver | **sakhrakhnisi** სახრახნისი |
| spade | **bari** ბარი |
| | or **nichabi** ნიჩაბი |
| spanner | **k'anchis gasaghebi** ქანჩის გასაღები |
| string | **bats'ari** ბაწარი or **zonari** ზონარი |
| telescope | **t'elesk'op'i** ტელესკოპი |
| tool | **khelsats'qo** ხელსაწყო |
| tools | **khelsats'qoebi** ხელსაწყოები |
| varnish | **lak'i** ლაქი |
| wire | **mavtuli** მავთული |

## —The supra: a national tradition

Georgians need little excuse to organize a **supra** სუფრა or "feast/banquet". Course after course is brought to a long table around which the diners sit. Small dishes of food are constantly brought to the table, like mini courses. In between toasts are made by those present, presided over by the **tamada** თამადა, or "toastmaster" who sits at the head of the table. The tamada (the word has passed into other languages including Russian) has the task of guiding the pace of the meal and, obviously, the drinking via the toasts, which are made with wine.

Like all the peoples in the Caucasus, the Georgians have developed a finely tuned tradition of toasting and even though toasts may seem spontaneous, they will always follow the general themes set by the tamada. Toasts start with honoring the occasion celebrated by the supra, before moving on to a huge range of subjects such as love, memories of times gone by and aspirations for the future. The family is always mentioned as are ties of friendship, the guests (**st'umari** სტუმარი, plural **st'umrebi** სტუმრები) and the hosts. Larger supras will also feature an **alaverdi** ალავერდი, another toastmaster who has the responsibility of elaborating on whatever toast the tamada has just made. Note that custom requires you to finish your glass after each toast – it will be refilled immediately!

These are the essential phrases you need to know: "cheers!" **gaumarjos!** გაუმარჯოს! *(to someone or something)*; "cheers to you!" **gagimarjos!** გაგიმარჯოს! *(you singular/informal)* and **gagimarjot!** გაგიმარჯოთ! *(you singular formal or plural)*.

# 27. THE CAR
## მანქანა

| | |
|---|---|
| Where can I rent a car? | **Sad sheidzleba mankanis dak'iraveba?**<br>სად შეიძლება მანქა- ნის დაქირავება? |
| Where can I rent a car with a driver? | **Sad sheidzleba mankanis dak'iraveba mdzgholit?**<br>სად შეიძლება მანქა- ნის დაქირავება მძღოლით? |
| How much is it per day? | **Ra eghireba erti dghe?**<br>რა ეღირება ერთი დღე?<br>*or* **Ra ghirs erti dghe?**<br>რა ღირს ერთი დღე? |
| How much is it per week? | **Ra eghireba erti k'wira?**<br>რა ეღირება ერთი კვირა?<br>*or* **Ra ghirs erti k'wira?**<br>რა ღირს ერთი კვირა? |
| Can I park here? | **Sheidzleba ak mankanis gachereba?**<br>შეიძლება აქ მანქანის გაჩერება? |
| Are we on the right road for Tbilisi? | **Tbilis-shi sts'orad mi-v-divart?**<br>თბილისში სწორად მივდივართ? |

## —Filling up
საწვავით მომარაგება

| | |
|---|---|
| Where is the nearest petrol station? | **Sad aris uakhloesi benzingasamarti sadguri?**<br>სად არის უახლოესი ბენზინგასამართი სადგური? |
| Fill the tank please. | **Gaavset bak'i tu sheidzleba.**<br>გაავსეთ ბაკი თუ შეიძლება. |
| normal/diesel | **benzini/dizeli**<br>ბენზინი/დიზელი |
| Check the oil/tires/ battery, please. | **Sheamots'met zeti/ saburavebi/ak'umulat'ori, tu sheidzleba.**<br>შეამოწმეთ ზეთი/ საბურავები/ აკუმულატორი, თუ შეიძლება. |

## —Breakdown
გაფუჭება

| | |
|---|---|
| Our car has broken down. | **Mankana ga-gwi-puch'da.**<br>მანქანა გაგვიფუჭდა.<br>*or* **Mankana ga-gwi-cherda.**<br>მანქანა გაგვიჩერდა. |
| The car has a flat tire. | **Mankanis saburavi gask'da/daeshwa.**<br>მანქანის საბურავი გასკდა/დაეშვა. |
| This tire is flat. | **Es saburavi daeshwa.**<br>ეს საბურავი დაეშვა. |
| I have run out of petrol. | **Benzini da-mi-mtavrda.**<br>ბენზინი დამიმთავრდა. |

| | |
|---|---|
| Our car is stuck. | **Mankana chaeplo/ gaich'eda.**<br>მანქანა ჩაეფლო/ გაიჭედა. |
| There's something wrong with this car. | **Am mankanas raghats akvs gapuchebuli/ch'irs/ daemarta.**<br>ამ მანქანას რაღაც აქვს გაფუჭებული/ ჭირს/დაემართა. |
| I need a mechanic. | **Khelosani m-ch'irdeba.**<br>ხელოსანი მჭირდება |
| Can you tow us? | **Shegidzliat buk'sirit ts'agwiqwanot?**<br>შეგიძლიათ ბუქსირით წაგვიყვანოთ? |
| Where is the nearest garage? | **Sad aris uakhloesi avt'oparekhi/ avt'osadgomi?**<br>სად არის უახლოესი ავტოფარეხი/ ავტოსადგომი? |
| Can you help start the car by pushing? | **Shegidzliat damekhmarot da mankanas moats'vet rom davdzra?**<br>შეგიძლიათ დამეხმაროთ და მან-ქანას მოაწვეთ რომ დავძრა? |
| Can you help jumpstart the car? | **Shegidzliat moats'wet mankanas?**<br>შეგიძლიათ მოაწვეთ მანქანას? |
| There's been an accident. | **Avaria mokhda.**<br>ავარია მოხდა. |

| My car has been stolen. | **Mankana mo-m-p'ares.** |
| | მანქანა მომპარეს. |
| | *or* **Chemi mankana mo-ip'ares.** |
| | ჩემი მანქანა მოიპარეს. |
| Call the police. | **Politsias gamoudzakhet.** |
| | პოლიციას გამოუძახეთ. |

## —Car words

მანქანასთან დაკავშირებული სიტყვები

| accelerator | **sichkaris/gazis pedali** |
| | სიჩქარის/გაზის პედალი |
| air *for tire* | **saburavis haeri** |
| | საბურავის ჰაერი |
| anti-freeze | **ant'i-prizi** ანტი-ფრიზი |
| battery | **ak'umulat'ori** |
| | აკუმულატორი |
| brake | **mukhruch'i** მუხრუჭი |
| bumper | **bamp'eri** ბამპერი |
| car papers | **mankanis sabutebi** |
| | მანქანის საბუთები |
| car park | **mankanis parekhi** |
| | მანქანის ფარეხი |
| | *or* **mankanis sadgomi** |
| | მანქანის სადგომი |
| car registration | **mankanis registratsia** |
| | მანქანის რეგისტრაცია |
| clutch | **gadabmis p'edali** |
| | გადაბმის პედალი |
| | *or* **gadabmis sat'erpuli** |
| | გადაბმის სატერფული |
| driver | **mdzgholi** მძღოლი |

| | |
|---|---|
| driver's license | **avt'omobilis martwis upleba** ავტომობილის მართვის უფლება |
| engine | **dzrava** ძრავა |
| exhaust (pipe) | **gamonabolk'wi** გამონაბოლქვი |
| fan belt | **mankanis vent'ilat'oris tasma** მანქანის ვენტილატორის თასმა |
| gas pedal | **sichkaris/gazis pedali** სიჩქარის/გაზის პედალი |
| gear | **sichkare** სიჩქარე |
| hood | **k'ap'ot'i (dzravis)** კაპოტი (ძრავის) |
| indicator light | **machwenebeli natura** მაჩვენებელი ნათურა |
| inner-tube | **saburavis shida k'amera** საბურავის შიდა კამერა |
| insurance policy | **sadazghwevo p'olisi** სადაზღვევო პოლისი |
| jack | **mankanis asats'evi** მანქანის ასაწევი *or* **mankanis domk'rat'i** მანქანის დომკრატი |
| mechanic | **mek'anik'osi** მექანიკოსი |
| neutral gear | **tavisupali sichkare** თავისუფალი სიჩქარე *or* **neit'raluri sichkare** ნეიტრალური სიჩქარე |
| oil | **zeti** ზეთი |
| oilcan | **(mankanis) zetis k'ila** (მანქანის) ზეთის ქილა |
| passenger | **mgzavri** მგზავრი |
| petrol | **benzini** ბენზინი |
| radiator | **radiat'ori** რადიატორი |
| reverse gear | **uk'an svla** უკან სვლა *or* **uk'usvla** უკუსვლა |

# THE CAR

| seat | **dasajdomi** დასაჯდომი |
| spare tire | **satadarigo saburavi** |
| | სათადარიგო საბურავი |
| speed | **sichkare** სიჩქარე |
| steering wheel | **sach'e** საჭე |
| tank | **bak'i** ბაკი |
| tire | **saburavi** საბურავი |
| tow rope | **sabuk'sire tok'i** |
| | საბუქსირე თოკი |
| trunk | **sabarguli** საბარგული |
| vehicle registration papers | **mankanis sabutebi** მანქანის საბუთები |
| windshield/windscreen | **sakare mina** |
| | საქარე მინა |

# 28. SPORTS
სპორტი

Displays of physical strength are greatly prized in Georgian society. Skiing, wrestling and horse-racing are particularly favorite sports. More recent sports adopted include judo and other martial arts, rugby, basketball and, of course, soccer. Chess has always been a perennial favorite.

| | |
|---|---|
| athletics | **tanvarjishi** ტანვარჯიში |
| ball | **burti** ბურთი |
| basketball | **k'alatburti** კალათბურთი |
| chess | **ch'adraki** ჭადრაკი |
| game | **shejibri** შეჯიბრი |
| goal | **goli** გოლი |
| hockey | **hok'ei** ჰოკეი |
| horse racing | **jiriti** ჯირითი |
| horse-riding | **tskhenosnoba** ცხენოსნობა |
| match | **shejibri** შეჯიბრი *or* **mat'chi** მატჩი |
| soccer match | **pekhburtis mat'chi** ფეხბურთის მატჩი |
| pitch | **moedani** მოედანი |
| referee | **msaji** მსაჯი |
| rugby | **ragbi** რაგბი |
| skating | **tsiguraoba** ციგურაობა |
| skiing | **satkhilamuro s'port'i** სათხილამურო სპორტი *or* **tkhilamuroba** თხილამურობა |
| soccer | **pekhburti** ფეხბურთი |
| stadium | **st'adioni** სტადიონი |
| swimming | **tsurwa** ცურვა |
| team | **gundi** გუნდი |
| wrestling | **ch'idaoba** ჭიდაობა |

| | |
|---|---|
| Who won? | **Vin moigo?** ვინ მოიგო? |
| Who lost? | **Vin tsaago?** ვინ წააგო? |
| What's the score? | **Ra angarishi a?** რა ანგარიშია? |
| Who scored? | **Vin gait'ana?** ვინ გაიტანა? |

## —Keeping in contact

| | |
|---|---|
| What is your address? | **Ra aris tkweni misamarti?** რა არის თქვენი მისამართი? |
| Here is my address. | **Chemi misamarti a.** ჩემი მისამართია. |
| What is your telephone number? | **Ra aris tkweni t'eleponis nomeri?** რა არის თქვენი ტელეფონის ნომერი? |
| Here is my telephone number. | **Chemi t'eleponis nomeri a.** ჩემი ტელეფონის ნომერია. |
| Give me your email address. | **Tkweni imeilis misamarti mometsit.** თქვენი იმეილის მისამართი მომეცით. |
| Here is my email address. | **Chemi imeilis misamarti a.** ჩემი იმეილის მისამართია. |
| Which hotel are you staying at? | **Romel sastumro-shi cherdebit?** რომელ სასტუმროში ჩერდებით? |
| I am staying at the Tbilisi Hotel. | **Sastumro Tbilis-shi var.** სასტუმრო თბილისში ვარ. |
| I am staying with friends. | **Chems megobreb-tan var.** ჩემს მეგობრებთან ვარ. |

# 29. THE BODY
სხეული

| | |
|---|---|
| ankle | **k'och'i** კოჭი |
| arm | **mk'lavi** მკლავი |
| back | **zurgi** ზურგი |
| beard | **ts'weri** წვერი |
| blood | **siskhli** სისხლი |
| body | **skheuli** სხეული |
| bone | **dzwali** ძვალი |
| bottom | **sajdomi** საჯდომი |
| breast/chest | **mk'erdi** მკერდი |
| chin | **nik'ap'i** ნიკაპი |
| ear | **quri** ყური |
| elbow | **idaqwi** იდაყვი |
| eye | **twali** თვალი |
| eyebrow | **ts'arbi** წარბი |
| eyelids | **kututoebi** ქუთუთოები |
| face | **sakhe** სახე |
| finger | **titi** თითი |
| foot | **pekhi** ფეხი |
| | *or* **t'erpi** ტერფი |
| genitals | **sask'eso organoebi** |
| | სასქესო ორგანოები |
| hair | **tma** თმა |
| hand | **kheli** ხელი |
| head | **tavi** თავი |
| heart | **guli** გული |
| jaw | **qba** ყბა |
| kidney | **tirk'meli** თირკმელი |
| knee | **mukhli** მუხლი |
| leg | **pekhi** ფეხი |
| lip | **t'uchi** ტუჩი |
| liver | **ghwidzli** ღვიძლი |
| lung | **pilt'wi** ფილტვი |

| | |
|---|---|
| mustache | **ulvashi** ულვაში |
| mouth | **p'iri** პირი |
| nail *of finger/toe* | **khelis/pekhis prchkhili** ხელის/ფეხის ფრჩხილი |
| navel | **ch'ip'i** ჭიპი |
| neck | **k'iseri** კისერი |
| nose | **tskhwiri** ცხვირი |
| rib | **nekni** ნეკნი |
| shoulder | **mkhari** მხარი |
| skin | **k'ani** კანი |
| stomach | **mutseli** მუცელი |
| teeth | **k'bilebi** კბილები |
| throat | **qeli** ყელი |
| thumb | **tsera titi** ცერა თითი |
| toe | **pekhis titi** ფეხის თითი |
| tongue | **ena** ენა |
| tooth | **k'bili** კბილი |
| vein | **vena** ვენა |
| womb | **sashwilosno** საშვილოსნო |
| wrist | **maja** მაჯა |

# 30. EDUCATION
## განათლება

| | |
|---|---|
| to add; addition | **mimateba** მიმატება |
| | or **damateba** დამატება |
| backpack | **sask'olo chanta** სასკოლო ჩანთა |
| | or **zurgchanta** ზურგჩანთა |
| ballpoint pen | **p'ast'a** პასტა |
| bench | **merkhi** მერხი |
| | or **sk'ami** სკამი |
| blackboard | **dapa** დაფა |
| book | **ts'igni** წიგნი |
| to calculate; calculation | **gamotvla** გამოთვლა |
| | or **k'alk'ulatsia** კალკულაცია |
| chalk | **tsartsi** ცარცი |
| class | **k'lasi** კლასი |
| | or **jgupi** ჯგუფი |
| to copy | **gadats'era** გადაწერა |
| | or **aslis gadagheba** ასლის გადაღება |
| correct | **sts'ori** სწორი |
| | or **zust'i** ზუსტი |
| to correct | **gasts'oreba** გასწორება |
| to count | **datvla** დათვლა |
| crayon | **pankari** ფანქარი |
| culture | **k'ult'ura** კულტურა |
| difficult | **dzneli** ძნელი |
| to divide; division | **gaqopa** გაყოფა |
| | or **daqopa** დაყოფა |
| easy | **adwili** ადვილი |
| education | **ganatleba** განათლება |

# EDUCATION

| | |
|---|---|
| equal | **t'olia** ტოლია |
| equals | **udris** უდრის |
| to equal | **gatanabreba** გათანაბრება *or* **gat'oleba** გატოლება |
| eraser | **sashleli** საშლელი |
| exam | **gamotsda** გამოცდა |
| exercise book | **savarjisho rveuli** სავარჯიშო რვეული |
| to explain | **akhsna** ახსნა |
| felt-tip pen | **plomast'eri** ფლომასტერი |
| geography | **geograpia** გეოგრაფია |
| glue | **tsebo** წებო |
| grammar | **gramati'k'a** გრამატიკა |
| history | **ist'oria** ისტორია |
| holidays | **ardadegebi** არდადეგები |
| homework | **sashinao davaleba** საშინაო დავალება |
| illiterate | **gaunatlebeli** გაუნათლებელი |
| language | **ena** ენა |
| to learn by heart | **zepirad sts'avla** ზეპირად სწავლა |
| lesson | **gak'wetili** გაკვეთილი |
| library | **bibliotek'a** ბიბლიოთეკა |
| literature | **lit'erat'ura** ლიტერატურა |
| maths | **matemat'ik'a** მათემატიკა |
| memory | **mekhsiereba** მეხსიერება |
| to multiply/ multiplication | **gamravleba** გამრავლება |

| | |
|---|---|
| notebook | **rveuli** რვეული |
| page | **gwerdi** გვერდი |
| paper | **kaghaldi** ქაღალდი |
| to pass an exam | **gamotsdis chabareba** გამოცდის ჩაბარება |
| pen | **k'alami** კალამი |
| pencil | **pankari** ფანქარი |
| progress | **progresi** პროგრესი or **ts'insvla** წინსვლა |
| pupil | **mosts'avle** მოსწავლე or **mots'ape** მოწაფე |
| to punish | **dasja** დასჯა |
| to read | **k'itkhwa** კითხვა |
| to repeat | **gameoreba** გამეორება |
| ruler | **sakhazavi** სახაზავი |
| satchel | **sask'olo chanta** სასკოლო ჩანთა or **zurgchanta** ზურგჩანთა |
| school | **sk'ola** სკოლა |
| semester | **semest'ri** სემესტრი |
| seminary | **seminaria** სემინარია |
| sheet of paper | **kaghaldis purtseli** ქაღალდის ფურცელი |
| student (university) | **universit'et'is student'i** უნივერსიტეტის სტუდენტი |
| to study | **sts'avla** სწავლა |
| to subtract | **gamok'leba** გამოკლება |
| subtraction | **gamok'leba** გამოკლება |
| sum | **jami** ჯამი or **shejameba** შეჯამება |
| table | **tskhrili** ცხრილი |

| | |
|---|---|
| teacher | **masts'avlebeli** |
| | მასწავლებელი |
| trimester | **t'rimest'ri** ტრიმესტრი |
| to test | **gamotsda** გამოცდა |
| | *or* **shemots'meba** |
| | შემოწმება |
| test | **t'est'i** ტესტი |
| to think | **mopikreba** |
| | მოფიქრება |
| thought | **azri** აზრი |
| | *or* **pikri** ფიქრი |
| time | **dro** დრო |
| wisdom | **sibrdzne** სიბრძნე |
| wrong | **mtsdari** მცდარი |
| | *or* **arasts'ori** |
| | არასწორი |

# 31. POLITICS
პოლიტიკა

| | |
|---|---|
| aid worker | **humanit'aruli mushak'i** ჰუმანიტარული მუშაკი |
| ambassador | **elchi** ელჩი |
| arrest | **dap'at'imreba** დაპატიმრება |
| assassination | **polit'ik'uri mk'vleloba** პოლიტიკური მკვლელობა |
| assembly *parliament* | **p'arlament'is shek'reba** პარლამენტის შეკრება *or* **asamblea** ასამბლეა |
| autonomy | **avt'onomia** ავტონომია |
| budget | **biujet'i** ბიუჯეტი |
| cabinet | **k'abinet'i** კაბინეტი |
| charity *organization* | **sakwelmokmedo organizatsia** საქველმოქმედო ორგა- ნიზაცია |
| citizen | **mokalake** მოქალაქე |
| citizenship | **mokalakeoba** მოქალაქეობა |
| civil rights | **samokalako uplebebi** სამოქალაქო უფლებები |
| civil war | **samokalako omi** სამოქალაქო ომი |
| coalition | **k'oalitsia** კოალიცია |
| communism | **k'omunizmi** კომუნიზმი |
| communist | **k'omunist'i** კომუნისტი |
| concentration camp | **sak'ontsent'ratsio banak'i** საკონცენტრაციო ბანაკი |
| condemn | **dagmoba** დაგმობა |
| constitution | **k'onst'it'utsia** კონსტიტუცია |

| | |
|---|---|
| corruption | **k'oruptsia** კორუფცია |
| coup d'etat | **sakhelmts'ipo gadat'rialeba** სახელმწიფო გადატრიალება |
| crime | **danashauli** დანაშაული |
| criminal | **damnashave** დამნაშავე |
| crisis | **k'rizisi** კრიზისი |
| debate | **debat'i** დებატი |
| dictator | **dikt'at'ori** დიქტატორი |
| debt | **vali** ვალი |
| democracy | **demok'rat'ia** დემოკრატია |
| development | **ganvitareba** განვითარება |
| dictator | **dikt'at'ori** დიქტატორი |
| dictatorship | **dikt'at'ura** დიქტატურა |
| diplomatic ties | **dip'lomat'iuri k'avshirebi** დი პლომტიური კავშირები |
| displaced person | **idzulebit gadaadgilebuli p'iri** იძულებით გადაადგილებული პირი |
| displaced persons/ people | **idzulebit gadaadgilebuli p'irebi/khalkhi** იძულებით გადაადგილე-ბული პირები/ხალხი |
| election | **archevnebi** არჩევნები |
| embassy | **saelcho** საელჩო |
| ethnic cleansing | **etnik'uri ts'menda** ეთნიკური წმენდა |
| ethnic minority | **etnik'uri umtsiresoba** ეთნიკური უმცირესობა |
| exile *situation* | **gadzeveba** გაძევება |
| free | **tavisupali** თავისუფალი |
| freedom | **tavisupleba** თავისუფლება |
| government | **mtavroba** მთავრობა |

# POLITICS

| | |
|---|---|
| guerrilla | **p'artizani** პარტიზანი |
| hostage | **mdzevali** მძევალი |
| human rights | **adamianis uplebebi** ადამიანის უფლებები |
| humanitarian aid | **humanit'aruli dakhmareba** ჰუმანიტარული დახმარება |
| independence | **damouk'idebloba** დამოუკიდებლობა |
| independent | **damouk'idebeli** დამოუკიდებელი |
| independent state | **damouk'idebeli sakhelmts'ipo** დამოუკიდებელი სახელმწიფო |
| jail | **sap'at'imro** საპატიმრო *or* **tsikhe** ციხე *or* **sap'qrobile** საპყრობილე |
| judge | **mosamartle** მოსამართლე |
| killer | **mkvleli** მკვლელი |
| kidnapping | **gatatseba** მოტაცება *or* **(adamianis) motatseba** (ადამიანის) გატაცება |
| law | **k'anoni** კანონი |
| law court | **dabali inst'antsiis sasamartlo** დაბალი ინსტანციის სასამართლო |
| lawyer | **iurist'i** იურისტი |
| leader | **khelmdzghwaneli** ხელმძღვანელი *or* **ts'inamdzgholi** წინამძღოლი *or* **lideri** ლიდერი |

| | |
|---|---|
| left-wing | **memartskhene** მემარცხენე |
| liberation | **gantavisupleba** განთავისუფლება |
| lower house | **kweda palat'a** ქვედა პალატა |
| majority | **umravlesoba** უმრავლესობა |
| member of parliament | **parlament'is ts'evri** პარლამენტის წევრი *or* **parlament'ari** პარლა-მენტარი |
| mercenary | **dakiravebuli meomari** დაქირავებული მეომარი |
| minister | **minist'ri** მინისტრი |
| ministry | **saminist'ro** სამინისტრო |
| minority | **umtsiresoba** უმცირესობა |
| nartionality | **erovneba** ეროვნება |
| non-governmental organization (NGO) | **arasamtavrobo organizatsia (en-ji-o)** არასამთავრობო ორგანიზაცია (ენჯიო) |
| opposition | **opozitsia** ოპოზიცია |
| parliament | **p'arlament'i** პარლამენტი |
| party *political* | **(p'olit'ik'uri) p'art'ia** (პოლიტიკური) პარტია |
| peace | **mshwidoba** მშვიდობა |
| peace-keeping troops | **samshwidobo jarebi** სამშვიდობო ჯარები |
| political | **p'olit'ik'uri** პოლიტიკური |
| political rally | **p'olit'ik'uri brdzola** პოლიტიკური ბრძოლა |
| politician | **p'olit'ik'osi** პოლიტიკოსი |
| politics | **p'olit'ik'a** პოლიტიკა |

# POLITICS

| | |
|---|---|
| premier | **p'remieri** პრემიერი |
| president | **p'rezident'i** პრეზიდენტი |
| presidential guard | **p'rezident'is datswa** პრეზიდენტის დაცვა |
| prime minister | **p'remier minist'ri** პრემიერ მინისტრი |
| prison | **tsikhe** ციხე |
| prisoner | **p'at'imari** პატიმარი |
| prisoner-of-war | **samkhedro t'qwe** სამხედრო ტყვე |
| POW camp | **samkhedro t'qweta banak'i** სამხედრო ტყვეთა ბანაკი |
| probably | **albat** ალბათ |
| protest | **p'rot'est'i** პროტესტი |
| rape | **gaupat'iureba** გაუპატიურება |
| reactionary | **reaktsiuli** რეაქციული |
| Red Cross | **Ts'iteli Jwari** წითელი ჯვარი |
| refuge | **tavshesapari** თავშესაფარი |
| refugee | **lt'olvili** ლტოლვილი |
| refugees | **ltolvilebi** ლტოლვილები |
| revolution | **revolutsia** რევოლუცია |
| right-wing | **memarjwene** მემარჯვენე |
| robbery | **dzartswa** ძარცვა |
| seat (in assembly) | **adgili (asamblea-shi)** ადგილი (ასამბლეაში) |
| secret police | **saidumlo politsia** საიდუმლო პოლიცია |
| socialism | **sotsializmi** სოციალიზმი |
| socialist | **sotsialist'i** სოციალისტი |
| spy | **jashushi** ჯაშუში *or* **agent'i** აგენტი |
| struggle | **brdzola** ბრძოლა |

| | |
|---|---|
| testify | **damots'meba** დამოწმება *or* **dadast'ureba** დადასტურება |
| theft | **kurdoba** ქურდობა *or* **p'arva** პარვა |
| trade union | **p'ropesiuli k'avshiri** პროფესიული კავშირი *or* **propk'avshiri** პროფკავშირი |
| treasury | **khazina** ხაზინა |
| United Nations | **Gaero** გაერო *or* **Gaertianebuli Erebis Organizatsia** გაერთიანებული ერების ორგანიზაცია |
| upper house | **zeda p'alat'a** ზედა პალატა |
| veto | **vet'o** ვეტო |
| vote | **kench'isqra** კენჭისყრა *or* **khma (archevnebze)** ხმა (არჩევნებზე) |
| vote-rigging | **khmebis gaqalbeba** ხმე-ბის გაყალბება |
| voting | **kenchisqra** კენჭისყრა *or* **khmis mitsema** ხმის მიცემა *or* **archevnebi** არჩევნები |
| world | **msoplio** მსოფლიო |

# 32. OIL & GAS
ნავთობი და გაზი

| | |
|---|---|
| barrel | **bareli** ბარელი |
| crude oil | **nedli navtobi** |
| | ნედლი ნავთობი |
| deepwater platform | **ts'qalkwesha p'latporma** |
| | წყალქვეშა პლათფორმა |
| derrick | **ch'aburghili** |
| | ჭაბურღილი |
| diver | **mqwintavi** |
| | მყვინთავი |
| drill *noun* | **burghi** ბურღი |
| drilling | **burghwa** ბურღვა |
| exploration | **kvleva** კვლევა |
| | *or* **dzebna-dzieba** |
| | ძებნა-ძიება |
| fuel | **sats'wavi** საწვავი |
| gas | **gazi** გაზი |
| gas field | **gazis sabado** |
| | გაზის საბადო |
| gas production | **gazis mopoveba** |
| | გაზის მოპოვება |
| gas well | **gazis ch'aburghili** |
| | გაზის ჭაბურღილი |
| geologist | **geologi** გეოლოგი |
| laboratory | **laborat'oria** |
| | ლაბორატორია |
| natural resources | **bunebriwi resursi** |
| | ბუნებრივი რესურსები |
| offshore | **opshori** ოფშორი |
| | *or* **napiridan moshorebuli** |
| | ნაპირიდან მოშორებული |

| | |
|---|---|
| oil | **navtobi** ნავთობი |
| oil pipeline | **navtobsadeni** ნაბთობსადენი *or* **navtobis milsadeni** ნავთობის მილსადენი |
| oil production | **navtobis mopoveba/ rets'wa** ნავთობის მოპოვება/რეწვა |
| oil tanker | **navtobis t'ank'eri** ნავთობის ტანკერი |
| oil well | **navtobis ch'aburghili** ნავთობის ჭაბურღილი |
| oil worker | **menavtobe** მენავთობე |
| oilfield | **navtobis sabado** ნავთობის საბადო |
| petroleum | **navtobi** ნავთობი |
| platform | **p'latporma** პლატფორმა |
| pump | **amokachwa** ამოქაჩვა |
| pumping station | **sat'umbi/sakachi sadguri** სატუმბი/ საქაჩი სადგური |
| refine | **gadamushaveba** გადამუშავება |
| refinery | **navtobgada- mmushavebeli mrets'veloba/ karkhana** ნავთობგადამ- მუშავებელი მრეწველობა/ ქარხანა |
| reserves | **rezervi** რეზერვი *or* **maragi** მარაგი |
| seismological survey | **seismologiuri k'vleva** სეისმოლოგიური კვლევა |

| | |
|---|---|
| surveyor | **mk'vlevari** |
| | მკვლევარი |
| | *or* **madziebeli** |
| | მაძიებელი |
| survey | **k'vleva** კვლევა |
| surveying | **gamok'vleva** |
| | გამოკვლევა |
| supply *noun* | **momarageba** |
| | მომარაგება |
| well | **ch'aburghili** |
| | ჭაბურღილი |
| well site | **ch'aburghilebis adgilmdebareoba/ monak'veti** |
| | ჭაბურღილების ადგილმდებარეობა/ მონაკვეთი |

# 33. TIME & DATES
## დრო და თარიღები

| | |
|---|---|
| century | **sauk'une** საუკუნე |
| decade | **at-ts'leuli** ათ-წლეული |
| year | **ts'eli** წელი |
| month | **twe** თვე |
| fortnight | **ori k'wira** ორი კვირა |
| week | **k'wira** კვირა |
| day | **dghe** დღე |
| hour | **saati** საათი |
| minute | **ts'uti** წუთი |
| second | **ts'ami** წამი |
| | |
| dawn | **garizhrazhi** გარიჟრაჟი *or* **alioni** ალიონი |
| sunrise | **mzis amosvla** მზის ამოსვლა |
| morning | **dila** დილა |
| daytime | **dghe** დღე |
| noon | **shuadghe** შუადღე |
| afternoon | **nashuadghevs** ნაშუადღევს |
| evening | **saghamo** საღამო |
| sunset | **mzischasvla** მზისჩასვლა, დაისი |
| night | **ghame** ღამე |
| midnight | **shuaghame** შუაღამე |
| | |
| four days before | **otkhi dghis ts'in** ოთხი დღის წინ |
| three days before | **sami dghis ts'in** სამი დღის წინ |
| the day before yesterday | **gushints'in** გუშინწინ |

| | |
|---|---|
| yesterday | **gushin** გუშინ |
| today | **dghes** დღეს |
| tomorrow | **khwal** ხვალ |
| the day after tomorrow | **zeg** ზეგ |
| three days from now | **sami dghis shemdeg** სამი დღის შემდეგ |
| four days from now | **otkhi dghis shemdeg** ოთხი დღის შემდეგ |
| the year before last | **sharshanwin** შარშანწინ |
| last year | **sharshan** შარშან |
| this year | **ts'els** წელს |
| next year | **momaval ts'els** მომავალ წელს |
| the year after next | **ori ts'lis shemdeg** ორი წლის შემდეგ |
| last week | **ts'ina k'wira** წინა კვირა *or* **gasuli k'wira** გასული კვირა |
| this week | **es k'wira** ეს კვირა |
| next week | **shemdegi k'wira** შემდეგი კვირა |
| this morning | **es dila** ეს დილა *or* **am dilit** ამ დილით |
| now | **akhla** ახლა *or* **ekhla** ეხლა |
| tonight | **am saghamos** ამ საღამოს |
| yesterday morning | **gushin dilit** გუშინ დილით |
| yesterday afternoon | **gushin nashuadghevs** გუშინ ნაშუადღევს |
| yesterday night | **gushin ghamit** გუშინ ღამით |
| tomorrow morning | **khwal dilit** ხვალ დილით |
| tomorrow afternoon | **khwal nashuadghevs** ხვალ ნაშუადღევს |
| tomorrow night | **khwal ghamit** ხვალ ღამით |

| | |
|---|---|
| in the morning | **dilit** დილით |
| in the afternoon | **nashuadghevs** |
| | ნაშუადღევს |
| in the evening | **saghamos** საღამოს |
| | |
| past | **ts'arsuli** წარსული |
| present | **ats'mqo** აწმყო |
| future | **momavali** მომავალი |
| What date is it today? | **Dghes ra ritskhwi a?** |
| | დღეს რა რიცხვია? |

## —The clock საათი

| | |
|---|---|
| What time is it? | **Romeli saati a?** |
| | რომელი საათია? |
| It is one o'clock. | **P'irweli saati a.** |
| | პირველი საათია. |
| It is two o'clock. | **Ori saati a.** |
| | ორი საათია. |
| It is three o'clock. | **Sami saati a.** |
| | სამი საათია. |
| It is four o'clock. | **Otkhi saati a.** |
| | ოთხი საათია. |
| It is five o'clock. | **Khuti saati a.** |
| | ხუთი საათია. |
| It is six o'clock. | **Ekvsi saati a.** |
| | ექვსი საათია. |
| It is seven o'clock. | **Shwidi saati a.** |
| | შვიდი საათია. |
| It is eight o'clock. | **Rwa saati a.** |
| | რვა საათია. |
| It is nine o'clock. | **Tskhra saati a.** |
| | ცხრა საათია. |
| It is ten o'clock. | **Ati saati a.** |
| | ათი საათია. |

| | |
|---|---|
| It is eleven o'clock. | **Tertmet'i saati a.**<br>თერთმეტი საათია. |
| It is twelve o'clock. | **Tormet'i saati a.**<br>თორმეტი საათია. |
| It is noon. | **Shuadghe a.**<br>შუადღეა. |
| It is midnight. | **Shuaghame a.**<br>შუაღამეა. |
| It is half past ten. | **Tertmet'is nakhevari a.**<br>თერთმეტის<br>ნახევარია. |
| It is quarter past ten. | **Tertmeti's tkhutmet'i<br>ts'uti a.**<br>თერთმეტის თხუთმეტი<br>წუთია. |
| It is quarter to eleven. | **Tertmet's ak'li a<br>tkhutmet'i ts'uti.**<br>თერთმეტს აკლია<br>თხუთმეტი წუთი. |

## —Days of the week

კვირის<br>დღეები

| | |
|---|---|
| Monday | **Orshabati** ორშაბათი |
| Tuesday | **Samshabati** სამშაბათი |
| Wednesday | **Otkhshabati** ოთხშაბათი |
| Thursday | **Khutshabati** ხუთშაბათი |
| Friday | **P'arask'evi** პარასკევი |
| Saturday | **Shabati** შაბათი |
| Sunday | **K'wira** კვირა |

## —Months თვები

| | |
|---|---|
| January | **Ianvari** იანვარი |
| February | **Tebervali** თებერვალი |
| March | **Mart'i** მარტი |
| April | **Ap'rili** აპრილი |
| May | **Maisi** მაისი |
| June | **Ivnisi** ივნისი |
| July | **Ivlisi** ივლისი |
| August | **Agvist'o** აგვისტო |
| September | **Sek't'emberi** სექტემბერი |
| October | **Ok't'omberi** ოქტომბერი |
| November | **Noemberi** ნოემბერი |
| December | **Dek'emberi** დეკემბერი |

## —Seasons წელიწადის დროები

| | |
|---|---|
| spring | **gazapkhuli** გაზაფხული |
| summer | **zapkhuli** ზაფხული |
| autumn | **shemodgoma** შემოდგომა |
| winter | **zamtari** ზამთარი |

## —Horoscope ჰოროსკოპი

| | |
|---|---|
| Aries | **Verdzi** ვერძი |
| Taurus | **K'uro** კურო |
| Gemini | **T'qup'ebi** ტყუპები |
| Cancer | **K'ibo** კიბო |
| Leo | **Lomi** ლომი |
| Virgo | **Kalts'uli** ქალწული |
| Libra | **Sasts'oro** სასწორი |
| Scorpio | **Morieli** მორიელი |
| Sagittarius | **Mshwildosani** მშვილდოსანი |
| Capricorn | **Tkhis Rka** თხის რქა |
| Aquarius | **Merts'quli** მერწყული |
| Pisces | **Tevzebi** თევზები |

# 34. NUMBERS
რიცხვები

The first two decades of Georgian numbers are based on ten. The remaining decades are based on twenty, e.g. 30 is "twenty and ten," 32 is "twenty and twelve," forty is "two twenties," fifty is "two twenties and ten," and so on. This system is common throughout the Caucasus, and parallels French ("quatre-vingt-dix" = "four-twenty-ten" = 90), or, more loosely, older English (when 65 would be "three score and five").

| 0 | **nuli** ნული |
| 1 | **erti** ერთი |
| 2 | **ori** ორი |
| 3 | **sami** სამი |
| 4 | **otkhi** ოთხი |
| 5 | **khuti** ხუთი |
| 6 | **ekvsi** ექვსი |
| 7 | **shwidi** შვიდი |
| 8 | **rva/rwa** რვა |
| 9 | **tskhra** ცხრა |
| 10 | **ati** ათი |
| | |
| 11 | **tertmet'i** თერთ-მეტი |
| 12 | **tortmet'i** თორ-მეტი |
| 13 | **tsamet'i** ცა-მეტი |
| 14 | **totkhmet'i** თოთხ-მეტი |
| 15 | **tkhutmet'i** თხუთ-მეტი |
| 16 | **tekvsmet'i** თექვს-მეტი |
| 17 | **chwidmet'i** ჩვიდ-მეტი |
| 18 | **tvramet'i** თვრა-მეტი |
| 19 | **tskhramet'i** ცხრა-მეტი |
| 20 | **otsi** ოცი |
| | |
| 21 | **ots-da-erti** ოც-და-ერთი |
| 22 | **ots-da-ori** ოც-და-ორი |

# NUMBERS

| | | |
|---|---|---|
| 23 | ots-da-sami | ოც-და-სამი |
| 24 | ots-da-otkhi | ოც-და-ოთხი |
| 25 | ots-da-khuti | ოც-და-ხუთი |
| 26 | ots-da-ekvsi | ოც-და-ექვსი |
| 27 | ots-da-shwidi | ოც-და-შვიდი |
| 28 | ots-da-rva | ოც-და-რვა |
| 29 | ots-da-tskhra | ოც-და-ცხრა |
| 30 | ots-da-ati | ოც-და-ათი |
| 31 | ots-da-tertmet'i | ოც-და-თერთმეტი |
| 32 | ots-da-tortmet'i | ოც-და-თორმეტი |
| 33 | ots-da-tsamet'i | ოც-და-ცამეტი |
| 34 | ots-da-totkhmet'i | ოც-და-თოთხმეტი |
| 35 | ots-da-tkhutmet'i | ოც-და-თხუთმეტი |
| 36 | ots-da-teksvmet'i | ოც-და-თექვსმეტი |
| 37 | ots-da-chwidmet'i | ოც-და-ჩვიდმეტი |
| 38 | ots-da-tvramet'i | ოც-და-თვრამეტი |
| 39 | ots-da-tskhramet'i | ოც-და-ცხრამეტი |
| 40 | ormotsi | ორმოცი |
| 41 | ormots-da-erti | ორმოც-და-ერთი |
| 42 | ormots-da-ori | ორმოც-და-ორი |
| 43 | ormots-da-sami | ორმოც-და-სამი |
| 44 | ormots-da-otkhi | ორმოც-და-ოთხი |
| 45 | ormots-da-khuti | ორმოც-და-ხუთი |
| 46 | ormots-da-ekvsi | ორმოც-და-ექვსი |
| 47 | ormots-da-shwidi | ორმოც-და-შვიდი |
| 48 | ormots-da-rva | ორმოც-და-რვა |
| 49 | ormots-da-tskhra | ორმოც-და-ცხრა |
| 50 | ormots-da-ati | ორმოც-და-ათი |
| 51 | ormots-da-tertmet'i | ორმოც-და-თერთმეტი |
| 52 | ormots-da-tortmet'i | ორმოც-და-თორმეტი |
| 53 | ormots-da-tsamet'i | ორმოც-და-ცამეტი |
| 54 | ormots-da-totkhmet'i | ორმოც-და-თოთხმეტი |
| 55 | ormots-da-tkhutmet'i | ორმოც-და-თხუთმეტი |

# NUMBERS

| | |
|---|---|
| 56 | **ormots-da-tekvsmet'i** ორმოც-და-თექვსმეტი |
| 57 | **ormots-da-chwidmet'i** ორმოც-და-ჩვიდმეტი |
| 58 | **ormots-da-tvramet'i** ორმოც-და-თვრამეტი |
| 59 | **ormots-da-tskhramet'i** ორმოც-და-ცხრამეტი |
| 60 | **samotsi** სამოცი |
| | |
| 61 | **samots-da-erti** სამოც-და-ერთი |
| 62 | **samots-da-ori** სამოც-და-ორი |
| 63 | **samots-da-sami** სამოც-და-სამი |
| 64 | **samots-da-otkhi** სამოც-და-ოთხი |
| 65 | **samots-da-khuti** სამოც-და-ხუთი |
| 66 | **samots-da-ekvsi** სამოც-და-ექვსი |
| 67 | **samots-da-shwidi** სამოც-და-შვიდი |
| 68 | **samots-da-rva** სამოც-და-რვა |
| 69 | **samots-da-tskhra** სამოც-და-ცხრა |
| 70 | **samots-da-ati** სამოც-და-თი |
| | |
| 71 | **samots-da-tertmet'i** სამოც-და-თერთმეტი |
| 72 | **samots-da-tortmet'i** სამოც-და-თორმეტი |
| 73 | **samots-da-tsamet'i** სამოც-და-ცამეტი |
| 74 | **samots-da-totkhmet'i** სამოც-და-თოთხმეტი |
| 75 | **samots-da-tkhutmet'i** სამოც-და-თხუთმეტი |
| 76 | **samots-da-teksvmet'i** სამოც-და-თექვსმეტი |
| 77 | **samots-da-chwidmet'i** სამოც-და-ჩვიდმეტი |
| 78 | **samots-da-tvramet'i** სამოც-და-თვრამეტი |
| 79 | **samots-da-tskhramet'i** სამოც-და-ცხრამეტი |
| 80 | **otkhmotsi** ოთხმოცი |
| | |
| 81 | **otkhmots-da-erti** ოთხმოც-და-ერთი |
| 82 | **otkhmots-da-ori** ოთხმოც-და-ორი |
| 83 | **otkhmots-da-sami** ოთხმოც-და-სამი |

# NUMBERS

| | | |
|---|---|---|
| 84 | **otkhmots-da-otkhi** | ოთხმოც-და-ოთხი |
| 85 | **otkhmots-da-khuti** | ოთხმოც-და-ხუთი |
| 86 | **otkhmots-da-ekvsi** | ოთხმოც-და-ექვსი |
| 87 | **otkhmots-da-shwidi** | ოთხმოც-და-შვიდი |
| 88 | **otkhmots-da-rva** | ოთხმოც-და-რვა |
| 89 | **otkhmots-da-tskhra** | ოთხმოც-და-ცხრა |
| 90 | **otkhmots-da-ati** | ოთხმოც-და-ათი |
| 91 | **otkhmots-da-tertmet'i** | ოთხმოც-და-თერთმეტი |
| 92 | **otkhmots-da-tortmet'i** | ოთხმოც-და-თორმეტი |
| 93 | **otkhmots-da-tsamet'i** | ოთხმოც-და-ცამეტი |
| 94 | **otkhmots-da-totkhmet'i** | ოთხმოც-და-თოთხმეტი |
| 95 | **otkhmots-da-tkhutmet'i** | ოთხმოც-და-თხუთმეტი |
| 96 | **otkhmots-da-teksvmet'i** | ოთხმოც-და-თექვსმეტი |
| 97 | **otkhmots-da-chwidmet'i** | ოთხმოც-და-ჩვიდმეტი |
| 98 | **otkhmots-da-tvramet'i** | ოთხმოც-და-თვრამეტი |
| 99 | **otkhmots-da-tskhramet'i** | ოთხმოც-და-ცხრამეტი |
| 100 | **asi** | ასი |
| 102 | **as-ori** | ას-ორი |
| 112 | **as-tormet'i** | ას-თორმეტი |
| 200 | **or-asi** | ორ-ასი |
| 300 | **sam-asi** | სამ-ასი |
| 400 | **otkh-asi** | ოთხ-ასი |
| 500 | **khut-asi** | ხუთ-ასი |
| 600 | **ekvs-asi** | ექვს-ასი |
| 700 | **shwid-asi** | შვიდ-ასი |
| 800 | **rva-asi** | რვა-ასი |
| 900 | **tskhra-asi** | ცხრა-ასი |

# NUMBERS

| | |
|---|---|
| 1,000 | **at-asi** ათ-ასი |
| 10,000 | **ati at-asi** ათი ათ-ასი |
| 50,000 | **ormotsdaati at-asi** ორმოცდაათი ათ-ასი |
| 100,000 | **asi at-asi** ასი ათ-ასი |
| 1,000,000 | **milioni** მილიონი |

| | |
|---|---|
| first | **p'irweli** პირველი |
| second | **meore** მეორე |
| third | **mesame** მესამე |
| fourth | **meotkhe** მეოთხე |
| fifth | **mekhute** მეხუთე |
| sixth | **meekvse** მეექვსე |
| seventh | **meshwide** მეშვიდე |
| eighth | **merve** მერვე |
| ninth | **metskhre** მეცხრე |
| tenth | **meate** მეათე |
| fifteenth | **metkhutmet'e** მეთხუთმეტე |
| twentieth | **meotse** მეოცე |
| twenty-first | **otsdameerte** ოცდამეერთე |

| | |
|---|---|
| once | **ertkhel** ერთხელ |
| twice | **or-jer** ორ-ჯერ |
| three times | **sam-jer** სამ-ჯერ |

| | |
|---|---|
| one-half | **nakhevari** ნახევარი |
| one-quarter | **meotkhedi** მეოთხედი |
| three-quarters | **sami meotkhedi** სამი მეოთხედი |
| one-third | **mesamedi** მესამედი |
| two-thirds | **ori mesamedi** ორი მესამედი |

# 35. OPPOSITES
ანტონიმები

| | |
|---|---|
| beginning—end | **dasats'qisi—dasasruli**<br>დასაწყისი—დასასრული |
| clean—dirty | **supta—ch'uch'qiani**<br>სუფთა—ჭუჭყიანი |
| comfortable—<br>uncomfortable | **k'etilmots'qobili—<br>arak'etilmots'qobili**<br>კეთილმოწყობილი—<br>არაკეთილმოწყობილი |
| fertile—barren *land* | **naqopiani—unaqopo<br>niadagi**<br>ნაყოფიანი—უნაყოფო<br>ნიადაგი |
| happy—unhappy | **bednieri—ubeduri**<br>ბედნიერი—უბედური |
| life—death | **sitsotskhle—sikvdili**<br>სიცოცხლე—სიკვდილი |
| friend—enemy | **megobari—mt'eri**<br>მეგობარი—მტერი |
| modern—traditional | **tanamedrove—t'raditsiuli**<br>თანამედროვე—ტრადი-<br>ციული |
| modern—ancient | **tanamedrove—dzweli**<br>თანამედროვე—ძველი |
| open—shut | **ghia—dakhuruli**<br>ღია—დახურული |
| wide—narrow | **parto—vits'ro**<br>ფართო—ვიწრო |
| high—low | **maghali—dabali**<br>მაღალი—დაბალი |
| peace—violence/war | **mshwidoba—dzaladoba/<br>omi**<br>მშვიდობა—ძალადობა/<br>ომი |

| | |
|---|---|
| polite—rude | **zrdilobiani—ukheshi**<br>ზრდილობიანი—უხეში |
| silence—noise | **sichume—khmauri**<br>სიჩუმე—ხმაური |
| cheap—expensive | **iapi—dzwiri**<br>იაფი—ძვირი |
| hot/warm—cold/cool | **tskheli/tbili—tsiwi/grili**<br>ცხელი/თბილი—<br>ცივი/გრილი |
| health—disease | **janmrteloba—<br>avadmqopoba**<br>ჯანმრთელობა—<br>ავადმყოფობა |
| well—sick | **k'argad—tsudad**<br>კარგად—ცუდად |
| night—day | **dghe—ghame**<br>დღე—ღამე |
| top—bottom | **mts'wervali—psk'eri**<br>მწვერვალი—ფსკერი |
| backwards—forwards | **uk'an—ts'in**<br>უკან—წინ |
| back—front | **uk'an—ts'in**<br>უკანა—წინა |
| dead—alive | **mk'vdari—tsotskhali**<br>მკვდარი—ცოცხალი |
| near—far | **akhlos—shors**<br>ახლოს—შორს |
| left—right | **martskhena—marjwena**<br>მარცხენა—მარჯვენა |
| inside—outside | **shida/shiga—gare**<br>შიდა/შიგა—გარე |
| in—out | **-shi—garet**<br>-ში—გარეთ |
| up—down | **maghla—dabla**<br>მაღლა—დაბლა |
| yes—no | **ki—ara**<br>კი—არა |
| here—there | **ak—ik**<br>აქ—იქ |

OPPOSITES

| | |
|---|---|
| soft—hard | **rbili—magari**<br>რბილი—მაგარი |
| easy—difficult | **adwili—dzneli**<br>ადვილი—ძნელი |
| quick—slow | **chkari—neli**<br>ჩქარი—ნელი |
| big—small | **didi—p'at'ara**<br>დიდი—პატარა |
| old—young | **mokhutsi—akhalgazrda**<br>მოხუცი—ახალგაზრდა |
| tall—short *people* | **maghali—dabali**<br>მაღალი—დაბალი |
| tall—short *things* | **grdzeli—mok'le**<br>გრძელი—მოკლე |
| strong—weak | **dzlieri/magari—sust'i**<br>ძლიერი/მაგარი—სუსტი |
| success—failure | **ts'armat'eba—ts'arumat'ebloba**<br>წარმატება—წარუმატებლობა |
| new—old | **akhali—dzweli**<br>ახალი—ძველი |
| question—answer | **kitkhwa—p'asukhi**<br>კითხვა—პასუხი |
| safety—danger | **usaprtkhoeba—sashishroeba**<br>უსაფრთხოება—საშიშროება |
| good—bad | **k'argi—tsudi**<br>კარგი—ცუდი |
| true—false | **martali—t'quili**<br>მართალი—ტყუილი |
| light—heavy | **msubuki—mdzime**<br>მსუბუქი—მძიმე |
| light—darkness | **sinatle—sibnele**<br>სინათლე—სიბნელე |
| well—badly | **k'argad—tsudad**<br>კარგად—ცუდად |
| truth—lie | **simartle—sitsrue**<br>სიმართლე—სიცრუე |

# 36. VITAL VERBS
მნიშვნელოვანი
ზმნები

As elsewhere in this phrasebook, because of the complexity of verb forms in Georgian, the translations in this list are given as verbal nouns, e.g. "to cut" is translated as **gach'ra** which means "cutting", which will be easily understood.

| | |
|---|---|
| to be | **qopna** ყოფნა (and see page 14) |
| to be born | **dabadeba** დაბადება |
| to give birth to | **gachena** გაჩენა |
| to buy | **qidwa** ყიდვა |
| to carry | **ts'agheba** წაღება/ზიდვა |
| to come | **mosvla** მოსვლა |
| to cook | **(sach'mlis) momzadeba** (საჭმლის) მომზადება |
| to cut | **gach'ra** გაჭრა |
| | or **dach'ra** დაჭრა |
| to die | **sikvdili** სიკვდილი |
| | or **gardatsvaleba** გარდაცვალება |
| to drink | **daleva** დალევა |
| | or **sma** სმა |
| to drive | **ts'aqwana (mankanis)** წაყვანა (მანქანის) |
| to eat | **ch'ama** ჭამა |
| to fall | **datsema** დაცემა |
| to finish | **damtavreba** დამთავრება |
| to fly | **prena** ფრენა |
| | or **gaprena** გაფრენა |
| to get | **migheba** მიღება |
| to give birth to | **gachena (shwilis)** გაჩენა (შვილის) |
| | or **mshobiaroba** მშობიარობა |
| to give | **mitsema** მიცემა |
| to go | **ts'asvla** წასვლა |

# VITAL VERBS

| | |
|---|---|
| to grow | **gazrda** გაზრდა |
| to have | **kona** ქონა |
| to hear | **mosmena** მოსმენა |
| to help | **dakhmareba** დახმარება |
| to hit | **dart'qma** დარტყმა |
| | or **chart'qma** ჩარტყმა |
| to kill | **mokvla** მოკვლა |
| to know | **tsodna** ცოდნა |
| to learn | **sts'avla** სწავლა |
| to live | **tskhovreba** ცხოვრება |
| | or **sitsotskhle** სიცოცხლე |
| | or **arseboba** არსებობა |
| to live in (dwell) | **tskhovreba** ცხოვრება |
| to love | **siqwaruli** სიყვარული |
| | or **t'rpoba** ტრფობა |
| to meet | **shekhwedra** შეხვედრა |
| to pick up | **shercheva** შერჩევა |
| | or **ak'repa** აკრეფა |
| | or **alageba** ალაგება |
| to read | **k'itkhwa** კითხვა |
| to run | **sirbili** სირბილი |
| | or **rbena** რბენა |
| to see | **danakhwa** დანახვა |
| | or **khedwa** ხედვა |
| to sell | **gaqidwa** გაყიდვა |
| to sit | **jdoma** ჯდომა |
| to sleep | **dzili** ძილი |
| to smell | **qnoswa** ყნოსვა |
| to speak | **lap'arak'i** ლაპარაკი |
| to stand | **dgoma** დგომა |
| to start | **dats'qeba** დაწყება |
| to stop | **gachereba** გაჩერება |
| to take | **agheba** აღება |
| to talk | **lap'arak'i** ლაპარაკი |
| to taste | **gemo** გემო |
| to teach | **sts'avla** სწავლა |
| | or **sts'avleba** სწავლება |

# VITAL VERBS

| to throw | **gadagdeba** გადაგდება |
| | *or* **gasrola** გასროლა |
| to understand | **gageba** გაგება |
| to wake up | **gaghwidzeba** გაღვიძება |
| to walk | **siaruli** სიარული |
| | *or* **gaseirneba** გასეირნება |
| to want | **ndoma** ნდომა |
| | *or* **survili** სურვილი |
| | *(and see page 15)* |
| to watch | **twalquris devneba** |
| | თვალყურის დევნება |
| to work | **mushaoba** მუშაობა |
| to write | **ts'era** წერა |

# MAP OF GEORGIA

www.ingramcontent.com/pod-product-compliance
Lightning Source LLC
Jackson TN
JSHW011354130125
77033JS00023B/680

*9780781812429*